经济转型与发展研究系列

南大商学评论

Nanjing Business Review

24

南京大学出版社

本刊主办单位

南京大学长江三角洲经济社会发展研究中心
教育部人文社会科学百所重点研究基地

南京大学经济转型和发展研究中心
教育部哲学社会科学创新基地

南京大学商学院

《南大商学评论》编辑委员会

主编的话

　　《南大商学评论》是由南京大学商学院主办的经济学、管理学类非连续的学术刊物。创刊以来，以其规范、严密、扎实的研究风格受到国内外学者的高度评价，2012 年被中国社会科学研究评价中心评入 CSSCI 来源刊物。在此我向关心、支持本刊物的同仁们表示衷心的感谢！

　　新一轮的全球化期待中国学术研究像中国经济一样，进入世界学术研究关注的焦点和前沿。为了鼓励源自中国的原创性研究，《南大商学评论》的办刊方向进一步明确为立足于中国经济转型和发展实践，提倡从中国经济管理的实践中发现问题、提炼问题、分析问题和解决问题。

　　本刊将延续以前的传统，开放式办刊，广泛接受来自国内外学者的自由投稿，采用双向匿名审稿制度，主要发表原创性的规范和实证研究的学术论文，以及案例、综述和评论性的文章。研究领域不限，欢迎从宏观经济学、财政金融、产业组织、国际贸易、比较经济学、企业管理、市场营销、人力资源、电子商务、会计等相关具体领域进行专门化研究的成果。

　　欢迎赐稿，谢谢！

目录

CONTENTS

基于中美各省(州)毗邻性进行的唯象研究

杨华磊　　何凌云*

【摘要】　通过数据挖掘、GIS 可视化及复杂网络技术发现:其一,中国(美国)各省(州)毗邻的省数(州数)近似符合 Gaussian 分布,且中国(美国)任一省(州),最有可能毗邻四个省(州),等等。其二,在地理空间上,中国总GDP 呈现东高西低的带状聚集,美国呈现外高内低的圈层聚集;中美的地形分布分别为左提的 W 型和底部存在诸小峰的 U 型;在总 GDP 地形空间上,中美分别呈现"五条高原带和五条盆地带交错分布"及"外围高原带和内陆盆地带"的空间经济格局。其三,中美人均 GDP 的空间分布分别呈现带状和团状分布,人均 GDP 的经济地形分布都呈现底部存在诸多小峰的 U 型分布,且在如今人均 GDP 的地形空间上,中美分别呈现"四大盆地带和三大高原带交错分布"与"外围高原带和内陆盆地带"的空间格局,中美区域经济分别在高低水位差距上趋于均衡。其四,与美国各州与毗邻各州的收入差距相比,中国各省与毗邻各省的收入差距较大,且东部比西部大;美国与中国相同的是,差距大的沿外围分布,差距小的倾向在内陆分布;其五,中国各省与毗邻各省的关联度高且呈现外低内高的圈层分布,美国则呈现东北、东

---

* 杨华磊(1986—　),男,汉族,中国农业大学经济管理学院博士生,研究方向为经济系统优化与复杂性研究,Email:hualei0928@gmail.com;何凌云(1975—　),男,汉族,中国农业大学经济管理学院副教授,研究方向为金融市场中的复杂性。作者衷心感谢两位审稿人以及执行编辑的修改意见,当然文责自负。

南及西南部较高,中北部较低的性状,即外高内低的圈层分布。

【关键词】 经济地形 毗邻性分析 收入差距 毗邻关联 数据挖掘

【JEL分类】 R59 C16

一 引 言

有人说:"工具远比方法重要",但是有的时候,如果没有合适的方法和工具,一些思想将无法发现,一些理论将无法延拓和扩充。一个学科中久而未决的问题,可能不是本学科的理论问题,而是在等待一个合适的方法的出现。采用 GIS 可视化技术以及复杂网络分析工具,辅助数据挖掘的技巧,对毗邻省份数分布、GDP 以及人均 GDP、收入差距以及区域关联等老问题进行研究,虽然文献中已硕果累累,但科学研究从没有因为至善而停止,源于科学研究的对象在变化和至善中还存在不足。不知学者是有意忽略,还是没有意识到。毗邻省份个数存在几个、分布如何、如何影响经济行为决策,这些问题好像在研究的空间上是一片空白;对 GDP 以及人均 GDP 的研究很多,逻辑起点大多发在假设和已有定理之上也较多,但基于省际毗邻性对 GDP 以及人均 GDP 的地形研究,以及把逻辑起点放在唯象研究发现的经验事实之上的较少;对人均收入差距的研究的颇多,视角也颇多,如城际城乡、对外开放及收入水平等,但是基于省际特别是采用复杂网络对毗邻省际收入差距的研究也较少。对省际 GDP 增速的关联系数研究的较多,但对毗邻省际的关联系数,特别是局域内毗邻省份关联系数的研究与增长极和增长带的培养联系起来的较少。那为什么要从上述问题进行研究呢?

对各省(州)毗邻省数(州)数及分布的研究,将有助于分析传统经济忽视的空间交互和聚集、外部性及空间溢出效应,同时也为政策以及战略决策提供参考,当然也是寻找社会中普适性和稳定性法则所要求的。采用 GIS 技术对数据和现象进行可视化处理,分析地理空间上各省(州)经济地形和其分布,对比美国和中国如今呈现的空间经济格局,将有助于更清晰地把握经济事实,如地理空间的坍陷区和高原区,区分中国经济地形和空间经济格局与美国的异同,为下一步中国区域或全国反贫困政策及区域均衡发展政策的制定,如经济盆地和盆地带的识别、增长极的培育等,提供部分隐喻;当然,中国在地理空间上更多的特异性,也有助于扩充传统的区域经济以及发展经济学的理论,在准确获取经济事实和真实的经济现象的基础上,更容易提出猜想,萃取理论。基于毗邻性,构造复杂网络,所进行的局域收入差距的研究,不仅是福利经济学的重要内容,更多的是幸福经济学的核心,因为一区域的幸福程度不仅取决于此区域与其他区域差距的大小,更多是其与毗邻区域差距的大小。当然网络的构造使得我们更细致地把握任意毗邻两省的收入差距,明晰哪些省份与毗邻省份在人均 GDP 上收入差距较大、哪些区域经济发展不均衡,为下一步缩短局域内和区域内的收入差距,达到区域均衡发展,是必须,也是必要的。在经济地理空间上如何在一个局域内选择一个经济增长极或增长带,一是为带动该省或者该区域经济的发展,二是其能够最大化地带动其毗邻区域的发展,换句话,就是这个省份或区域与毗邻省份或者区域的关联度很高。为在微观层面上获取各省与毗邻各省的经济协同性大小的信息,实现毗邻各省关联度在地理空间上的可视化,应同时观察在地理空间毗邻各省经济关联是否紧密、哪些区域一体化程度高的信息。此时构建网络,借助网络分析工具,可以解决或部分解决上述问题。对美国和中国的对比研究,将获得中国哪些经济现象和美国相同、哪些不同?哪些需要发端美国的传统经济学理论去解释,哪些需要扩充传统经济学?置身于中国现象,构建发端于中国的新经济学理论,这是中国自己的理论,也是中国对世界经济学贡献的理论。总之,为获得较为准确的现象事实,把研究的出发点建立其上,延拓和修正传统经济理论,以及为中国本身的改革实践提供部分的隐喻,这是本文基于中美各省(州)毗邻性,对中美的毗邻省数(州)、经济地形、收入差距以及区域关联进行唯象研究的出发点,也是落脚点。

一　毗邻省(州)个数的空间和统计分布

在经济地理空间上,根据空间的聚集性原理,一富有的省份倾向与一富有的省份毗邻,说明一经济发达的省会若与多个省份毗邻,则更容易带动区域的发展;反之,一个经济滞后的省份,若与少数的省份毗邻,则更少地牵制区域的发展。根据空间经济的外部性或溢出效应原理,一个省份的发展和滞后首先作用于与其毗邻的省份,从毗邻省份获得经济资源,把毗邻省份当作生产要素的供应地和销售产品的市场;若一个省份有多个毗邻省份,则这个省份将有充足的生产要素供应和广阔的市场空间。故对省份的毗邻省份数及毗邻省份个数分布的分析对空间聚集、空间的外部性及空间溢出效应分析显得异常重要。

社会中的行为法则投影在数据上,更多是一种轨迹和分布的普适性。而社会中的行政划分是社会行为活动的结果,故寻找其框架下的分布法则也是情理之中的。在一主权区域内,每一省份都有一定数量的省份与其毗邻,那整体上毗邻省份的个数在经济地理空间上呈现何种空间性质,聚集,还是分散?在同一尺度上的不同空间下是否存在相似结构,不同国家的省或州的毗邻省数和州数是否具有相同的统计规律,符合相同的分布函数。在不同尺度下,向宏观尺度延伸,如国家的毗邻国家数;向微观尺度延伸,如县市的毗邻县市数,是否具有在空间尺度上的分形结构。这是任一空间统计学家都会问,进而想法去回答的问题。

1. 毗邻省份数的空间分布

为寻找每一省或州的毗邻省份数或者州数在地理空间上的分布,以中国和美国为分析对象。分别计算出每一省份的毗邻省份数或每一州的毗邻州数,并在地理空间把这一毗邻数赋予相应的地理坐标。通过 GIS 软件在地理图上绘制出,地图中颜色相同的省份或州,说明这些省份或州的毗邻省份数和州数相同,颜色不同的区域,说明这些省份或州的毗邻省份数和州数不同;地图中颜色越黑的区域,说明这个省份或州的毗邻省份数和州数也越多,反之亦然。同时在图 1 中也进行简单聚类,把毗邻省份数或州数相同的归为一类,并在图中标示出来。

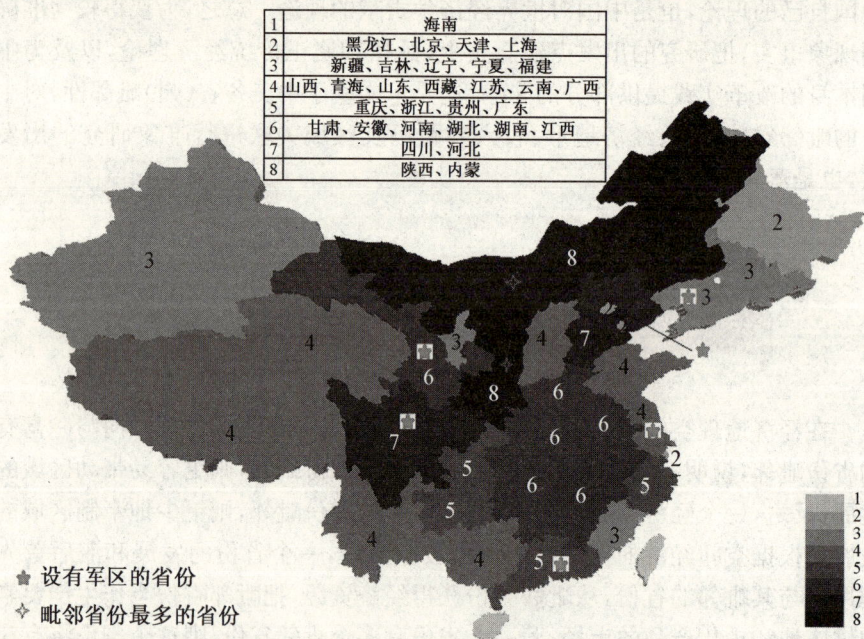

1	海南
2	黑龙江、北京、天津、上海
3	新疆、吉林、辽宁、宁夏、福建
4	山西、青海、山东、西藏、江苏、云南、广西
5	重庆、浙江、贵州、广东
6	甘肃、安徽、河南、湖北、湖南、江西
7	四川、河北
8	陕西、内蒙

★ 设有军区的省份
✧ 毗邻省份最多的省份

图 1　中国各省份的毗邻省份数的空间分布

从图 1 可看出:① 毗邻省份数在地理空间上呈现团状和带状聚集性,即毗邻省份数相同的省份在地理空间上毗邻。如毗邻省份小于四个的省份,大多分布在沿海及沿边地区,呈现带状和圈状的聚集,且沿海及沿边的省份的毗邻省份数大多等于四或小于四;再如中部区域六省,除山西外,都毗邻六省份,呈现明显的团状聚集性,非沿边和沿海的内陆省份的毗邻省份数多为五个或六个。总体上,沿海和延边毗邻省份数较少,内部省毗邻省份数较多,呈现外少内多的圈层结构。② 毗邻四个省份的省份最多,在统计上说明一省份最有可能毗邻四个省份,这些省份共有七个,占总分析省份数的23%,这好像与传统分析并非一致,即一省份最有可能毗邻五个省份,即毗邻省份呈现五边形的性状,相反,却与四色问题较为相似,当然这种现象,是否对于美国同样成立。

1	缅因
2	哥伦比亚、特拉华、佛罗里达、新泽西、南卡罗莱纳、华盛顿、罗德岛
3	加州、康涅狄格、路易斯安那、北达科他、佛蒙特、密歇根、新罕布什尔
4	亚利桑那、印地安那、明尼苏达、密西西比、蒙大拿、新墨西哥、威斯康星、阿拉巴马、堪萨斯、北卡罗莱纳、俄勒冈、德州
5	格鲁吉亚、伊利诺伊、西弗吉尼亚、马里兰、犹他、马萨诸塞、内华达、纽约、俄亥俄
6	阿肯色、科罗拉多、俄克拉何马、宾夕法尼亚、弗吉尼亚、怀俄明、爱达荷、爱荷华、内布拉斯加、南达科他
7	肯塔基
8	田纳西、密苏里

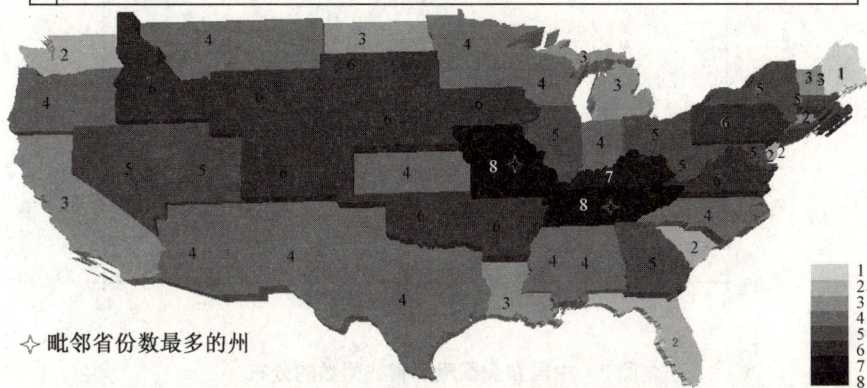

☆毗邻省份数最多的州

图2 美国各州的毗邻州数的空间分布

从图2可以看出:首先,美国各沿边和沿海州的毗邻州数同样呈现聚集性,如沿边和沿海的带状聚集和中部各州的团状聚集;其次,美国沿海和沿边各州的毗邻州数多数等于或小于四个,内陆州的毗邻州数多数为五个或六个,且六个的多于五个;最后,美国各州最有可能毗邻的州数同样为四个,即毗邻州数为四个的州最多。综上,中国各省或美国各州的毗邻省份数和州数在地理空间上呈现聚集性,即沿海和沿边带状聚集,中部内陆区域团状聚集,且呈现外围少内陆多的圈层结构。每一个省份或州最有可能毗邻的省数和州数四个,这与四色问题较为相似,同时每一省份或州最多毗邻的省份数和州数为八个。

2. 毗邻省(州)数的统计分布

不考虑香港和澳门特别行政区域,同时不考虑台湾地区,对中国三十一个行政区域的毗邻省份数进行统计分析。具体计算步骤:计算从一个到十个毗邻省数下省份个数占总分析省数的比例,把这个比例值赋予纵轴,把毗邻省数赋予横轴,生成毗邻省份数下省份个数占总分析省数比例的密度函数。那现在问,在同一尺度上,美国 49 个州中(暂不考虑阿拉斯加和夏威夷)的毗邻州数是否和同尺度中国所有省的毗邻省数具有近似形式的密度函数、具有同样的众数。同样剔除孤岛的夏威夷及仅与外国毗邻的阿拉斯加,对美国四十九个州进行统计分析,具体的计算公式和分析结果如下

$$p(N=n) = l(n)/K, l(n) \geqslant 0, K = 30, \sum l(n) = 30 \qquad (1)$$

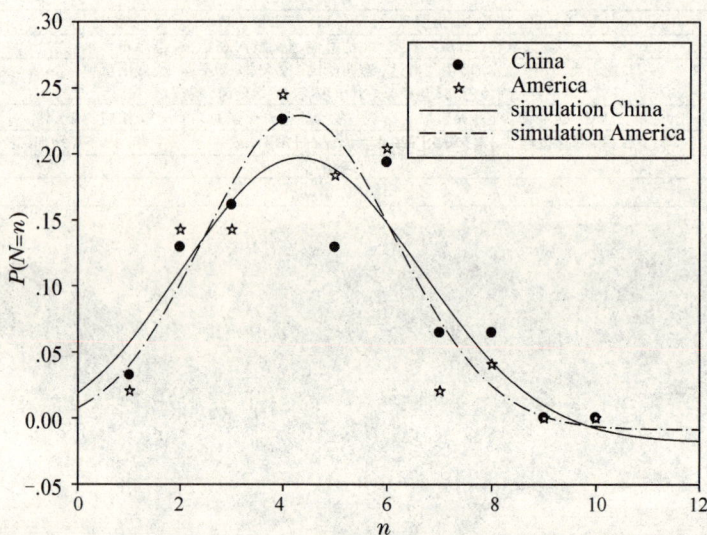

图 3　中国和美国毗邻省或州数的分布

从图 3 散点图可发现,毗邻省份个数最多是四个,最少的是一个,最多的八个。毗邻省份个数超过九个的几乎没有出现[1]。让人出乎意外的是,美国毗邻州数和中国的毗邻省数较为相似,其都是毗邻四个省份的最多,最多的是八个省份,最少的是一个省份。通过对散点图的观察,上述两个散点图较为符合四个参数的 Gaussian 分布。选取拟合的 Gaussian 形式,估算结果为中国和美国的毗邻省份数或者州数的密度函数都近似符合 Gaussian 分布。

$$pdf_{China} = -0.018 + 0.215 * exp(-0.5 * ((n-4.332)/2.305) \wedge 2)$$

$$pdf_{America} = -0.009 + 0.238 * exp(-0.5 * ((x-4.304)/1.859) \wedge 2) \quad (2)$$

说明毗邻省份数或毗邻州数近似符合 Gaussian 分布,而上述统计的拟合优度分别为 0.918 和 0.928;密度函数众数都为四,说明任何一省份和州最有可能毗邻四个省或州;毗邻省份或州数的最大和最小值都为八和一;平均值分

---

① 当然在此的分析没有陈述毗邻为零个的。毗邻省份个数为零的大多是孤岛或者国中国,同时毗邻少于四的大多集中在边界和沿海,以及内陆刚分割出来的小省(宁夏)或者直辖市。

别为 4.33 和 4.30;标准差为 2.31 和 1.86,说明美国各州毗邻州数相对中国较为集中。现在继续问,一个州或省份的毗邻州数或省份数对现实到底有何意义,当然毗邻省份个数多少不仅对经济决策产生影响,某种程度上也为政治和军事战略位置的设置提供参考,这也是文章需要分析省份或州的毗邻省份数和州数的又一依据。如陕西是过去建都的首选要地,某种程度与陕西毗邻省份最多有关,高达八个;西北除去陕西外,军区设定在兰州,有其特殊原因,甘肃是西北毗邻省份最多的省份,高达六个;东北辽宁最多,故军区设定在沈阳;华南区域,广东毗邻省份最多,为五个,故军区设定在广州;西南军区设定在成都,而四川是西南毗邻省份最多的省份,高达七个;当然华东区域的江苏,毗邻省份数四个,虽然比起浙江低一个,但也是在华东沿海区域较多的,这可由图 2 看出。

最后须强调的一点是,社会科学特有的规律性,如规则的易变性,引致在寻找规律时候更多地追求分布的普适性和法则轨迹的普适性。实际上,毗邻省份个数的空间分布在此是以国家为单位,在同一空间尺度上分别考察中国的毗邻省数及美国的毗邻州数。若改变尺度大小,向大尺度延伸,以大洲或世界为单位,看国家的毗邻国家个数的分布;向小尺度延伸,以省份为单位看毗邻市数,再向小尺度延伸,以县为单位看乡镇的毗邻乡镇数的分布。证明或证伪在同一空间尺度上是否存在相似的结构,在不同的空间尺度上是否存在尺度的自相似和分形结构,这将具有更为重要的意义,这也将使得分析的意义不仅停留在经济学意义上,这留给有兴趣的科研工作者去验证。

二　GDP 和人均 GDP 的地形分布

首先,一区域的经济发展水平及一区域居民的幸福程度,更多时候是一个相对和局域的概念,源于与毗邻区域的比较。如果要考察一区域的经济发展水平和区域的幸福程度,就需要对地理空间毗邻区域的经济性状进行分析,故在经济地理空间上比较毗邻两省份的 GDP 和人均 GDP 以及由其生成的经济地形性状,是情理之中的。其次,传统经济增长极的概念,当然也是一局域的相对概念,是比较的结果,在不同的层次上,涉及不同对象的比较,可能是毗邻区域 GDP 的比较,也可能是人均 GDP 的比较,但增长极如何培养,识别出局域内或全域内的坍陷区和滞后区,识别后如何根据这些特殊省份的地理分布制定出适宜的区域发展政策,这也是为什么要研究经济地形分布的另一原因。最后,区域是均衡还是非均衡,如今空间呈现何种格局,所谓的增长极或者滞后区、偏增长极和偏滞后区在地理空间上呈现何种格局,这种格局出现对于区域战略的制定有何隐喻,这些也是研究经济地形分布的原因之一。

1. 总 GDP 的地形分布

为分析各毗邻省份和州的总 GDP 地形,先界定一些基本的概念,首先,如果一个省份的总 GDP 比其所有毗邻省份都高,或者高于毗邻省份的数目多于低于毗邻省份的数目,则这个省份或者州的经济地形就是经济高原或者偏经济高原,简称 T 和 ST。其次,如果一个省份的总 GDP 比毗邻省份都低,或低于毗邻省份的数目多于高于毗邻省份的数目,则这个省份或州的经济地形是经济盆地或偏经济盆地,简称 B 和 SB,近似看作经济塌陷区。再次,如果一个省份的总 GDP 比毗邻省份低的数目等于比毗邻省份数高的数目,则这个省份的经济地形是经济平原,简称 P。最后,如果高原和偏高原毗邻,并在地理空间上聚集,则这个聚集区域是一个高原带;如果盆地和偏盆地毗邻,并在地理空间上聚集,则这个聚集区域就称为盆地带。

同时需要指出的是,增长极和经济高原是两个截然不同的概念,增长极是拉动区域经济发展的引擎,可以是区域经济最发达的区域,也可以是区域经济发展滞后的区域,但经济高原一定是区域经济发展水平最高的区域。但在经济地理空间如何判断一个区域是经济高原和经济盆地,或是偏高原和偏盆地等,则就需要引入 L 系数。L 系数是测度一个省份经济毗邻性状的指标,一省份的 L 值是在总 GDP 上,此省份高于毗邻省份的省份数目与其所有毗邻省份数目的比例,如果 L 值等于 1,说明此省份的经济地形是高原;L 值处在 $(0.5, 1)$ 区间的经济地形是偏高原;L 值等于 0.5 的是经济平原;L 值处在 $(0, 0.5)$ 间的经济地形是偏盆地;L 值等于 0 的是地形是经济盆地。L 值的计算公式为:

$$L_i = Number(j/GDP_i > GDP_j)/n_i, i = 1, 2, \cdots, 31(or49) \qquad (3)$$

(1) 中国的 GDP 地形

为形象展示中国如今的经济地形分布,识别出如今在总 GDP 上的塌陷区和塌陷带、高原区及高原带,为下一步经济政策的制定提供参考。采用 GIS 把 2012 年的各省总 GDP 在地理空间上相应的地理位置上绘制出来,颜色越黑的省份,GDP 量就越高,反之亦然。从图 4 中可看出:其一,GDP 在空间上呈现带状聚集和团状的聚集,如分界线 e1 和 e2 中间区域省份的 GDP 都大于 15 000 亿元,两侧的都小于 15 000 亿元;西北地区五省除去陕西外[①],GDP 小于 10 000 亿元,呈团状聚集;华中三省都大于 20 000 亿元,带状聚集,等等。其二,在 GDP 的地理空间的分布上出现一些所谓经济盆地和经济高原现象,

---

① 中国的区域划分:东北地区:黑龙江、吉林以及辽宁;西北地区:陕西、宁夏、甘肃、青海以及新疆;西南地区:西藏、四川、重庆、云南以及贵州;华南地区:广西、广东以及海南;华中地区:河南、湖北以及湖南;华东地区:山东、江苏、上海、浙江、福建、安徽以及江西;华北地区:北京、天津、河北、山西以及内蒙古。

如比毗邻省总 GDP 都低的吉林、贵州、山西等省份,比毗邻省份 GDP 都高的江苏、新疆、广东、四川等省份,同时出现一些高原带和盆地带,如华东地区的皖赣闽盆地带和鲁苏沪浙高原带、华中地区的豫鄂湘高原带等。整体上,总 GDP 在地理空间上呈现团状和带状的聚集,GDP 东部和中部高,西部低,特别是东经 110 度两侧区域,东侧的大多大于 15 000 亿元,西侧的大多小于 15 000亿元。总 GDP 量小于 20 000 亿元的省份,大多沿着北部、西部及西南部的外围沿边分布,呈现半环状式;GDP 大于 20 000 亿元的省份大多沿东部、中部及东南部的沿海及内陆分布,同样呈现半环状。

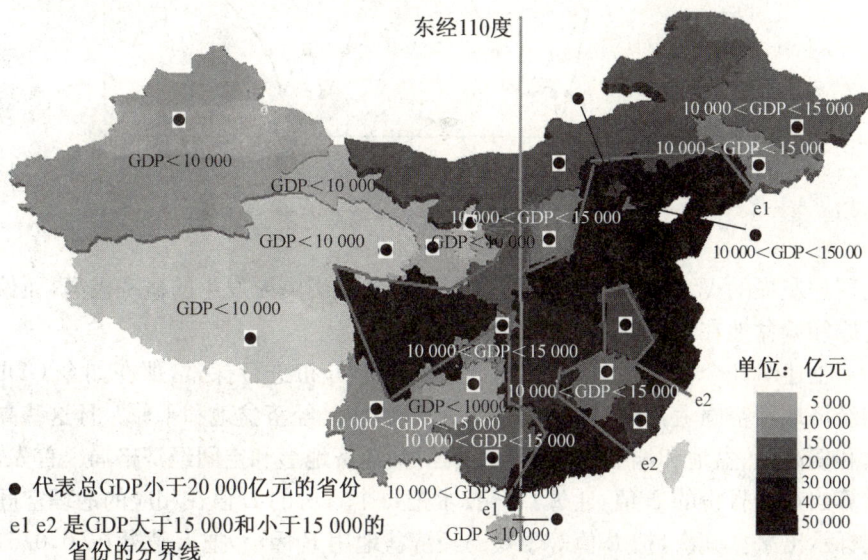

图 4　2012 年中国各省 GDP 的空间分布

那现在问,中国如今在 GDP 呈现何种地形分布,各种地形发生的概率如何,这需要引入地形分布函数 P,其是 L 值函数,就是任给一 L 值,则 P 表示为取这个 L 值的省份数占总分析省份数目的比例。首先界定 L 值的取值范围,其次计算在每一个可能的 L 值下 P 值的大小,最后生成所谓的 L 值的密度函数,也是所谓的总 GDP 的地形分布函数。具体计算公式如下:

$$\text{Pro}(L=1)=\text{number}(L=1)/N, N=31 \text{ or } 49 \qquad (4)$$

从图 5 可看出,其一,在如今中国的总 GDP 的地形图中,经济高原、经济平原及经济盆地这三种特殊地形发生的可能性极高,从高到低依次为经济盆地、经济平原及经济高原,这也间接地说明在总 GDP 上塌陷区多于高原区,同时在现实中三种特殊地形占据总经济地形的 55% 左右,即任选两个省份,在统计上至少有一省份的地形是经济高原、经济平原或经济盆地。其二,经济盆地和经济高原的省份占总分析省份数 40% 左右,说明任选取五个省份,至少有两个省份的经济地形是经济高原或经济盆地。整体上,如今中国地形分布

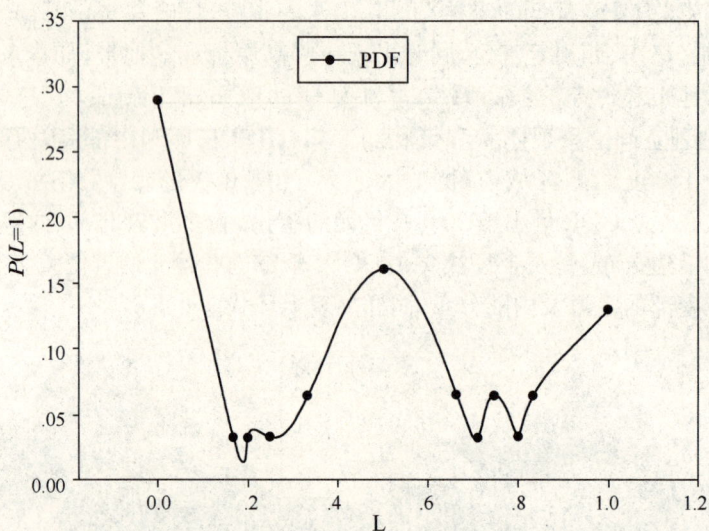

图 5　2012 年中国的地形分布图

呈现一左提的 W 型,即经济盆地、经济平原及经济高原发生的概率极高,而偏高原和偏盆地在现实中发生的概率相对较低。

上述对如今中国 GDP 的空间分布和地形分布进行探索,那在如今 GDP 的经济地理空间上,哪些省份是经济高原,哪些是经济盆地和平原? 且这些高原和偏高原、盆地和偏盆地聚集会呈现何种经济地形和空间经济格局。首先,计算出每个省份的 L 值,通过 GIS 技术把每个省份的 L 值在相应的地理空间上标示出来。其次,把 L 值等于 0 的经济盆地用 B 标示,把 L 值处在 $(0,0.5)$ 区段内的经济偏盆地用 SB 标示,经济平原用 P 标示,剩余各省就是经济高原和经济偏高原省份。最后,把经济高原和偏高原的省份聚集形成的区域称为经济高原带,把经济盆地和偏盆地聚集形成的区域称为经济盆地带,在此约定经济平原省份既可以看作偏盆地,又可以看作偏高原的省份,处在经济高原带就当作偏高原处理,处在盆地带就当作偏盆地处理。

从图 6 可看出,一,在总 GDP 的经济地理空间上,广泛存在经济盆地和经济高原的经济地形,并凸显出一定的聚集性,如贵州盆地、江西盆地及山西盆地等;二,出现一些所谓的高原带和盆地带,并且这些高原带和盆地带交错分布,呈现出五条高原带和五条盆地带交错分布的空间经济格局,如 b3 盆地带被 a3 高原带和 a4 高原带夹住。

(2) 美国 GDP 的地形分布

那现在问,美国各州的总 GDP 在地理空间是否同样会展示上述性状:如广泛的经济盆地和经济高原,出现所谓经济高原和偏高原聚集形成的经济高原带,经济盆地和偏盆地聚集形成的经济盆地带,东南部和东北部及中部 GDP 较高,西南部以及西北部 GDP 较低的性质,等等。同样采用 GIS 技术把

五条高原带和五条盆地带交错分布的空间格局

经济盆地	吉林、山西、天津、宁夏、西藏、上海、江西、贵州、海南
经济平原	黑龙江、北京、陕西、云南、广西
经济高原	新疆、江苏、四川、广东

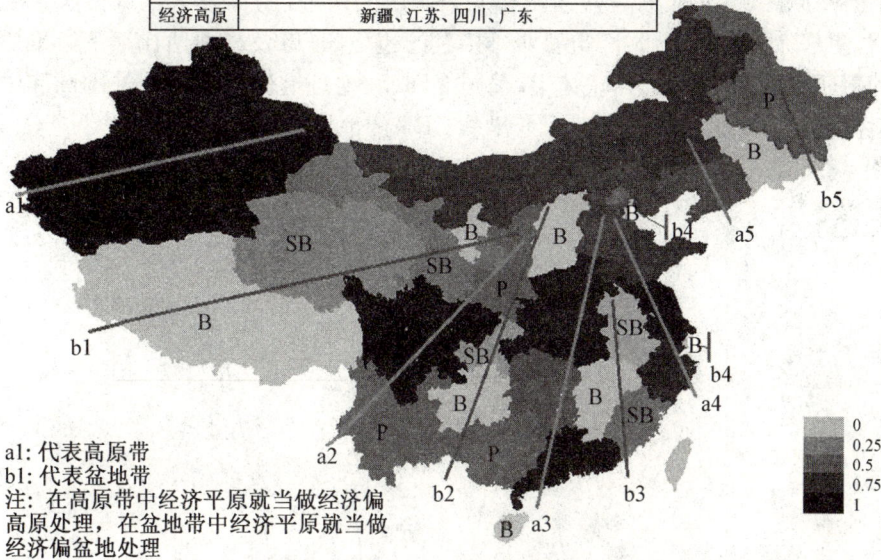

a1: 代表高原带
b1: 代表盆地带
注: 在高原带中经济平原就当做经济偏高原处理, 在盆地带中经济平原就当做经济偏盆地处理

图 6　中国 2012 年 GDP 的地形分布和空间经济格局

2012 年美国各州的 GDP 在相应的地理位置上标示出来, 颜色越黑省份, 意味其州总 GDP 较高, 反之亦然。

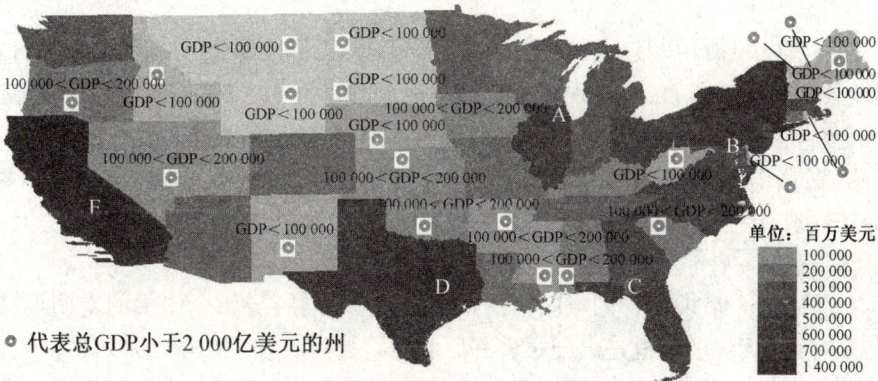

图 7　美国 2012 各州 GDP 的空间分布

从上图可看出, 其一, 在总 GDP 的地理空间上, 同样出现一些经济高原和经济盆地, 如经济高原中南部的德州和佛罗里达, 西部的加利福尼亚及五大湖区的伊利诺斯州等, 再如经济盆地中的西弗吉尼亚、俄怀明州、新墨西哥州以及密西西比州等。其二, 总 GDP 在地理空间上呈现聚集性, 而这种聚集性和中国的 GDP 聚集存在一定的差异性, 不同的是中国更多是带状的交错聚集, 而美国的大多是分散的团状聚集; 其三, 美国总 GDP 高的区域, 如大于 2 000

亿美元的州大多集中分布在外围地区（如图中的 A、B、C、D 及 E 五个板块），总 GDP 低于 2 000 亿美元的州大多集中分布在内陆（密苏里河和密西西比河下游平原区域，北部除华盛顿州和五大湖区的州外，与加拿大陆域接壤边境州，南部除德克萨斯州外，与墨西哥接壤的边境州，以及密西西比河下游平原的墨西哥湾地区各州）。整体上，美国 GDP 在地理空间呈现一个外围高和中心低的圈层聚集性状。那美国各州总 GDP 的地形呈现何种分布？

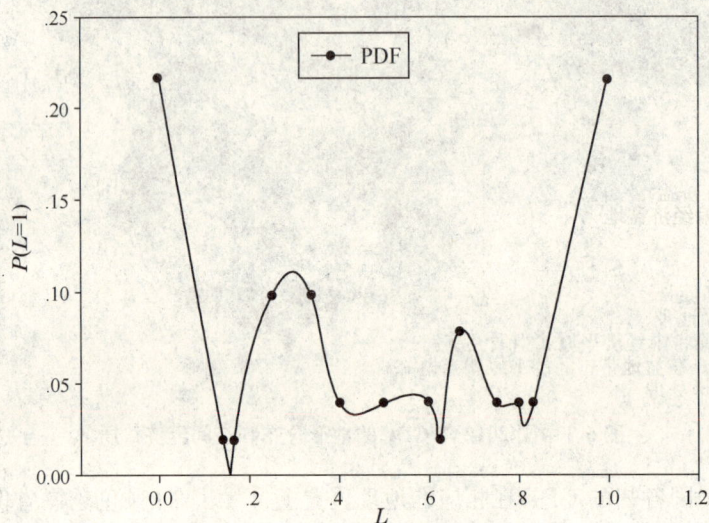

图 8　美国 2012 年的地形分布图

　　从图 8 可看出，其一，经济盆地和经济高原出现的概率远高于其他经济地形，分别是第一和第二，占现实中总经济地形的比例为 45% 左右，这说明任选两个州，将近有一个州的经济地形是经济高原或经济盆地；其二，与中国的经济平原地形相比，美国经济平原地形发生的概率极低，还不如偏经济高原和偏经济盆地，中国整体经济地形呈现一个左上提的 W 型分布，而美国整体的经济地形呈现一个底部存在诸多小峰的 U 型。

　　美国如今呈现何种的空间经济格局，且这种格局与如今中国的空间经济格局有何差别，是否也是出现很多高原和盆地、高原带和盆地带以及高原带和盆地带交错分布的空间经济格局。为回答上述问题，计算出除去阿拉斯加和夏威夷以外美国的所有州的 L 值，通过 GIS 软件把 H 值在地理空间赋予相应的地理位置，用 B 代表盆地，SB 代表偏盆地，P 代表经济平原，并把高原带用特大号字母表示出来，最后把如今是经济盆地、经济高原及经济平原的州以一个列表的形式展示给读者。

　　从图 9 可看出，其一，经济高原和经济盆地是广泛存在的，且经济高原和偏经济高原多分布在外围地区，如沿海、沿湖及沿边；偏经济盆地多分布在内陆地区，经济盆地大多集中东北部和南部沿海及沿边州。其二，经济高原和偏

经济盆地	哥伦比亚特区、密西西比、新墨西哥、特拉华、西弗吉尼亚、怀俄明、新泽西、南卡罗来纳、佛蒙特、缅因州、罗德岛
经济平原	俄克拉何马、俄勒冈
经济高原	加利福尼亚、科罗拉多、伊利诺伊、明尼苏达、佛罗里达、北卡罗来纳、华盛顿、纽约、德克萨斯

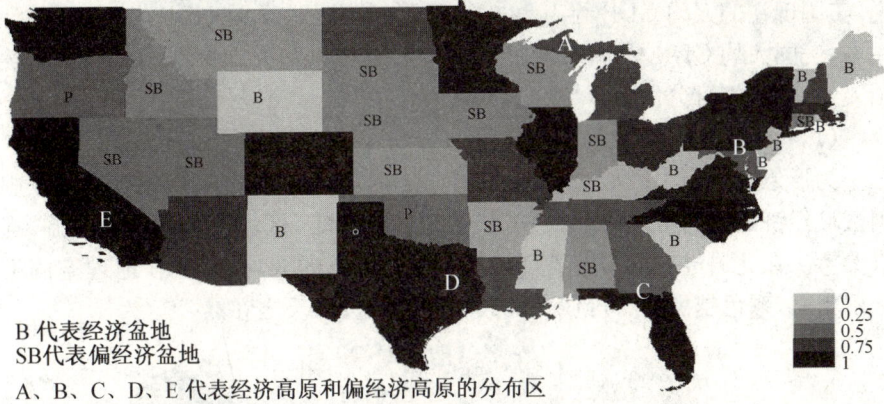

B 代表经济盆地
SB代表偏经济盆地
A、B、C、D、E 代表经济高原和偏经济高原的分布区

图9　美国 2012 年的地形分布和空间经济格局

经济高原、经济盆地和经济偏盆地,在地理空间上呈现分散的团状聚集性,即出现一些高原带和盆地带,但与中国的条带交错分布的空间格局不同。美国的高原带则多分布在外围,如东海岸、西海岸、五大湖区及南部的海岸;盆地带多分布在内陆区域,呈现外高内低的空间经济格局。

2. 人均 GDP 的地形分布

那人均 GDP 地形呈现何种分布,了解中国和美国人均 GDP 的地形分布,对美国地形分布和中国地形分布的对比研究,获得中国经济与美国的共性和差异性,将使中国更好地制定经济政策,进行经济改革,促进区域经济发展。

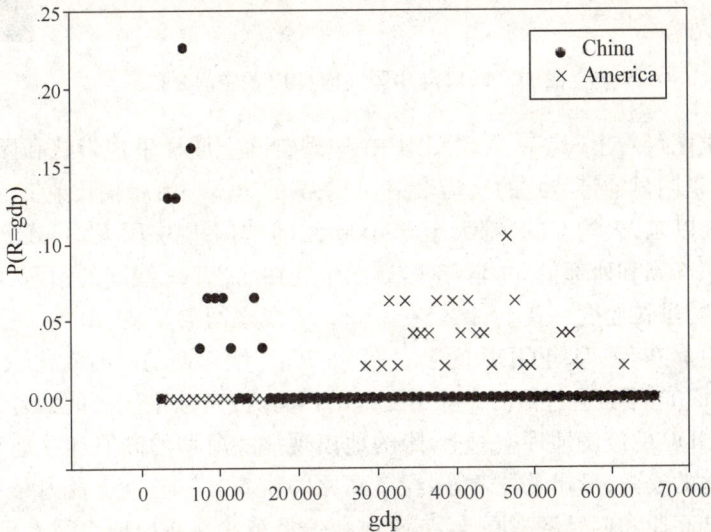

图 10　中国和美国的人均 GDP 统计分布

从图 10 可看出,其一,中国的人均 GDP 大多集中 10 000 美元以下,峰部在 5 000 美元左右,整体上小于 20 000 美元;而美国人均 GDP 大多集中50 000美元,峰部在 45 000 美元左右,整体上大于 25 000 美元。从平均值来说,美国现在的人均 GDP 约为 42 000 美元,中国现在人均 GDP 为 7 000 美元左右,美国人均 GDP 是中国的约 6 倍。其二,中国的人均 GDP 低且集中,美国人均 GDP 高且分散。

(1) 中国人均 GDP 地形分布

为形象展示出中国如今在人均 GDP 上的高原区和塌陷区,识别出如今中国区域经济的空间格局,为下一步扶贫政策的制定,区域协调战略的实施,提供参考。在此通过 GIS 软件把 2012 年全国各省的人均 GDP 在地理空间上标示出来,颜色越黑的省份代表其人均 GDP 越高,反之亦然。

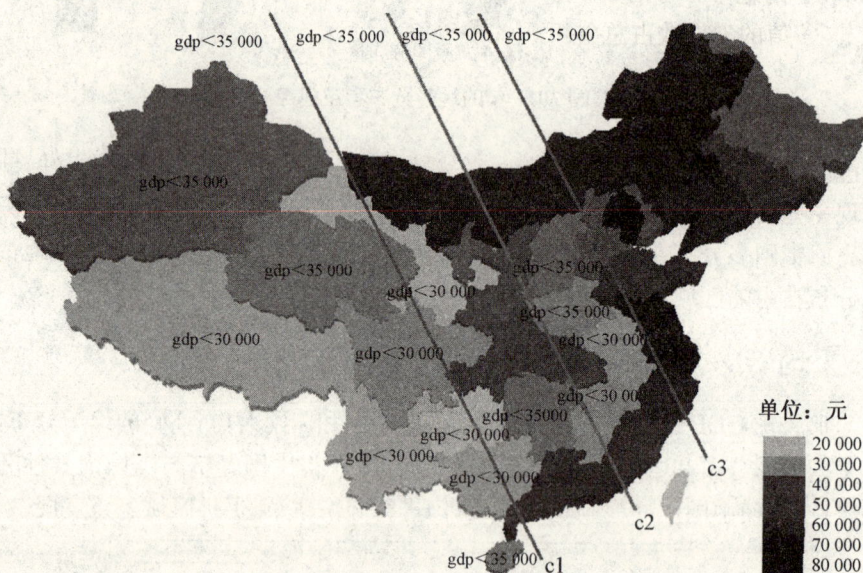

图 11 2012 年中国人均 GDP 的空间分布

从上图可看出,其一,人均 GDP 在地理空间上同样呈现带状和团状的聚集,特别是明显的带状式的交错聚集,如东部的边境和沿海狭长地带的所有省份,即 c3 以东,人均 GDP 都大于 35 000 元;但如果说中国人均 GDP 在地理空间上东部高和西部低,并非合理,如图中处在 c2 和 c3 线间的山西、河南、安徽及江西,虽在经度位置上,比处在 c1 和 c2 线之间的宁夏、山西、湖北、重庆及广东更靠东,但人均 GDP 低于它们;处在 c1 线以西的所有省份人均 GDP 都低于 35 000 元,这包括西北除宁夏外的四省,西南除重庆后的四省。其二,在人均 GDP 的经济地理空间上,隐约地出现一些所谓的高原和盆地现象,如经济盆地的安徽、贵州及甘肃等,经济高原的新疆、广东、重庆及内蒙古等,且感觉经济高原和偏经济高原,经济盆地和偏经济盆地在地理空间上呈现聚集性,出现盆地带和高原带。

中国如今人均 GDP 呈现何种地形分布,各种地形发生的概率如何,这就需要指标 H 值和 H 值的分布函数 P。任一省份的 H 值,表示在人均 GDP 高于毗邻省份的省份数目与所有毗邻省份数目的比值。H 值等于 1,说明在人均 GDP 比所有毗邻省份都高,故经济地形是经济高原;H 值等于 0,说明在人均 GDP 比所有毗邻省份都低,故经济地形是经济盆地;H 值处在 $(0,0.5)$ 和 $(0.5,1)$ 区段内的经济地形分别为偏经济盆地和偏经济高原。当然,美国的 H 值计算和中国的 H 值计算同样遵从式(5),而 H 值的计算公式为:

$$H_i = Number(j/gdp_i > gdp_j)/n_i, i=1,2,\cdots,31(or49) \tag{5}$$

为反映地理空间上各省的毗邻性质和如今人均 GDP 的地形分布,引入人均 GDP 的地形分布函数 P,其是 H 值函数,即任给一 H 值,则 P 就表示为取这个 H 值的省份数占总分析省份数目的比例。首先界定 H 值的取值范围,其次计算在每一个可能的 H 值下 P 值的大小,最后生成所谓的 L 值的密度函数,也是所谓的人均 GDP 的地形分布函数,具体计算公式如下:

$$Pro(H=h) = number(H=h)/N, N=31or49 \tag{6}$$

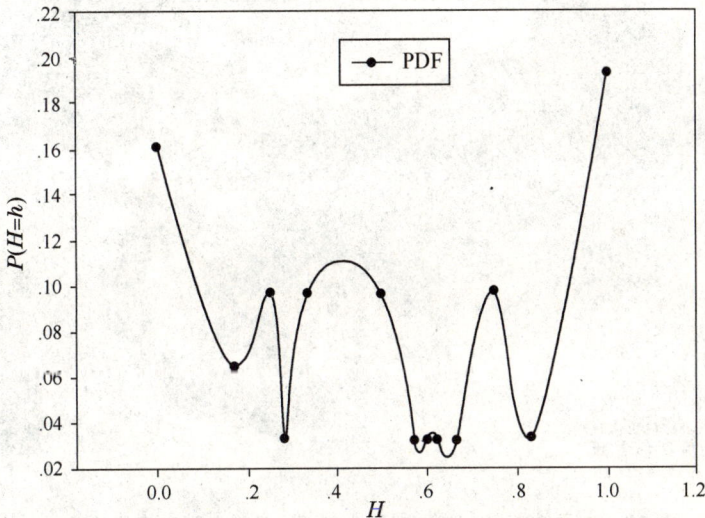

图 12 中国 2012 年人均 GDP 的地形分布图

从上图可看出,其一,经济高原和经济盆地普遍存在,并且发生的概率位居第一和第二,即任选取一个省份,经济地形是高原的概率为 19.5%,经济地形是盆地的概率为 16.5%,是经济高原或经济盆地的概率为 36%,也就是任选取三省份,至少有一省份的经济地形是经济高原或盆地。其二,相比总 GDP 的地形分布,中国人均 GDP 的地形分布更像美国的各州总 GDP 的地形分布,经济盆地发生的概率并非很高,相对偏盆地和偏高原的部分经济地形,发生的概率又比美国总 GDP 的地形分布中的盆地发生的概率高,整体上呈现底部存在诸多小峰的 U 型分布。其三,虽盆地数量小于高原数量,但偏经济盆地的省份多于偏经济高原的省份。

上述主要针对人均 GDP 的空间分布和人均 GDP 的空间地形的统计分布,为了更加详尽的了解,哪些省份经济地形是高原,哪些省份的经济地形是平原和盆地? 这些高原和偏高原,盆地和偏盆地在经济地理空间聚集呈现何种分布,会出现上述所谓的高原带和盆地带吗? 此先计算出除香港、澳门及台湾外的所有省份的 H 值,并通过 GIS 在地理空间上标示出来,H 越大的区域,则在地理空间上的颜色就越黑,反之亦然。同时在地理空间上,用 B 表示为经济盆地,SB 表示为偏经济盆地,P 表示为经济平原,其他未用字母表示的省份板块是经济高原或者偏高原。同时用 ai 序列表示经济盆地带,bi 序列表示经济高原带,而在盆地带和高原带中,平原还是实行就近原则,如果平原靠近高原带,就把其当作偏高原处理;如果其靠近盆地带,则把其当作偏盆地处理。

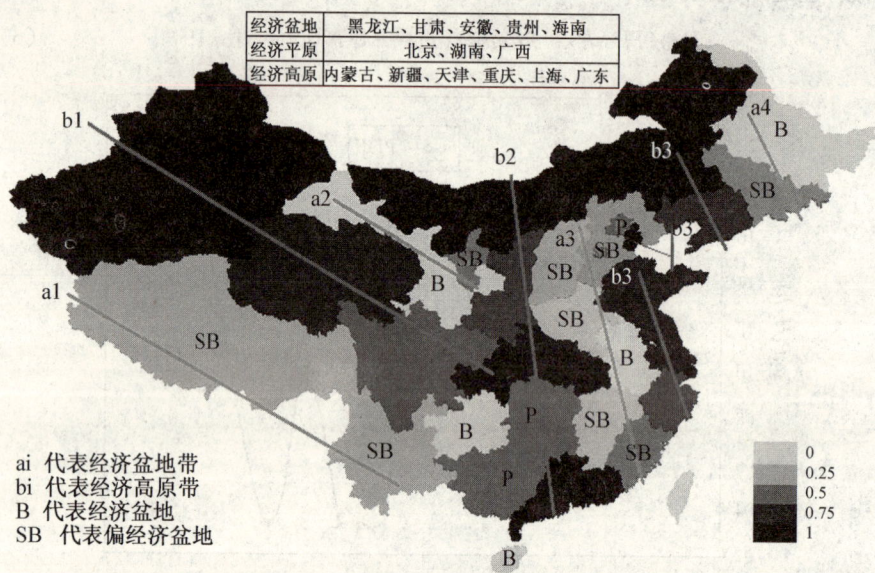

经济盆地	黑龙江、甘肃、安徽、贵州、海南
经济平原	北京、湖南、广西
经济高原	内蒙古、新疆、天津、重庆、上海、广东

ai 代表经济盆地带
bi 代表经济高原带
B 代表经济盆地
SB 代表偏经济盆地

图 13   中国 2013 年人均 GDP 的空间地形分布和空间经济格局

从上图中可看出,其一,广泛地存在一些经济盆地和经济高原,如安徽盆地、贵州盆地、黑龙江盆地及甘肃盆地等,再如新疆高原、广东高原、重庆高原、天津高原及内蒙古高原等,需要指出的是贵州,在总 GDP 量是盆地,在人均 GDP 上同样是盆地;新疆和广东在总 GDP 量是经济高原,在人均 GDP 上同样是经济高原。其二,经济盆地和偏经济盆地、经济高原与偏经济高原在地理空间呈现带状式的聚集,出现所谓的高原带和盆地带现象,且高原带和盆地带呈现交错式的带状分布,并且在如今中国地理空间上,呈现出"四大盆地带和三大高原带"交错分布的空间经济格局,也是所谓的穷富省份交错分布的空间经济格局。

(2) 美国人均 GDP 地形分布

为寻找美国人均 GDP 的经济地形分布和美国如今的空间经济格局,在此先展示 2012 年美国各州的人均 GDP 在地理空间的性状,通过 GIS 把美国2012 年除去阿拉斯加和夏威夷外的所有州的人均 GDP 在地理空间展现,分析美国人均 GDP 的空间性状,如塌陷区、高原区及空间的聚集性等。

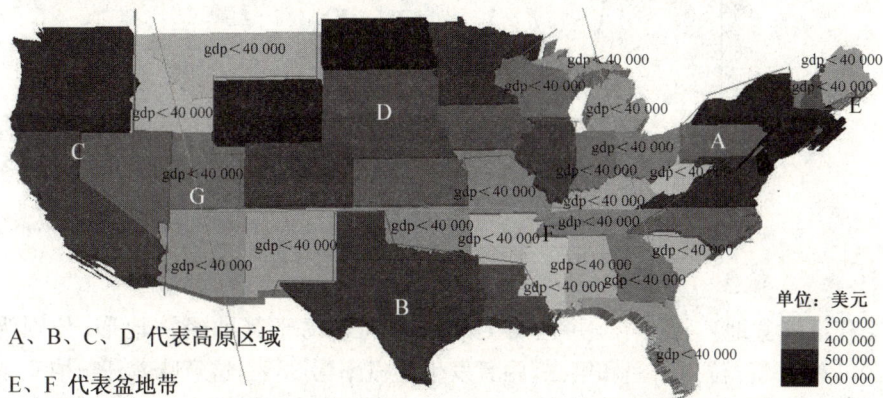

A、B、C、D 代表高原区域

E、F 代表盆地带

图 14 美国 2012 年人均 GDP 的空间分布

从图 14 可看出,其一,不同于中国 2012 年人均 GDP 在地理空间上的带状聚集性状,美国 2012 年的人均 GDP 在地理空间呈现团状的聚集性,如图14 中特大号的 A、B、C 及 D,人均 GDP 都大于 40 000 美元,同时这些团状的聚集主要分布在美国沿海、沿边的外围地区,如东部沿海、西部沿海、南部与墨西哥接壤的德州和处在墨西哥湾的路易斯安那州,以及北部南达科他州附近的州;人均 GDP 小于 40 000 美元的州同样呈现团状聚集,如特大号字母 E、F及 G 区域,且多出现在被高原带区域包裹的内陆区域,更为有趣的是,在美国人均 GDP 的地理空间上呈现"H 型"的空间布局,这是不同于中国人均 GDP高的和人均 GDP 低的区域交错分布的空间格局,相比中国,美国更显得有些凌乱,是团状式的分散分布。其二,在美国的人均 GDP 地形空间,隐约地出现经济盆地和经济高原,如密西西比盆地、西弗吉尼亚盆地及爱达荷盆地等,再如俄怀明州在人均 GDP 上比毗邻州都高,同样北达科他人均 GDP 也比毗邻州都高。

为更详尽地获得美国 2012 年各州的地形分布,特别证明和证伪美国的人均 GDP 的地理空间,是否也存在类似中国的地理空间上广泛存在的,并且发生的概率极高的经济高原和经济盆地,是否也类似中国的经济地形分布是一个底部存在诸多小峰的 U 型分布。

从图中 14 可看出,其一,同样和中国人均 GDP 的地形分布一样,经济高

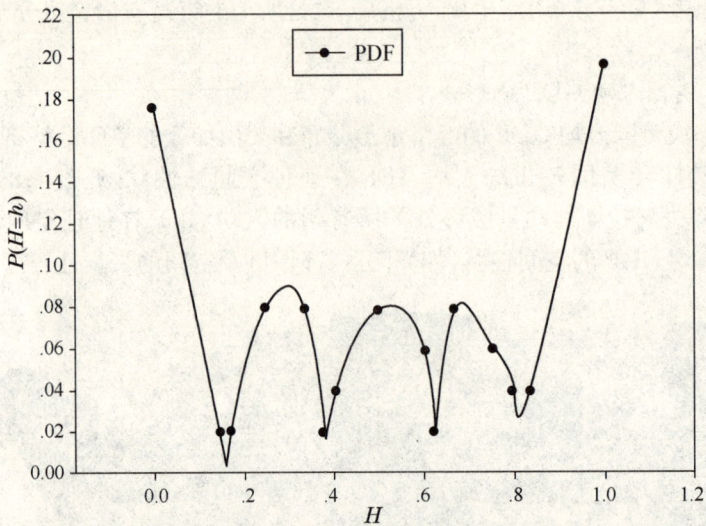

图 15　美国 2012 年经济地形分布

原和经济盆地广泛存在,并且发生的概率远远高于其他经济地形,分别为
20％和 18％,位列第一和第二,两者发生的概率为 38％,这意味着任选取三个
州,至少有一个州的经济地形是高原或盆地,当然也和中国一样,在人均 GDP
的经济地理空间上经济高原发生的概率高于盆地发生的概率。其二,同样和
中国人均 GDP 的地形分布一样,经济平原发生概率相对其他经济地形较低,
美国人均 GDP 的地形分布呈现一个底部存在诸多小峰的 U 型分布。

　　同样为更微观地了解美国各州的经济地形,高原和偏高原、盆地和偏盆地
在经济地理空间聚集呈现何种分布,是否会出现高原带和盆地带交错分布的
性状,即获取更加微观和更加宏观的信息。计算除阿拉斯加和夏威夷外所有
州的 H 值,并在地理空间用颜色加以区分,颜色越黑,H 值越大,经济地形就
越偏向高原,反之亦然。同样用 B 表示为经济盆地,SB 表示为偏经济盆地,P
表示为经济平原,其他未用字母表示的省份板块是经济高原或者偏高原。同
时用 ai 序列表示经济盆地带,特大号大写字母如 A、C 及 D 等表示高原带,对
于平原的处理同样实行就近原则。

　　从图 16 中可看出,其一,广泛地存在一些经济盆地和经济高原,如爱达荷
盆地、密西西比盆地、西弗吉尼亚盆地及南卡罗来纳盆地等,再如德克萨斯高
原、俄勒冈高原及伊利诺斯高原等,当然对于盆地和高原的关注,更应该关注
在总 GDP 上是盆地(或高原)的省份和在人均 GDP 也是盆地(高原)的省份,
如密西西比和西弗吉尼亚等,详细信息参见图 16。其二,经济高原和偏高原
在地理空间上呈现团状的聚集性,如图中特大号英文字母 A、B、C、D、E 及 F,
且除 F 高原带位内陆外,其他五个高原带都沿外围分布,如沿海和延边分布;
当然经济盆地和偏盆地的州在地理空间上也呈现聚集性,且呈现在内陆聚集,

经济盆地	密西西比、新墨西哥、西弗吉尼亚、爱达荷、南卡罗来纳、佛蒙特、缅因、密歇根、罗德岛
经济平原	佛罗里达、堪萨斯、新泽西、华盛顿
经济高原	康涅狄格、哥伦比亚特、伊利诺伊、北达科他、特拉华、怀俄明、俄勒冈、德克萨斯

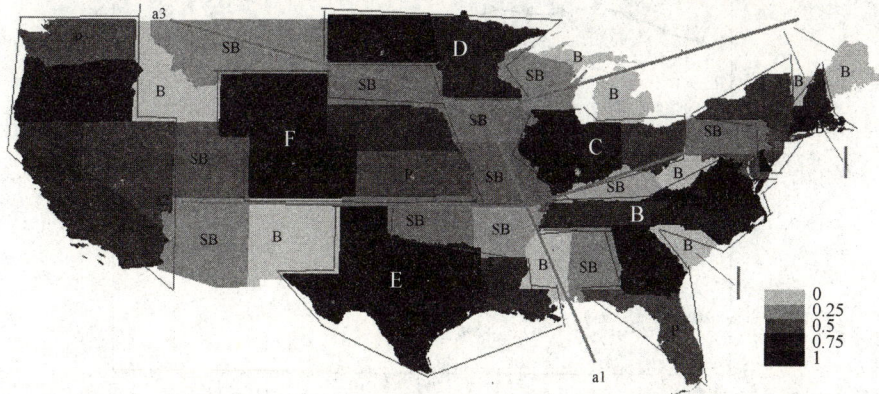

图16　美国 2013 年人均 GDP 的空间地形分布和空间经济格局

这种聚集呈现一个略像"干字"的分布,这不同于人均 GDP 的空间分布的"H型"分布,且经济高原带填满这个"干字"的各个空隙处。整体上,在美国人均GDP 的地理空间,经济高原和经济盆地广泛存在,并且出现高原带和盆地带现象,高原和偏高原呈团状聚集,多沿外围分布;盆地和偏盆地呈现聚集,多沿内陆聚集,且呈现略像"干字"的空间经济格局。

(3) 中国和美国区域经济发展是趋于均衡,还是非均衡

当出现上述中国和美国的空间经济格局时,如经济盆地和经济高原普遍存在,特别是人均 GDP 的地形分布中反映经济均衡的经济平原州和省的数目并非突出;同时出现如今中国盆地带和高原带带状交错的空间经济格局,美国高原带大多沿外围分布及盆地带多集中内陆的空间经济格局时,会给大家带来疑问:"如今中国和美国的区域经济发展是趋向于均衡,还是非均衡? 是美国的区域经济发展均衡,还是中国的区域经济发展均衡?"设定离散指标 VC,而中国或美国的每年的 VC 计算步骤,以中国为例,首先计算中国任一年,如第 t 年各省人均 GDP 的平均值,然后计算这一年各省人均 GDP 标准差,再把第 t 年全国各省人均 GDP 的标准差除以第 t 年全国各省人均 GDP 的平均值,具体计算公式为式(6),此值越大,越说明区域差距越大,区域发展越不均衡,反之亦然。而图 17 是中国和美国近 17 年区域经济差距的变化趋势。

$$VC(t) = \sqrt{\sum_i (gdp_{it} - \overline{gdp_t})^2 / (N-1)} / \overline{gdp_t}, \overline{gdp_t} = (\sum_i gdp_{it}/N)$$

(6)

从图 17 可看出,其一,中国的区域经济差距在最近 17 年来一直大于美国,美国最近 17 年 CV 值平均在 0.6 附近,而美国最近 17 年来的 CV 值一直在 0.36 左右轻微浮动。其二,中国在 1997—2000 年间区域差距在拉大,从

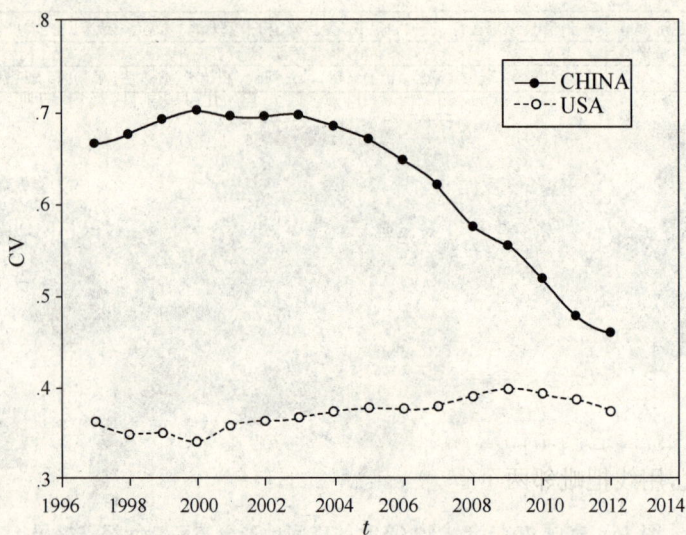

图 17　中国和美国的区域经济差距的变化趋势

2000 年开始至今 12 年内区域经济差距在一高水位上变小,最近区域经济逐渐趋于均衡;美国在 1996—2000 年间区域差距轻微缩小,幅度 0.02 个单位,在 2000—2009 年间区域经济发展趋于非均衡,但差距并非很大,增幅 0.05 个单位,而 2009—2012 年间,区域经济差距又在缩小。整体上,如今美国区域经济发展更均衡,同时美国和中国区域经济发展都是向均衡方向发展。

三　毗邻省(州)的收入差距

如果上述对人均 GDP 的地形分析是与毗邻省份相比较进行的定性分析,如 H 值和 L 值的统计分布和空间分布,那么一省份的 L 值和 H 值的计算,就是比较这一省份与毗邻各省的 GDP 和人均 GDP 的大小而获得的,下述进行的分析将是更加细致的定量分析。当然对于局域内,毗邻省份的省际层面上的收入差距的考虑,也应是福利经济学及幸福经济学考虑的范畴,当然也是本文空间毗邻性分析的重要内容。因为这样而进行的分析,便于明晰哪些省份与毗邻省份在人均 GDP 上收入差距较大,哪些区域经济发展不均衡,为下一步缩短局域内和区域内的收入差距,达到区域均衡发展,是必须,也是必要的。那如何测度一省份与毗邻省份的收入差距呢?以第 i 个省份与毗邻各省的收入差距计算为例。首先,计算 i 省与一毗邻省份 j 的收入差距,如果 i 省的人均 GDP 大于 j 省的人均 GDP,则拿 i 省的人均 GDP 除以 j 省的人均 GDP,如果相反,则拿 j 省的人均 GDP 除以 i 省的人均 GDP,把得出的 d_{ij} 当作 i 省与

毗邻 j 省的收入差距;其次,分别按照上述算法,计算出每一个与 i 省毗邻的省份的收入差距;最后,把 i 省与所有毗邻的省份的收入差距都计算出来,然后把这些差距求个平均,把这个平均值赋予 i 省,把其看作 i 省与毗邻各省的收入差距,具体计算公式为:

$$D_i = \sum_j d_{ij}/n_i, d_{ij} = \max(gdp_i, gdp_j)/\min(gdp_i, gdp_j), d_{ij} \geqslant 1, j = 1, \cdots, n_i$$

(7)

1. 中国毗邻各省的收入差距

为详尽地展示中国经济地理空间上区域内毗邻各省的收入差距,在此构造复杂网络,构造网络的思路:首先,计算出任意两个毗邻省份之间的差距 d_{ij}。其次,用线把毗邻两个省份连接起来,原则是差距较小的毗邻省份,用较粗的线连接,差距越小,则线就越粗,反之亦然。把差距 $[1, \infty)$ 分为 6 个区段,差距值处在 $(2, \infty)$ 区段内的毗邻省份不用线连接,差距处在 $[1, 2]$ 间的用线连接,并把这个区间划分间距为 0.2 的五段: $[1.8, 2]$、$[1.6, 1.8)$、$[1.4, 1.6)$、$[1.2, 1.4)$ 以及 $[1, 1.2)$,差距处在 $[1.8, 2]$ 区段内用虚线表示,其他区段从高到低依次用更粗的线连接。再次,把地理图中地理面积小的省份和直辖市进行放大,拿出来单独进行构造网络,如图 18 的京津冀区域。最后,在进行网络分析时,加入用于分割的辅助线来观察网络的机构,特别是板块结构,而图 18 中 a1、a2 及 a3 细线就是所谓的分割线,用来分割网络,把大网络切割成相对较为分散的几个子网络;同时图 18 中 ei 序列是将要分析的各子网络。

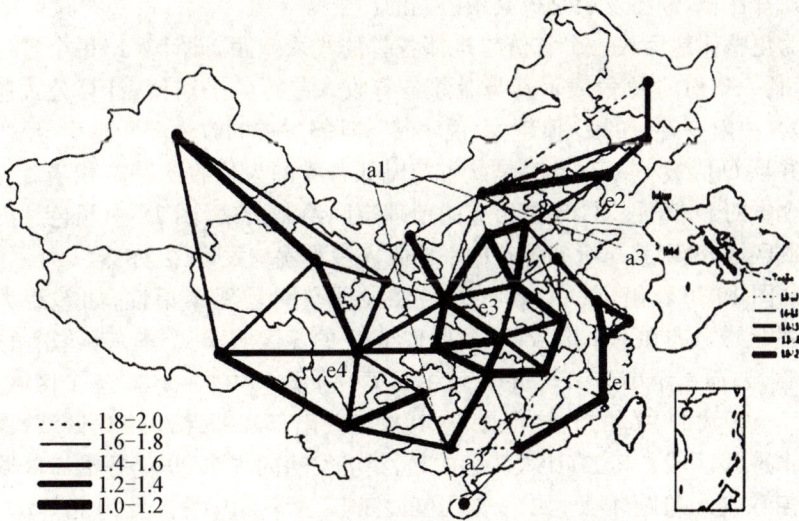

图 18 中国毗邻各省收入差距的网络图

从图 18 可看出,其一,在经济地理空间网络呈现一定的板块化,同时连接较为松散且不紧密,通过上述辅助的分割线 a1、a2 及 a3,把上述网络分为四个较为独立的子网络 e1、e2、e3 及 e4,这些子网络内部连接较紧密,差距较小,子网络间虽存在些连接,但这些连接键较为微弱,意味着子网络间差距较大,也即在中国的地理空间上,区域差距明显。其二,在这些子网络内部,收入差距最小的,也是区域经济发展最均衡的是表征为一湖北为中心的 e3 的中部省份,其次是表征为 e1 的东部沿海地区,最后是表征为 e4 的西部地区,东北地区 e2 没有想象中的收入差距较小,存在一定的非均衡性。其三,在这些子网络间,没有存在明显的过渡性连接,没有像传统认为的人均 GDP 从东到西依次减少,如东部的 e1 和中部 e3 子网络毗邻,但其间收入差别很大,在衔接上出现明显的破裂,呈现分立;中部 e3 和西部 e4 毗邻,但也存在一定的收入差距,相比东部 e1 和中部 e3 的连接,中部 e3 和西部 e4 的连接较为紧密些,这说明经济发展相对落后的毗邻区域,经济发展水平的差距一般较小,在地理空间上毗邻的区域,东部和中部的差距大于中部和西部的差距。其四,京津唐地区虽然毗邻,但整体上河北与北京和天津差距较大,这可从 e5 的子网络中看出,北京和天津连接较紧,但都与河北没有连接,相反河北与山西和河南收入差距却较近;广东虽与广西、湖南、江西毗邻,但其间差距极大,都在 1.5 以上。需要说明的是,安徽和江西虽在地理位置与发达的东部沿海省份毗邻,最靠近它们,但其与东部沿海的差距远大于与西部毗邻的中部省份的差距,在地理位置上属于华东,在人均 GDP 上却属于华中。内蒙古地处北方边境,毗邻八个省份,除与辽宁省人均 GDP 差距低于 1.2 以下,其余都高于 1.5,这说明内蒙古与毗邻区域,经济发展是极其不协调的。

为更整体地反映一个省份与毗邻各省的收入差距,即计算出每个省份的 D 值,任一省份的 D 值表示其与毗邻各省收入差距的平均值,计算公式遵从式(7)。一般一省份的 D 值越大,说明其与毗邻各省的收入差距越大,反之亦然。并且 D 值最小为 1,此时是此省与毗邻各省的人均收入基本相当。在此把每个省的 D 值通过 GIS 在相应的地理空间绘制出来,图 19 中颜色越黑的省份或区域,说明其与毗邻各省的平均收入差距就越大,反之亦然。

从图 19 可看出,其一,收入差距在地理空间呈现聚集性,如差距大于 1.35 的区域分布在两个区域,一个是北部 a1 的 π 区域,一个华东和华南的 a2 的 U 区域;而差距小于 1.35 的区域主要集中在图 19 中 A、B、C 三个区域,且在这三个区域中中部的 B 差距最小,其次是西南部和西北部的 C 区域,最后是东北的 A 区域。其二,让人费解的是,经济发达的华东、华南等沿海区域与毗邻各省收入差距较大,如广东、山东、江苏、浙江、内蒙古及河北等,人均 GDP 落后的区域,如贵州、甘肃、西藏与毗邻省份的收入差距也较大,相反,收入水平持中的中部省份与部分西部省份收入与毗邻省差距较小。最后,整体上,在中国的地理空间上各毗邻省份的差距呈现北部和南部高、中部低,以

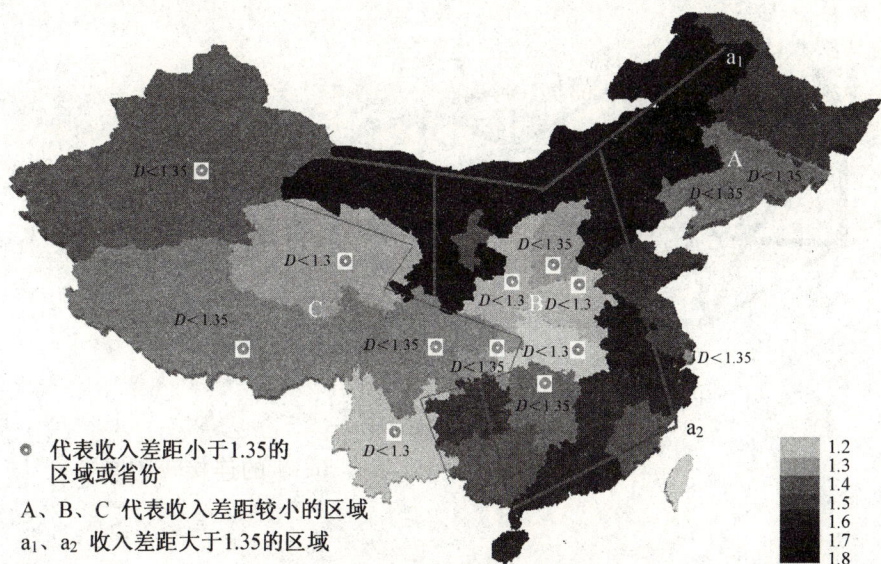

代表收入差距小于1.35的
区域或省份
A、B、C 代表收入差距较小的区域
a₁、a₂ 收入差距大于1.35的区域

图 19   中国毗邻各省收入差距的地形分布

及东部高、西部次高、中部最低的空间经济格局。

2. 美国毗邻各州的收入差距

为判断上述分析的结论是否具有更大的普适性,还是中国本身具有特异性,当然还有比较发达的美国与还处在转型期的中国间的差别和共性,为理论的应用和修正,及中国本身的实践提供部分的隐喻。把上述分析,包括复杂网络和差距 D 的地形构建,进行延拓。在构造网络过程中,为把中国和美国进行比较,在构造网络的过程特别是各毗邻州的连接中遵从相同的范式。如首先计算出任何毗邻两州的差距 d_{ij},其次根据差距 d_{ij} 大小,用线把毗邻两州连接起来,差距越小连接线越粗,差距越大连接线越细,直到没有连接;同样把差距分为六个区段,d_{ij} 处在区段 $[2,\infty)$ 内的毗邻州没有连接,同样其他在 $[1,2]$ 内的分为间距为 0.2 的五个区段。还有需要说明的是,美国东北部各州地理区域较小,在构建网络的过程中,由于比例尺的问题,不易清晰显现,故提取出来专门考虑。

从图 20 可看出,其一,根据毗邻性质,从局域内构筑网络,进而生成的全局网络来看,美国各毗邻州间的差距都较小,区域整体发展较均衡,各毗邻州间的差距都基本上在 1.3 以下。其二,与中国的网络相比,美国毗邻各州的差距网络更显得紧密和浑然一体,独立和分割化的性状不明显,说明美国区域经济连接紧密,区域差距较小。其三,从上图的辅助线 fi 序列可看出,美国区域差距较大的区域,集中在西北部(华盛顿、俄勒冈、爱达荷、蒙大拿及怀俄明州)、南部(路易斯安那和德克萨斯州)及东北部(西弗吉尼亚、特拉华)。其四,中国和美国有一点共性,即与经济发达区域毗邻的省和州,一般其间差距较

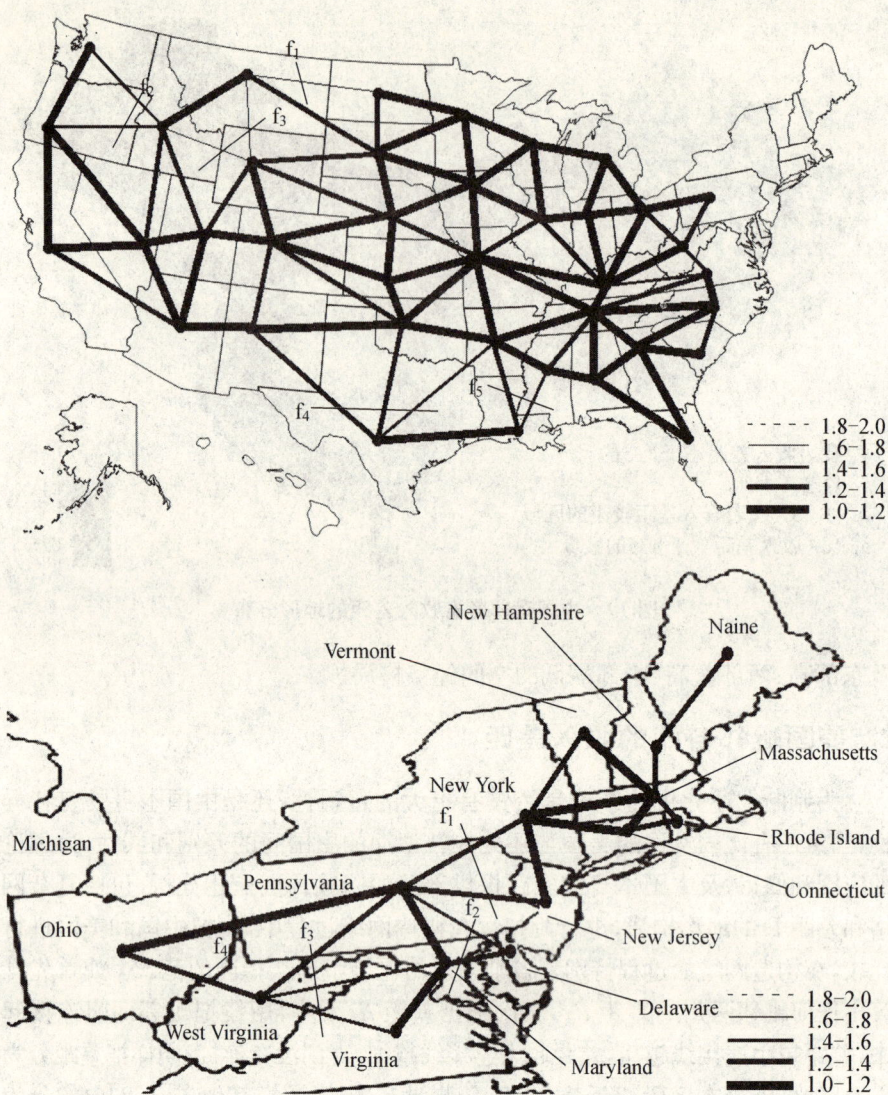

图20 美国和东北部毗邻各州收入差距的网络图

大,如中国东部沿海与毗邻东部沿海的河南、安徽及江西省份差距极大,与收入水平较低的省份毗邻的省份,如中国的东部和西部差距就较小;再如与发达的南部德州和路易安娜州毗邻的密西西比、新墨西哥以及俄克拉荷马州,西北部与华盛顿、怀俄明及俄勒冈毗邻的爱达荷及蒙大拿,东北部与宾夕法尼亚、弗吉尼亚以及马里兰毗邻的西弗吉尼亚。综合,可能存在这样的结论:"按照人均收入水平从低到高排序,若与人均收入水平低的毗邻,则其间差距就较小;若与人均收入水平高的区域毗邻,则其间差距就较大",至少在中国和美国的地理空间上是这样的。

上述分析是较为微观的,可以获得任意两个毗邻省份收入差距大小的信息;并且通过微观之间的连接,即通过局域子网络进而生成整体全国的网络图获得全国整体收入差距信息和区域经济发展均衡的信息。下述将从毗邻性的另一个角度,获得整体上区域差距的信息。首先把每一个州与毗邻各州的差距计算出来,计算的公式遵从式(7);然后计算其与毗邻各州差距值的平均值,最后把这个平均值赋予这个省份,把每一个州 D 值都在地理空间上标示出来,颜色越黑的州和区域,说明 D 值就越大,并且把差距小于1.2的标识出来。如果一个州的 D 值越小,说明此州与毗邻各州在收入上的差距就越小,收入水平越相当,反之亦然。且 D 值的最小值是1,D 值等于1的州说明其与毗邻各州的收入相当。

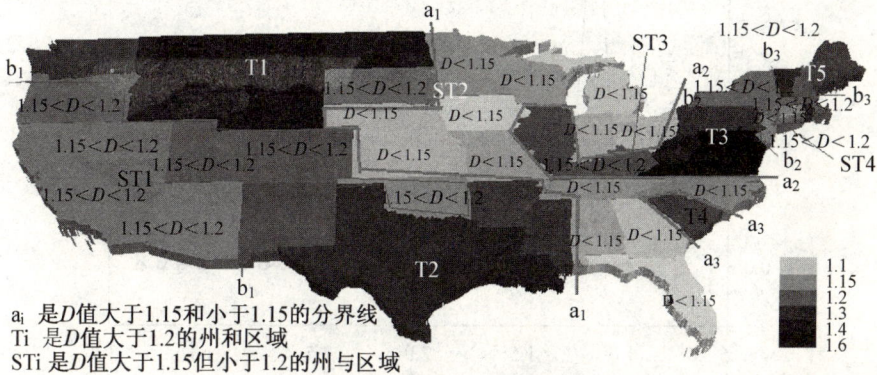

a_i 是 D 值大于1.15和小于1.15的分界线
T_i 是 D 值大于1.2的州和区域
ST_i 是 D 值大于1.15但小于1.2的州与区域

图21 美国毗邻各州收入差距的地形分布

从图21可看出,其一,整体上美国相对于中国,除去几个区域如 T_i 序列外,剩余其他毗邻州的收入差距不大,大多集中在1.2以下的水位上。其二,收入差距在地理空间呈现聚集性,且整体上呈现西部高、东部次高及中部差距小的性状,如处在 a1 线以西的州的 D 值都大于1.15,处在 a2 线和 a3 线以东的州的 D 值都大于1.15,相反处在 a1 线以东,a2 线和 a3 线以西的中部省份,D 值小于1.15。这说明美国整体上东部和西部差距都相对较大,但中部发展较为均衡,差距较小,与中国相同的是中部各州差距小,与中国不同的则是美国的西部比东部的毗邻差距更大。其三,在美国大于1.15各区域内,同样出现一定梯队聚集性,如 D 值大于1.2的 T_i 序列和 D 值大于1.15且小于1.2的 ST_i 序列,且从图21可看出,差距大于1.2的州和区域主要集中在南部德克萨斯州及其东西两侧的毗邻州(T2)、北部与加大接壤的边境的非五大湖区的州(T1和T5)、东北沿海与马里兰毗邻的各州(T3),同时差距大的沿外围分布,差距小的更多倾向在内陆分布。

经过上述分析,已经隐约发现,在 GIS 的地图中,中国各省与毗邻各省的差距 D 大于美国各州与毗邻各州的差距 D,为了更确切的比较中国和美国在 D 值上的区别,引入分布函数。分布函数 P 是 D 值的函数,就是取任一 D 值的省份数目占总分析省份数目的比或是州数占总分析州数的比例,计算的具体步骤:首先,确定美国和中国各州和各省的 D 值范围,在这个范围内确定每个州和每个省的可能取值;其次,按照 D 值大小,分别计算每一个 D 值下的省份数占总分析省份数的比例,把其赋予坐标纵轴,把 D 相应坐标横轴;最后,打出 D 值下的省份数目比例的分布函数。

$$Pro(D=d)=number(D=d)/N, N=31 or 49 \qquad (8)$$

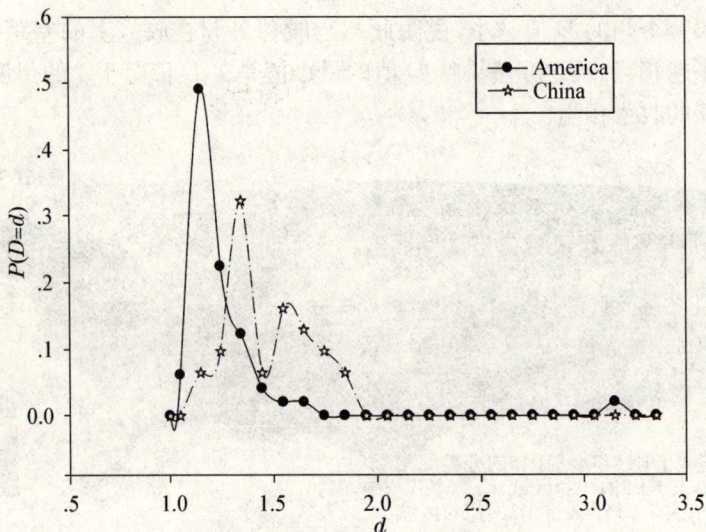

图 22　美国毗邻各州差距的分布

　　从图 22 可看出,其一,美国的 D 值分布较为集中且 D 值整体不高,表现为单峰分布的峰部较高且分布的跨度较小,大多数州的 D 值分布在 1.2 附近;其二,中国的 D 值分散且较高,表现为存在双峰分布,且峰部较低且跨度较大,大多省份的 D 值是大于 1.4。总之,相对于美国,中国如今各省与毗邻各省的收入差距较大,且这种差距值跨度较大。

四　毗邻省(州)的经济协同性

　　在经济地理空间上如何在一个局域内选择一个经济增长极或增长带,一是为带动该省或该区域经济的发展,二是能够最大化的带动毗邻区域的发展,换句话,就是这个省份或区域与毗邻省份或区域的关联度很高。这同样是经济地理空间上的毗邻性分析,就首先需要在经济地理空间上明晰全国各省和各区域的经济地形,进行 GDP 和人均 GDP 的空间分布分析,以及 GDP 的经济地理空间 L 值地形分布分析,人均 GDP 的经济地理空间 H 值地形分布分析,即经济高原和经济盆地分析。其次,还需要明晰区域带动能力是什么概念,也即什么是毗邻省份与省份之间的经济关联性,数量定义是什么?这样才能更好进行经济行为决策,那如何衡量两个区域之间的协同性或经济关联性?

选取中国和美国 1997—2012 年这 17 年间各省(州)的总 GDP 的增速序列,因为增速更易进行比较,且更易看出同步性,即同升同降,同时总 GDP 存在尺度效应,标准不统一。毗邻省份的关联性的计算以中国为例。首先,计算出任意两个毗邻省份总 GDP 增速的关联系数,如 i 省与 j 省两毗邻省份的关联系数 C_{ij},因对增长极的选择是一个局域的整体概念,就是最能带动毗邻区域发展,所以仅计算 i 省与其一个毗邻 j 省的关联系数还不行,还应该分别计算出所有与 i 省毗邻的所有省份与 i 省的关联系数。其次,把所有与 i 省毗邻的省份与 i 省的关联系数计算出来,然后求平均,把这个平均值 C_i 赋予 i 省,这就是 i 省与毗邻区域各省的关联系数,其就是一个局域的整体概念。最后,计算出所有省份的 C 值,具体计算公式为:

$$C_i = \sum_j C_{ij}/n_i, C_{ij} = \mathrm{cov}(V_i, V_j) / \sqrt{\mathrm{var}(V_i)} \sqrt{var(V_i)}, -1 \leqslant C_{ij} \leqslant 1$$

(9)

1. 中国毗邻各省的经济协同性

为了获得更微观和细致的各毗邻省份经济关联大小及通过各个局域看整体全国各省与毗邻各省经济关联性的大小,在此同样构造复杂网络,而构造网络的基本思路为以下:首先,计算出任意两毗邻省份经济关联系数的大小 C_{ij}。其次,根据 C_{ij} 的大小把毗邻的 i 省和 j 省连接起来,连接的原则是此间关联系数越大,连接的线就越粗,相反,连接的线越细或者没有。又因为关联系数在 -1 到 1 之间,同时负的关联性说明毗邻两个省经济走向相反,对于选择哪个省份做增长极或者不选择哪个省份做增长极,实际上是一个问题的两个方面,故需要考虑一个就行。在此考虑关联系数为正的情况,把关联系数从 0 到 1 分为六个区段,关联系数在 $[0, 0.6]$ 区段内的毗邻省份将不用线连接,这在后面关联系数的统计分布中将有所体会,为什么 0.6 以下的不用线连接,因为整体上关联系数大于零且大于 0.5。关联系数在 $[0.8, 1]$ 用最粗的线连接,然后选取间隔为 0.05 把 $[0.6, 0.8]$ 分为四个区段,$[0.6, 0.65]$,$[0.65, 0.7]$,$[0.7, 0.75]$ 以及 $[0.75, 0.8]$,$[0.6, 0.65]$ 用虚线连接,其他依次从低到高,用相对较粗的线连接。最后,根据上述原则把各个局域内的毗邻省份连接起来,生成一个全域的网络。还需要说明的是,在地理空间上,由于比例尺的限制,使得某些地理面积小的省份或直辖市不能清晰展现出其与毗邻各省份间的网络图,在此把其特意放大,以便观察局域内的网络。同时为了进行网络分析,从下述网络中获得有用的信息,在此在网络中添加辅助线,目的之一,是判断某一个省份与哪些省份或区域的关联性较高,另外一个目的是观察网络随着降低连接标准或增加连接标准,是否会存在分离的子网络。另外,在此仅仅是唯象的研究,给读者提供一种现象。

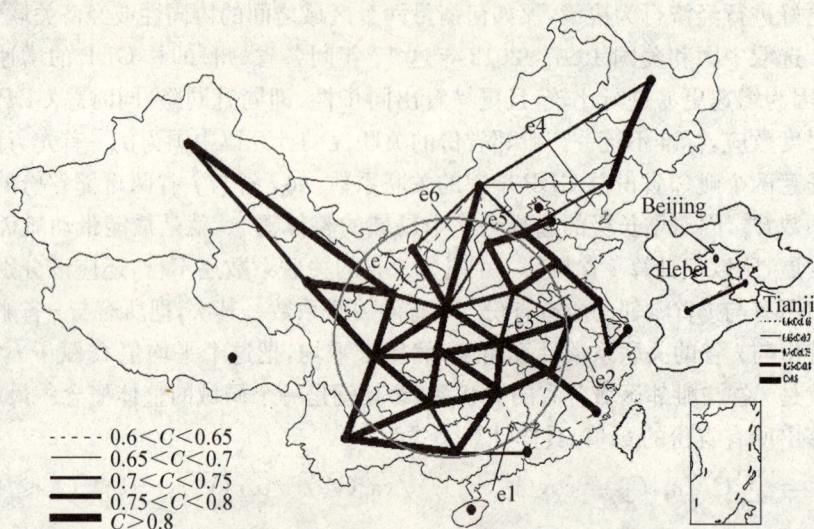

图 23   中国毗邻各省经济关联的网络图

从图23可看出,其一,中国各毗邻省间的关联性很高,除去像海南和西藏这样特殊地理位置的省份和自治地区,大多数在0.7以上;其二,大多数东部沿海与毗邻各省连接较弱,如广东虽经济发达,但除了与毗邻省份广西关联度在0.72左右外,与湖南、江西及福建都在0.65以下。西部边境各省与毗邻各省连接也弱,如西藏与所有毗邻各省的关联系数都小于0.6,但中部毗邻各省的关联性较强大多数在0.75以上,集中分布在图23中的圆圈中,特别是以湖北、重庆、陕西、贵州为中心的毗邻区域。其三,大多数发达的省份与毗邻省份的关联度,并没有想象中的关联度大,如广东与福建、福建与浙江、辽宁与河北、辽宁与内蒙古、天津和北京等。其四,影响毗邻两省份关联度的因素有地理区位,如西藏;有对外开放程度,如广东与毗邻各省,当然还有经济发展水平,所以地理区位一般,开放程度持中及经济发展水平持中的省份与毗邻各省的经济关联度高。其五,沪宁杭、京津冀及大珠江三角经济关联度相对中国毗邻各省关联度的平均值,都很低,其中沪宁杭最高,其他两个平均值在0.7以下。

上述就地理空间任意两个毗邻省份关联系数大小进行构建网络,但是任意省与所有毗邻省份的关联度,也即任意一省对毗邻各省整体上的关联度,也即是任意一省与所有毗邻省份关联度平均值的空间分布。对平均值空间分布的研究,将更易从整体上把握哪些省份与毗邻各省的关联度高,哪些省份与毗邻各省的关联度低。把反映毗邻性状的每个省份的 C 值计算出来,然后通过GIS技术把每个省份的 C 值在相应的地理空间标示出来,地理图中的颜色越黑,说明此省份与毗邻各省的关联度越高,也即 C 值越大,反之亦然。同样采取辅助线的形式对 C 的空间分布进行分析,辅助线是一分界线,其左右两侧、上下两侧的区域的 C 值将不同,同时辅助线可辅助对 C 值的空间分布进行聚类分析。同时在下图中采用大写字母 A、B 表示与毗邻各省关联度较高的区域,即大于 0.8 的区域,辅助线 e1、e2、e3 序列是与毗邻各省关联度大于 0.8 的区域和小于 0.8 的区域的分界线;f1、f2、f3 是与毗邻省关联度小于 0.7 的区域和大于 0.7 的区域的分界线。

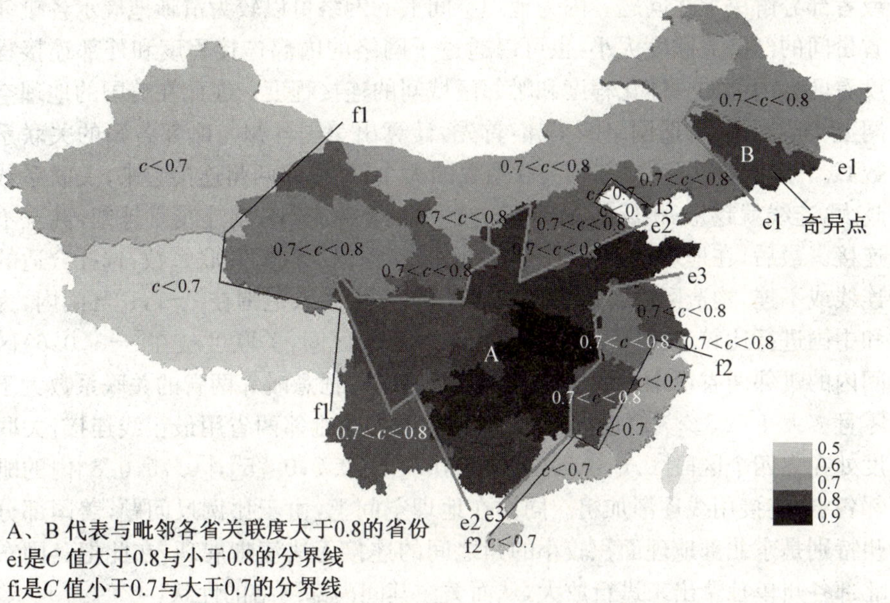

A、B 代表与毗邻各省关联度大于0.8的省份
ei是 C 值大于0.8与小于0.8的分界线
fi是 C 值小于0.7与大于0.7的分界线

图 24 中国各省 C 值的空间分布

从图 24 中可发现,其一,各省与毗邻各省的关联度在地理空间上呈现聚集性,如关联度大于 0.8 的省份或区域集中在分界线 e2 和 e3 中间的 A 区域;关联度小于 0.8 的省份和区域集中分布在分界线 e2 和 e3 两侧。其二,关联度高的区域集中分布在内陆地区(如长江中上游流域和黄河流域),关联度低的区域集中分布在沿海和延边的外围地区。其三,关联度小于 0.7 的区域分布在分界线 f1 以西、分界线 f2 以东以及分界线 f3 以东,让人费解的是,长江以南的东部沿海省份经济发展水平较高,但与毗邻各省的关联度都小于 0.7,特别是对外开放程度较高,与国外联系分散了与毗邻省份的联系,引致与国内毗邻省份联系较小,同样的原因发生在新疆和西藏上,较多的陆上接壤国家,相对降低与内陆毗邻各省的联系。最后,整体上呈现一个关联度低的集中在外围区域,关联度高的集中在内部区域,从外到里关联度很有层次的逐渐递增,即关联度递增的圈层分布,如从东部到中部和从西部到中部,都呈现先是关联度小于 0.7 的区域,再是关联度处在 0.7~0.8 的区域,最后是关联度大于 0.8 的区域。

2. 美国毗邻各州的经济协同性

为在微观层面上获得美国各州与毗邻各州的经济协同性大小的信息,实现毗邻各州关联度在地理空间上的可视化,同时观察在地理空间美国毗邻各州经济关联是否紧密,当然也可以获得哪些区域在地理空间经济协同性高、哪些区域一体化程度高的信息。而此时构建网络,借助网络分析工具,可以解决或者部分解决上述问题。因为地理空间上的网络可以较为清晰地展示各毗邻省份间的经济关联度大小,也可以通过子网络的内部连接程度和外部连接程度看区域内部的一体化程度和毗邻区域间的连接程度。在此在美国的地理空间上构造网络,构造网络的步骤:首先,计算出美国各州与毗邻各州的关联系数 C_{ij}。其次,根据两毗邻州关联系数的大小,把毗邻两州连接起来,关联系数越大,连线就越粗;相反,若毗邻两省的关联系数越小,则连线就越细,甚至不连接。最后,在地理空间上,把任毗邻两省,根据不同的关联系数,选择合适的连线或不连,构造网络。需要说明的是,关联度系数范围在 $[-1,1]$ 区间内,为和中国进行比较,同样把这个区间分为 6 个子区间,关联度处在 $[-1,0.6)$ 区间内的毗邻两省份不用线连接,源于通过计算,任意毗邻两省的关联系数大于零且多大于 0.5。关联度处在 $[0.8,1]$ 区段内的毗邻两省用最粗线连接,关联度处在下四个区段 $[0.6,0.65]$,$[0.65,0.7]$,$[0.7,0.75]$,$[0.75,0.8]$ 内的毗邻各省,连接用线逐渐加粗。同样在地理空间上,由于比例尺问题,美国部分州特别是东北部地理面积较小的州之间的连接无法清晰展现,在此把美国东北部各州单独拿出来进行放大,从而关注其间内部网络的性状。

从图 25 可看出,其一,美国大多州与毗邻州的关联度都较小,大多数州之间的毗邻关联度小于 0.75。其二,在美国的地理空间,美国的网络更显得分散和独立,出现很多较为独立的子网络,各毗邻州之间的经济关联度并非很强。其三,即使美国关联度较低,相对于中国,还是出现一部分毗邻关联度较大的区域,如区域内各州关联较大的子网络是 A、B、C、D、E、F 内,各毗邻州间连接就相对较紧,这主要集中于西南部与加州毗邻的地区、南部的与德克萨斯毗邻地区、北部的五大湖区、东南部与佐治亚毗邻的区域。其四,从美国的经济地理空间上的网络看,恰恰与中国相反的是,美国东部和西部网络较为紧密,但中部毗邻各州关联度不强,特别是中北部区域。那现在问,美国各州与毗邻各州的经济关联度的平均值,即 C 值,在美国的地理空间上呈现何种分布,其与中国各省 C 值在地理空间上呈现的态势有何异同。

从图 26 可看出,其一,美国各州与毗邻各州平均经济关联度整体上较小,有 60% 左右的州与毗邻各州关联度的平均值小于 0.6。其二,关联度 C 根据其大小在地理空间呈现明显的聚集性,如 C 值大于 0.6 的区域集中在 e1 线下侧的 A 区,e2 线、e3 线及 e4 线中间的 C 区,e5 线上侧的 B 区;关联度低于 0.6 区域集中分布在分界线 e1 和 e2 中间的"T 型"区域,及分界线 e3 和 e5 中

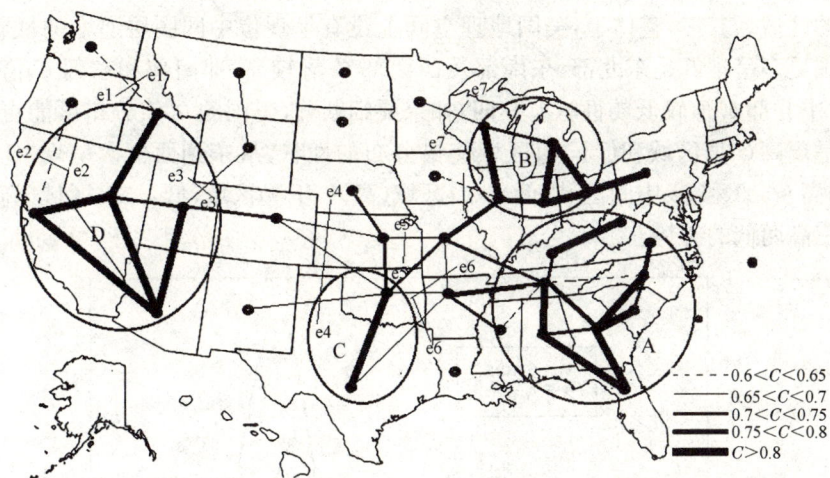

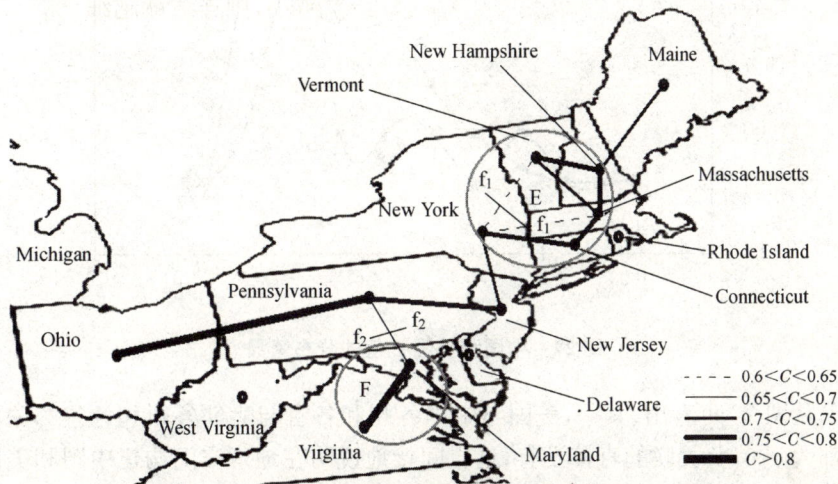

图 25 美国毗邻各州经济关联的网络图

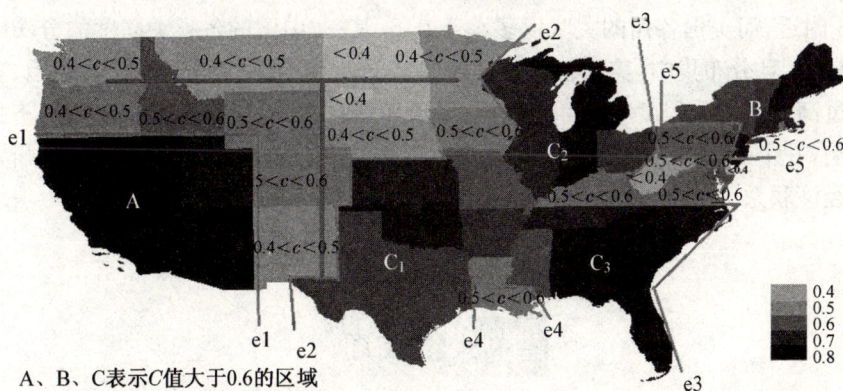

A、B、C表示C值大于0.6的区域

Ci 表示C值大于0.6区域的子区域

ei 表示C值大于0.6区域与小于0.6的分界线

图 26 美国各州 C 值的空间分布

间的区域。其三,整体上,美国地理空间上没有呈现像中国圈层递增的性状,美国更多呈现的是东北部、东南部及西南部 C 值较高,即南部和东部 C 值较高,中北部 C 值较低的性状。其四,如果要细划分,美国的 C 值分布可能更多是呈现高 C 值区域和低 C 值区域交错分布的性状,从东到西依次呈现"B 区域(高)—e3 和 e5 中间区域(低)—C 区域(高)—T 型区域(低)—A 区域(高)"的三高两低的态势。

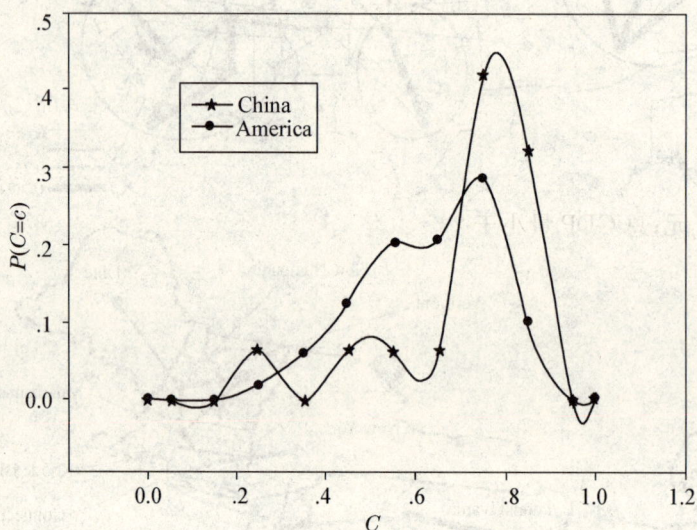

图 27　中国和美国 C 值的分布函数

从图 27 可看出,其一,美国与中国各州和各省与毗邻各州和各省的关联度都大于 0,负关联的直接没有,这也间接地说明在地理空间构建中国和美国网络的过程中,对于关联度区间的划分近似较为合理;其二,美国各州与毗邻各州的关联度小于中国各省与毗邻各省的关联度,如中国各省大多分布在 0.8 附近,而美国各州的关联度多小于 0.8;其三,中国的各省关联度的分布峰部较高,且分布集中,美国各州关联度的峰部较低,且较为分散。究其原因,美国过高的市场化程度和国际化程度,降低地理区位,特别是地理距离对经济的影响,一个州的经济发展不再仅仅与地理位置上毗邻的或地理距离近的州发生经济联系。

五　结束语

围绕着统计、GIS 可视化及构造复杂网络等方法,在对毗邻州和毗邻省份数进行数据挖掘中发现:其一,美国各州毗邻的州数和中国各省毗邻的省数近似符合 Gaussian 分布,且美国任一个州和中国任一省,最有可能毗邻四个州或四个省,毗邻州数或省数最多的为 8 个,除了岛或国中国外,最少的毗邻数为 1 个,相对于中国,美国各州的毗邻州数平均值和方差都较小,分别为 4.30 和 1.86。其二,中国各省或美国各州的毗邻省份数和州数在地理空间上呈现聚集性,即沿海和沿边带状聚集,中部内陆区域团状聚集,整体上呈现外围少和内陆多的圈层结构。其三,分析一个州或省份的毗邻州或省份数的现实意义,毗邻省份个数不仅对研究空间的聚集、外部性以及溢出性有重要作用,某种程度上也为政治和军事战略位置的设置提供参考。

在对中国 GDP 的空间分布和地形分布进行数据挖掘中发现:其一,中国 GDP 在地理空间上呈现团状和带状的聚集,GDP 东部和中部高、西部低,特别是东经 110 度两侧区域,东侧的大多大于 15 000 亿元,西侧的大多小于 15 000亿元;总 GDP 量小于 20 000 亿元的省份,大多沿着北部、西部及西南部的外围沿边分布,呈现半环状式;GDP 大于 20 000 亿元的省份大多沿东部、中部及东南部的沿海及内陆分布。其二,在中国的 GDP 地形分布中,经济盆地和高原地形出现的概率极高,任选取五个省份,至少有两个省份的地形是经济高原或盆地。且如今中国地形分布呈现一个左提的 W 型,即经济盆地、经济平原及经济高原发生的概率极高。其三,在中国的总 GDP 地形空间上,出现一些所谓的高原带和盆地带,且这些高原带和盆地带交错分布,呈现出"五条高原带和五条盆地带交错分布,即贫富交错分布"的空间经济格局。在对美国 GDP 的空间分布和地形分布进行数据挖掘中发现:其一,美国总 GDP 在地理空间上同样显示出聚集性,但与中国的 GDP 聚集不同的是,中国更多是带状的交错聚集,而美国的大多是分散的团状聚集,更不同的是,美国总 GDP 在地理空间上更多呈现一个更像外围高和中心低的圈层聚集。其二,美国经济盆地和经济高原出现的概率远高于其他经济地形,即任选两个州,基本上有一个州的经济地形是高原或盆地;与中国的经济平原地形相比,美国经济平原地形发生的概率极低,故经济地形分布呈现一个底部存在诸多小峰的 U 型分布。其三,同样美国出现一些高原带和盆地带,但与中国的条带交错分布的格局不同,美国的高原带多分布在外围,如东海岸、西海岸、五大湖区及南部的海岸;盆地带多分布在内陆区域,呈现"外高内低"的空间经济格局。

在对人均 GDP 的地理空间及地形空间进行数据挖掘发现:其一,中国的人均 GDP 在地理空间上同样呈现带状和团状的聚集,特别是明显的带状式的交错聚集。其二,经济高原和盆地普遍存在,任选取三省份,至少有一省份的经济地形是高原或盆地。其三,中国人均 GDP 的地形分布呈现底部存在诸多小峰部的 U 型分布,原因是盆地发生的概率相对较低。其四,经济盆地和偏盆地,高原与偏高原在地理空间呈现带状式的聚集,且在如今中国人均 GDP 的地形空间上,呈现出"四大盆地带和三大高原带交错分布"的空间经济格局。其四,不同于中国 2012 年人均 GDP 在地理空间上分布的带状聚集,美国人均

GDP 在地理空间呈现团状的聚集性。更为有趣的是,不同于中国人均 GDP 高的和人均 GDP 低的区域交错分布的空间格局,相比中国,美国更显得有些凌乱,是团状式的分散分布,这种团状的分布隐约凸显出"H 型"的空间布局。其五,在美国人均 GDP 的地理空间,高原和盆地广泛存在,任选取三个州,至少有一个州的地形是高原或者盆地,和中国一样,美国人均 GDP 的地形分布呈现一个底部存在诸多小峰的 U 型分布。其六,美国地形空间上出现高原带和盆地带现象,高原和偏高原呈团状聚集,多沿外围分布;盆地和偏盆地多沿内陆聚集,呈现略像"干字"的空间经济格局。最后,如今美国和中国区域经济发展都在向均衡发展,不同的是美国在区域经济差距较小的水位上趋于均衡,而中国在区域经济差距较大的水位上趋于均衡。

在对地理空间中国各省与毗邻各省,美国各州与毗邻各州的收入差距方面研究,采用构造网络和 GIS 可视化技术发现:其一,在根据任意毗邻各省收入差距构建的网络中,网络呈现一定的板块化,出现许多子网络,同时连接较为松散且不紧密,这意味着在中国的地理空间上,毗邻区域收入差距明显。其二,收入差距在地理空间呈现聚集性,让人费解的是,经济发达的华东、华南等沿海区域与毗邻各省收入差距较大,人均 GDP 落后的区域与毗邻省份的收入差距也较大,相反收入水平持中的中部省份与部分西部省份,收入与毗邻省份差距较小。其三,整体上,在中国的地理空间上,各省份与毗邻各省的收入差距呈现北部和南部高、中部低,东部高、西部次高、中部最低的空间经济格局。其四,美国各毗邻州之间的差距都较小,区域整体发展较均衡,各毗邻州间的差距都基本上在 1.3 以下;与中国的网络相比,美国毗邻各州的差距网络更显得紧密和浑然一体,独立和分割化的性状不明显,说明美国区域经济连接紧密,区域差距较小。其五,收入差距在地理空间呈现聚集性,且整体上呈现西部高、东部次高及中部差距小的性状,说明美国东部和西部差距都相对较大,中部发展较为均衡,差距较小,与中国相同的是,差距大的沿外围分布,差距小的更多倾向在内陆分布;与中国不同的是,美国的西部比东部的毗邻差距更大。最后,如果按照人均收入水平从低到高排序,如果与人均收入水平低的毗邻,则其间差距就较小;如果与人均收入水平高的区域毗邻,则其间差距就较大,至少在中国和美国的地理空间上是这样的。同时与美国相比,中国各省与毗邻各省的收入差距较大。

在对地理空间中国各省与毗邻各省,美国各州与毗邻各州的经济关联度的方面研究,采用构造网络和 GIS 可视化技术发现:其一,中国各毗邻省间的关联性很高,大多数在 0.7 以上;大多数东部沿海与毗邻各省连接较弱,西部边境各省与毗邻各省连接也弱,相反中部毗邻各省的关联性较强,源于影响毗邻关联度的因素有地理区位、经济发展水平及市场化程度和开放程度。其二,中国各省与毗邻各省的关联度在地理空间上呈现聚集性,且关联度高的区域集中分布在内陆地区,关联度低的集中分布在沿海和延边的外围地区。其三,中国整体上呈现一个关联度低的集中在外围区域,关联度高的集中在内部区域,从外到里关联度很有层次的逐渐递增,即关联度递增的圈层分布。其四,美国大多州与毗邻州的关联度都较小,大多数州之间的毗邻关联度小于0.75;美国的网络更显得分散和独立,出现很多较为独立的子网络,说明各毗邻区域间的经济关联度并非很强;从美国的经济地理空间上的网络来看,恰恰与中国相反的是,美国东部和西部网络较为紧密,但中部毗邻各州关联度不强,特别是中北部区域。其五,关联度 C 根据其大小在地理空间呈现明显的聚集性,整体上美国地理空间上没有呈现像中国圈层递增的性状,更多呈现的是东北部、东南部及西南部 C 值较高,即南部和东部 C 值较高、中北部 C 值较低的性状。如果要细划分,美国 C 值分布可能更多呈现三高两低交错分布的性状。其六,中国各省与毗邻各省的关联度较高,美国各州与毗邻各州的关联度较低,究其原因,美国过高的市场化程度和国际化程度降低了地理距离对经济的影响,一个州的经济发展不再仅仅与地理位置上毗邻的或者地理距离近的州发生经济联系。

参考文献

[1] 廖丹清. 经济发展中的区域不平衡性研究[J]. 经济学家,1995,(4):34-42.

[2] 刘乃全,刘学华,赵丽岗. 中国区域经济发展与空间结构的演变[J]. 财经研究,2008,(11):76-78.

[3] 颜鹏飞,孙波. 中观经济研究:增长极和区域经济发展理论的再思考[J]. 经济评论,2003,(3):61-65.

[4] 魏后凯. 改革开放30年中国区域经济的变迁——从不平衡发展到相对均衡发展[J]. 经济学动态,2008,(5):35.

[5] 年猛,孙久文. 中国区域经济空间结构变化研究[J]. 经济理论与经济管理,2012,(2):89-96.

[6] 陈斐. 空间统计分析与GIS在区域经济分析中的应用[J]. 武汉大学学报(信息科学版),2007,(4):392-395.

[7] 刘朝明. 西部区域增长极培育与形成条件的判断[J]. 经济学动态,2004,(9):64-66.

[8] 张晓旭,冯宗宪. 中国人均GDP的空间相关与地区收敛:1978—2003[J]. 经济学(季刊),2008,(1):400-415.

[9] 潘文卿. 中国区域经济差异与收敛[J]. 中国社会科学,2010,(1):72-84.

论文执行编辑:王宇

论文接收日期:2013年5月3日

The Phenomenological Research of Adjacent provinces (states) Based on USA and China

Hualei Yang   Lingyun He

Abstract: Through data mining, GIS visualization and complex network technology, there are some discovers: First, the number of the adjacent province (state number) of China (U. S.) provinces (states) approximately accords Gaussian distribution, And China (U. S.) provinces (states) are most likely to have four provinces (states) to next, and so on. Second, in the geographical space, China's total GDP volume show circle structure that the external is low, the internal is high, China GDP show banded aggregation that the high is in east and the low is in west. but the total U. S. GDP showed an opposite circle structure; China and the United States topography were W and U; In total GDP terrain space, china an U. S respectively, presented space economic landscape that is "five highland zone and five basins with staggered distribution" and "peripheral plateau zone and inland basins". Third, the spatial distribution of per capita GDP in China and the U. S. were banded and slug distribution, distribution of per capita GDP are all presented U-shaped distribution, and the per capita GDP in today's terrain space, China and the United States were present spatial economic structure that is, respectively, "the four bands and three highland basin with staggered distribution" and "the outsider the higher, the internaler, the lower", and the regional economic disparities of the China and United States tend to balance, but one is in the high level, the other in the low water level. Fourth, Compared with the income gap between the U. S. states with the adjacent states, The income gap between China provinces with the adjacent provinces is large, and the east is larger than the west. The same as the United States, in China, a big gap is in the peripheral region, the area of small gap is in the interior;. Fifth, the correlation between China provinces and its adjacent provinces is high, and showed circle distribution that is a high outer and a low internal. Instead, the U. S. Showed circle distribution that is a high internal and a low outer.

Key words：Economic terrain   adjacent analysis income gap   adjoining association   data mining
JEL classification：R59   C16

价值链上的新兴产业攀升路径：
从 NVC 走向 GVC
——来自昆山新兴产业与传统产业的比较分析[①]

郑江淮　黄永春　张二震[*]

【摘要】 我国传统制造业通过嵌入 GVC 加工制造环节，实现了工艺升级和产品升级，但却无法实现功能升级。为避免我国新兴产业发展再次陷入"俘获式"成长困境，需要分析新兴产业攀升产业链高端所应依托的价值链类型。本文对新兴产业和传统产业的攀升路径进行了研讨，通过对昆山传统制造业和新兴产业攀升路径的统计分析和计量研究发现：新兴产业创新主体更加本土化，且通过本土民营企业的内生创新努力能实现向价值链高端攀升；其次，新兴产业创新主体的上下游企业更多地分布于 NVC，而传统产业呈现"两头在外"特征。因此，我国应加强区域内产业梯度转移和整合，培育新兴产业的 NVC，加强产学研合作，以及企业间的互补式创新，从而助推我国新兴产业突破跨国企业的阻击压制。

【关键词】 价值链　新兴产业　攀升路径　NVC　GVC

---

① 本文得到了郑江淮主持的国家社科重点项目"以全球价值链引导我国经济结构转型升级"（11AZD002）、教育部人文社科重点研究基地南京大学长江三角洲经济社会发展研究中心课题"以产业集群促进长三角战略性新兴产业创业发展"（10JJD790026），以及国家社科基金青年项目"全球价值链视角下我国发展战略性新兴产业的追赶时机、赶超路径与政策选择（13CGL008）"等课题资助。

* 郑江淮：南京大学经济学院产业经济学系教授、博导，1968 年 10 月生，性别男，研究方向：企业家行为，经济发展与转型，产业组织与区域发展，zhengjh@nju.edu.cn；黄永春：河海大学商学院副教授，南京大学博士后；张二震，南京大学经济学院教授，博导。

一 问题的提出

我国传统制造业借助嵌入 GVC,发挥了比较优势,获得了规模经济,推动了我国经济的蓬勃发展。然而,外资主导的 GVC 对我国制造业技术升级的带动效应有限,其仅局限于提高产品生产质量的技能培训,因此我国众多制造业被固化在工业升级阶段,难以突现向产品升级和功能升级阶段的跨越。根据 Koopman 等(2008)的计算,2006 年在华全资外资企业的出口中"外国制造"成分为 72%。由此看来,在华外资企业内部形成了 GVC 闭路系统,对中国新兴产业发展的技术溢出效果有限。尤其近些年,我国传统制造业面临规模扩大受限、产能严重过剩、资源环境制约以及被跨国企业低端锁定的困境。

在此情景下,后发国家要赶超先发国家,必须大力发展新兴产业。为了防范我国新兴产业的发展再次陷入与传统产业相似的"比较优势陷阱",需要深入研究我国新兴产业攀升 GVC 高端的路径,即是沿用传统产业的攀升路径,还是应该另辟蹊径? 欧美等先发国家新兴产业的理论研究与产业发展实践并未给出答案。因为欧美等先发国家的新兴产业崛起是在传统产业发展进入相对成熟阶段后出现的(陆立军,2012),其企业的创新能力较强、产业布局和结构较合理,且未面临技术封锁和市场的围追堵截,不会遭遇我国新兴产业的发展困境。鉴于此,现有欧美学者的研究主要集中在新兴产业的内涵与特征(Low & Abrahamson, 1997)等理论规律研究。例如,Utterback 和 Abernathy(1975)研究了新兴产业的演化规律和形成机理,Khessina 和 Carroll(2008)以及 Lange 等(2009)探讨了新兴产业的嫁接或裂变等发展方式。再如,Gaba 和 Pan(2002)研究了新兴产业先进入者的先动优势,Vakratsas 和 Rao(2003)探讨了后进入者的竞争劣势。

然而,来自我国台湾以及日韩的新兴产业赶超实践却给了我们重要启示。例如,我国台湾在发展初期采取"依附型"发展战略,在 GVC 加工环节成为全球"代工王国"(Kaplinsky,2000)。但近年来,面对研发与市场高端环节的持续挤压,出现微利化"代工困境",难以实现向 OBM 转型。诸如,台湾伟创、华硕、英业达等电脑厂商的全球市场份额 2005 年已达 80% 以上,但五家厂商毛利润却从 2001 年的 12.7% 下滑到 2005 年的 5%。鉴于此,台湾学者翟宛文指出,台湾厂商在缺乏本土市场局限下无力培育自主品牌,未来应将大中华作为培养自主品牌的目标市场(刘志彪、张杰,2007)。与台湾地区相反,日韩等赶超国家的产业发展实践表明,通过培育 NVC,并强化自主创新能力,能使追赶地区冲突跨国企业的阻击压制,实现向 GVC 高端的攀升(黄永春,2012)。例如,日本汽车产业最初就是在满足国内汽车需求基础上,根据国内市场反应改进技术后出口。总之,日本为新兴产品(如汽车、电器、电子等)的发展构建了 NVC。实践中,日本首先布局了基于国内市场的价值分工体系,然后迅速培养起价值链的关键控制者,形成主导企业控制的价值链分工形态,继而利用技术引进与再创新培育出高级要素条件,最后逐步实现"生产要素驱动→投资驱动→创新驱动"的转化。

那么,我国新兴产业的发展是继续沿用传统产业的价值链攀升路径,即嵌入 GVC、实现依附式攀升,还是应先行培育 NVC,继而实现向 GVC 高端的攀升? 本文以昆山新兴产业和传统产业的发展实践为例,通过统计分析和计量检验,认为我国新兴产业的发展不应再沿用传统产业的直接嵌入 GVC 发展模式,而应借鉴日韩新兴产业发展经验,先行培育 NVC,继而实现向 GVC 高端的攀升。

二 描述性统计与理论假设

为了能提炼出传统产业与新兴产业技术创新的差异化特征,本文首先通过对昆山传统产业和新兴产业创新特征数据的统计分析,并结合一定的文献资料推导出研究假设。在此基础上,借助计量模型验证研究假设并进行理论研讨,以为我国新兴产业的技术创新提供借鉴。

1. 数据来源

本文的统计分析数据源于昆山市政府和南京大学昆山现代化研究院于 2011 年 3~5 月进行的昆山产业转型与升级的调查问卷。此次调查共收回 628 份有效问卷,样本既包括传统制造业,如纺织业(82 份)、化学纤维制造业(51 份)、造纸和纸制品业(34 份)、橡胶制品业(48 份)、金属制品业(55 份)等,也包括新兴产业,如新能源(26 份)、新材料(45 个)、生物医药业(34 份)、电子信息制造业(167 份)、高端装备制造业(43 份)、电动汽车(43 份)等。因而,该样本能较好反映昆山传统制造业与新兴产业企业的创新情况。该问卷以企业创新为主要内容,共 44 个问题。这些问题涉及昆山成立时、2007 年,以及 2010 年三个时间点的数据信息,为分析昆山新兴产业的价值链攀升路径提供了详细的数据来源。

2. 创新主体的性质情况

(1) 本土企业通过自主创新不断攀升新兴产业的高端。近几年,新兴产业的本土企业通过内生努力,逐渐取得竞争的主导权,而国外企业的垄断权逐渐减弱。调查表明,在新兴产业中,本土企业通过自主创新,已经有 20.5% 的企业获得主营产品的主导权,且该比例呈现上升趋势;然而传统产业仅有8.8%的企业获得主导权,且该比例呈下降趋势,如图1所示。另外,新兴产业主营产品被国外占据主导权的比例从昆山成立时的5.7%下降到2010年的3.1%,而传统产业的比例从2.3%上升到4.3%,如图2所示。这说明新兴产业通过内生创新能力逐渐成为产业的主导驱动力量,并且逐渐摆脱了对外资的依赖,逐渐突破跨国企业的封锁。

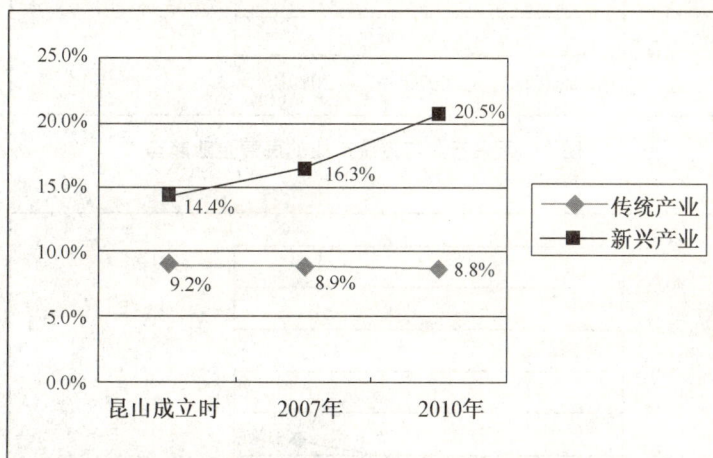

图1 新兴产业与传统产业本土企业掌握垄断权趋势

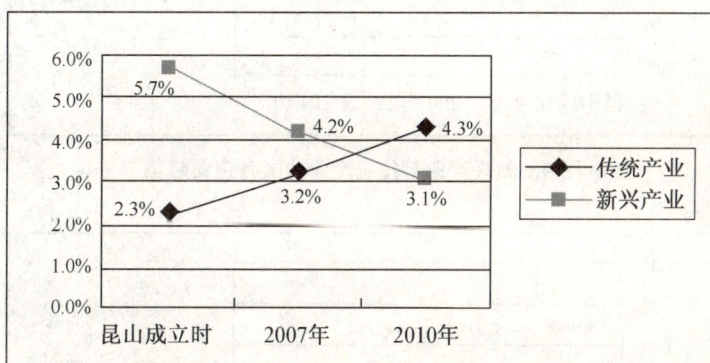

图2 新兴产业与传统产业国外企业掌握主导权趋势

(2)民营企业日渐成为新兴产业攀升 GVC 高端的主导力量。在新兴产业中,民营企业越来越成为主角,其比例从昆山成立时的31%上升到40.6%,见图3;而国有企业的比例呈现递减趋势,从昆山成立时的1.3%下降到2010年的0.4%,呈现"国退民进"情形,见图4。而在传统产业中,民营企业的增幅较小,并且外资企业依然承担主导作用且呈递增趋势,其比例从昆山成立时的42.5%上升到2010年的49.8%,见图5。

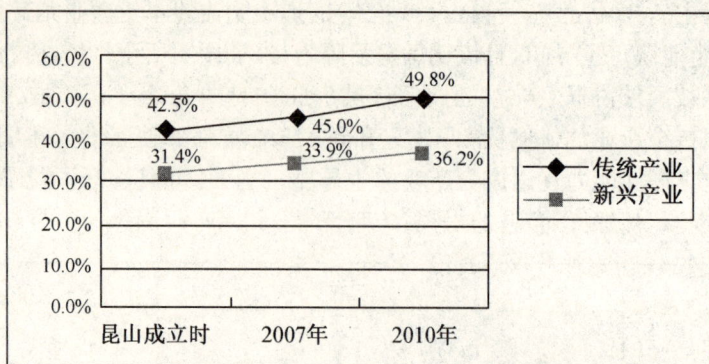

图 3 新兴产业与传统产业的民营企业趋势

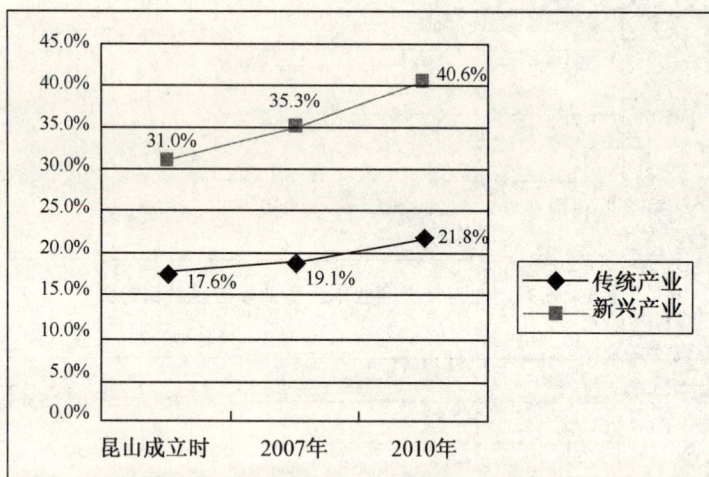

图 4 新兴产业与传统产业的国有企业趋势

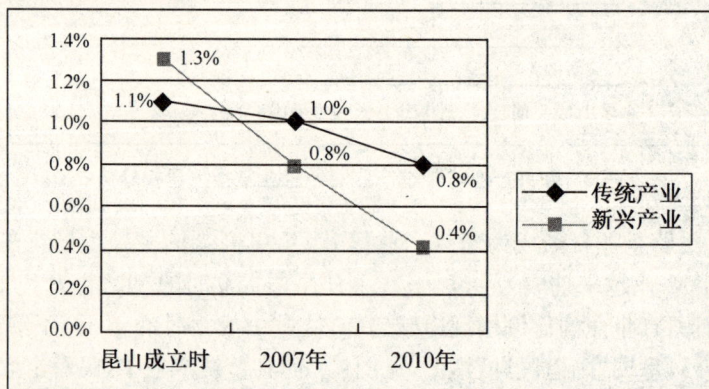

图 5 新兴产业与传统产业的外资企业趋势

由此可见,与传统产业相比,新兴产业的形成更需要本土企业尤其是民营企业的内生努力,而不应盲目依赖外资。因为,外资企业不会将核心技术传授给本土企业并且会极力实施"反梯子战略",以防范本土企业实施技术跨越。其次,与国有企业相比,新兴产业的民营企业具有更强的创新动力和压力,因此会主动实施技术创新,以谋取竞争的主导权。鉴于此,本文认为本土企业通过自主创新,能够摆脱对跨国企业的依赖怪圈,掌握产业竞争的主导权,从而实现向 GVC 高端的攀升。因此,本文提出假设 1。

假设 1:新兴产业的创新主体更加本土化,尤其本土民营企业借助内生努力能实现向价值链高端的攀升。

3. 创新主体价值链上下游企业的分布情况

(1) 新兴产业上游企业多分布于国内。相对而言,新兴产业上游企业较多分布在江苏(59.7%)、上海(39.7%)、浙江、广东(31.9%)。而传统产业上游企业分布于国外的比例较高,其上游企业分布在港澳台地区和国外的比例分别为 18.8%、29.1%,两者之和为 47.9%,高于新兴产业上游企业分布在港澳台地区和国外的比例(两者之和为 41.5%),见图 6。这说明新兴产业在创新发展过程中更多地依靠 NVC 上游企业的供给驱动,其与 NVC 企业存在更多的创新互动;而传统产业则嵌入 GVC 的加工制造环节,对跨国企业的核心技术和关键元器件存在技术依赖。

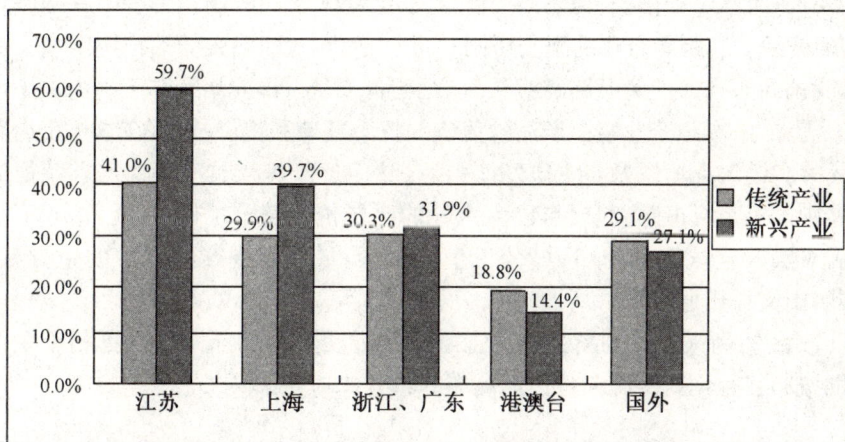

图 6 新兴产业与传统产业上游企业的地区分布情况

(2) 新兴产业下游企业多分布于国内。新兴产业下游企业分布于江苏(29.3%)、上海(18.3%)、浙江、广东(42.8%)的比例明显高于传统产业(图 7)。这表明新兴产业的市场开拓更多依赖于 NVC 下游企业的需求拉动,即我国新兴产业的发展首先应立足国内市场,以充分谋取后发大国的本土市场效应和规模经济效应。值得说明的是,新兴产业下游企业分布在国外的比例也高于传统产业,这可能是由于我国部分新兴产业在满足国内市场之后,逐渐开拓国外市场;其二,我国部分新兴产业存在依赖国际市场现象,即国内市场尚未完全充分开启,存在本土需求滞后和政策环境滞缓现象。

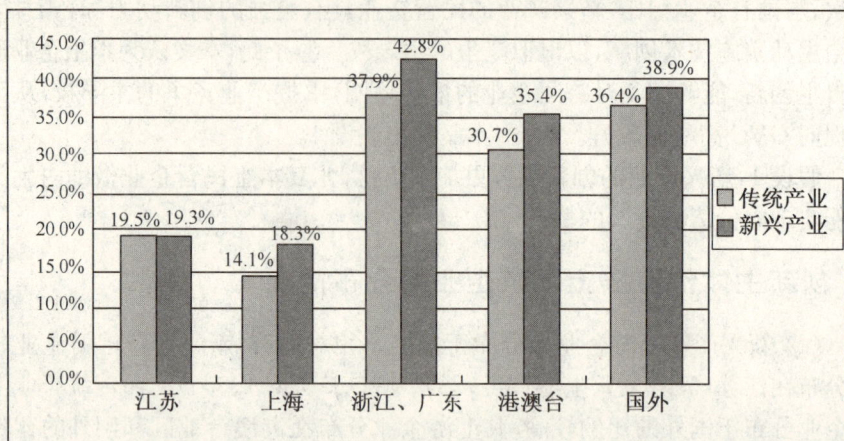

图 7　新兴产业与传统产业下游企业的地区分布情况

上述统计分析表明,传统产业的上游企业更多地分布于国外,这主要是由于传统产业更多地依赖于 GVC 做加工制造,并且存在技术依赖和市场依赖困境;而新兴产业上下游企业更多地分布于 NVC,即新兴产业更多地需要构建 NVC,而不应直接嵌入 GVC。因为,如果我国新兴产业在发展中直接嵌入 GVC 极易引起跨国企业的阻击压制和报复制裁,从而陷入低端锁定困境。因此,我国新兴产业的攀升路径应从 NVC 走向 GVC,即先培育基于国内本土市场的需求,由本土企业掌握产品价值链的核心环节和核心技术,在本土市场获得品牌和销售渠道以及自主研发能力后,继而逐步进入具有相似需求特征的发展中国家市场,建立起以自己为主导的区域价值链分工体系(简称 AVC);然后再融入全球市场的 GVC 分工生产体系,最终掌握产业竞争的主导权。因此,本文提出假设 2。

假设 2:新兴产业创新主体的上下游企业更多分布于 NVC,更利于企业借助协同互补创新实施向价值链高端的攀升。

三　计量检验

由微笑曲线原理可知,可从技术水平提升和自主品牌创建两方面衡量企业是否实现价值链的攀升。因此,本文选择了技术水平是否领先、是否创建自主品牌两个虚拟变量作为被解释变量;然后分别选择创新主体所在区域和主体的性质、创新主体的价值链分布作为因变量。在此基础上,本文采用 stata10.2 工具,运用 Probit 回归分析法对相关假设进行三组计量检验。

1. 创新主体所在区域和主体的性质

检验创新主体所在区域和主体性质对新兴产业与传统产业向价值链高端攀升的影响,深入研讨产业创新主体特征的差异性对产业升级的作用效应。

(1) 本部所在区域的影响

1) 计量模型

$ownb_i = \beta_1 benbuks + \beta_3 benbugat + \beta_4 benbugw + \nu_i$。

$teachlead_i = \beta_1 benbuks + \beta_3 benbugat + \beta_4 benbugw + \nu_i$。

其中,$ownb_i$ 和 $teachlead_i$ 反映企业是否实现自主品牌的创建和企业技术水平,$i=1$ 代表新兴产业,$i=0$ 代表传统产业;$ownb_i=1$ 代表企业拥有自主品牌的产品,$ownb_i=0$ 代表企业没有自主品牌的产品,$teachlead_i=1$ 代表企业的技术水平处于国内领先水平及以上,$teachlead_i=0$ 代表企业暂无国内领先的技术,$benbuks$ 为本部在昆山,$benbugat$ 为本部在港澳台,$benbugw$ 为本部在国外。

2) 本部所在地区的计量结果

① 本部在昆山对新兴产业的品牌塑造和传统产业的品牌塑造及技术升级具有显著正效应,且对传统产业的效果更明显。这主要是由于传统产业在昆山已进入成熟阶段,因此传统产业可以有力地借助昆山的制造基础和创新资源创建自主品牌和实现技术升级。② 本部在港澳台对新兴产业和传统产业的技术升级和品牌塑造均具有显著正效应,且对传统产业更加明显。这主要是由于昆山台资企业较多,且昆山多数传统制造企业为台资企业的制造基地,台资企业为了提高制造企业的产品质量,会主动对制造企业提供一定的技术改进培育和品牌塑造扶持。③ 本部在国外对新兴产业的品牌塑造、技术升级具有显著正效应,且明显高于传统产业。这可能是由于新兴产业发源于国外,并且处于导入阶段,因此新兴产业与国外的差距不太明显,此时本部在国外的企业可以借助 GVC 获取显著的外溢效应,从而有力地实现技术升级和品牌塑造。然而,传统产业与国外的技术差距较大,加之跨国企业的技术封锁和阻击,使得传统产业难以借助 GVC 获取较高的外部效应,具体结果如表 1 所示。

表 1 创新主体所在区域的计量分析结果

VARIABLES	ownb1	techlead1	ownb0	techlead0
benbuks	0.321*** (−0.117)	0.132 (−0.121)	0.662*** (−0.131)	0.385*** (−0.143)
benbugat	0.376*** (−0.14)	0.365** (−0.142)	0.585*** (−0.141)	0.654*** (−0.149)

VARIABLES	ownb1	techlead1	ownb0	techlead0
benbugw	0.705 *** (−0.142)	0.598 *** (−0.143)	0.583 *** (−0.149)	0.554 *** (−0.159)
Constant	−0.497 *** (−0.090 4)	−0.613 *** (−0.092 9)	−1.078 *** (−0.104)	−1.271 *** (−0.113)
Observations	684	684	786	786

（2）企业性质的影响

1）计量模型

$$ownb_i = \beta_1 state + \beta_2 private + \beta_3 foreign + v_i,$$

$$teachlead_i = \beta_1 state + \beta_2 private + \beta_3 foreign + v_i$$

其中，$ownb_i$ 与 $teachlead_i$ 反映企业是否创建自主品牌和技术水平是否领先，$i=1$ 代表新兴产业，$i=0$ 代表传统产业，$state$ 表示企业为国有性质，$private$ 表示企业为民营性质，$foreign$ 表示企业为外资企业。

2）企业性质的计量结果

① 新兴产业与传统产业的国有企业技术升级效应较显著，但品牌塑造效应不明显。这可能是由于国有企业拥有更多的创新资源，因此更重视技术创新投入；但国有企业具有市场垄断特征，因此不重视品牌的塑造。并且，相比新兴产业而言，传统产业的国有企业拥有更多的资源优势，因而更加强化技术创新的投入。② 民营性质对新兴产业的品牌塑造的正效应更显著，对传统产业的技术升级的正效应更显著。这主要是由于民营企业的创新动力和创新压力更大，且新兴产业的创新风险更高、不确定性更大，因此新兴产业的民营企业更加注重品牌塑造以抢占市场，降低市场风险。③外资性质对新兴产业和传统产业的技术升级和品牌塑造都具有显著正效应，但外资性质对新兴产业的品牌升级效应更显著，对传统产业的技术升级效应更显著。这主要是由于新兴产业尚处于导入阶段，因此新兴产业的外资企业为了垄断市场，更倾向于进行品牌塑造；而传统产业已进入成熟期，因此外资企业为了控制市场更倾向于进行技术变革，以谋取技术领先优势，具体结果见表2。鉴于此，我国民营企业在进行内生创新努力的同时，需要向外资企业学习，以获取技术溢出效应，即在夯实本土 NVC 的同时，可以开展与 GVC 领先企业的合作学习，从而加快向 GVC 高端的攀升。

表2　企业性质的计量分析结果

VARIABLES	ownb1	techlead1	ownb0	techlead0
state	0.625 (0.327)	1.030* (−0.573)	0.312 (−0.49)	1.210*** (−0.466)
private	0.766*** (−0.119)	0.545*** (−0.121)	0.612*** (−0.139)	0.637*** (−0.167)
foreign	0.876*** (−0.117)	0.726*** (−0.118)	0.528*** (−0.113)	1.042*** (−0.136)
Constant	−0.714*** (−0.083)	−0.777*** (−0.084 3)	−0.974*** (−0.088 6)	−1.529*** (−0.116)
Observations	679	684	786	786

由新兴产业和传统产业创新主体所在区域和创新主体性质的计量结果可知,假设1得以成立。即与传统产业相比,新兴产业的形成更需要本土企业尤其是民营企业的内生努力;并且本土企业通过自主创新,能够摆脱对跨国企业的依赖怪圈,实现向 GVC 高端的攀升。

2. 创新主体的价值链特征

分析创新主体价值链上下游企业的分布情况对本企业技术升级和品牌塑造的影响,进而比较分析 NVC 和 GVC 对企业实现价值链攀升的影响。

(1) 价值链上游企业的分布对本企业升级的影响

1) 计量模型

$ownb_i = \beta_1 upjs + \beta_2 upzhg + \beta_3 upf + v_i$,

$teachlead_i = \beta_1 upjs + \beta_2 upzhg + \beta_3 upf + v_i$

其中,$ownb_i$ 与 $teachlead_i$ 反映企业是否创建自主品牌和技术水平是否领先,$i=1$ 代表新兴产业,$i=0$ 代表传统产业,$upjs$ 表示企业的上游在江苏,$upzhg$ 表示上游在浙江、广东,upf 表示上游在国外。

2) 计量结果

① 上游在 NVC 的影响。上游在江苏对新兴产业的品牌塑造和技术升级具有显著正效应,而对传统产业的影响不显著。上游在浙江、广东对新兴产业和传统产业的技术升级和品牌塑造均具有显著正效应,且对新兴产业的效应更明显,见表3。这可能是因为上游在江苏和浙江、广东等省份,能够为新兴产业的发展构筑 NVC,从而能为新兴产业发展提供更多的产业配套效应,并能降低产业发展的交易成本,便于上游企业参与企业的创新,从而促进新兴产业企业的升级。这表明,新兴产业的发展和升级更需要培育 NVC。之所以上游在江苏和浙江、广东对传统产业的品牌塑造和技术升级的影响较弱,是因为传统产业更多地依赖 GVC。② 上游在 GVC 的影响。上游在国外对新兴产

业和传统产业的品牌塑造和技术升级具有显著正效应,且对新兴产业的影响大于对传统产业的影响,见表3。这主要是由于新兴产业发源于国外,且新兴产业具有高科技特征,因此融入 GVC 能使我国新兴产业获得更多的技术溢出效应,便于新兴产业开展技术学习。然而,传统产业在融入 GVC 过程中,由于自主创新能力较弱,并且直接嵌入 GVC 的加工制造环节,因此频繁遭遇"跨国链主"的压制和阻击。故而,上游在 GVC 对传统产业品牌塑造和技术升级的作用较小。

表3 价值链上游企业的计量分析结果

VARIABLES	ownb1	techlead1	ownb0	techlead0
upjs	0.521 *** (−0.126)	0.374 *** (−0.124)	0.052 4 (−0.135)	−0.049 2 (−0.146)
upzhg	0.603 *** (−0.123)	0.476 *** (−0.121)	0.327 *** (−0.117)	0.439 *** (−0.122)
upf	0.695 *** (−0.125)	0.388 *** (−0.123)	0.403 *** (−0.114)	0.348 *** (−0.121)
Constant	−0.591 *** (−0.074 3)	−0.723 *** (−0.075 5)	−0.864 *** (−0.072 6)	−1.205 *** (−0.081 2)
Observations	684	684	786	786

(2) 价值链下游企业的分布对本企业升级的影响

1) 计量模型

$$ownb_i = \beta_1 downjs + \beta_2 downzhg + \beta_3 downf + \nu_i,$$
$$teachlead_i = \beta_1 downjs + \beta_2 downzhg + \beta_3 downf + \nu_i。$$

其中,$ownb_i$ 与 $teachlead_i$ 反映企业是否创建自主品牌和技术水平是否领先,$i = 1$ 代表新兴产业,$i = 0$ 代表传统产业,$downjs$ 表示企业的下游在江苏,$downzhg$ 表示企业的下游在浙江、广东,$downf$ 表示企业的下游在国外。

2) 计量结果

① 下游在 NVC 的影响。下游在江苏对新兴产业和传统产业的作用均布显著,这可能是由于江苏的市场容量较小,因此对产业发展的拉动效应不显著。下游在浙江、广东对新兴产业和传统产业的技术升级和品牌塑造均具有显著正效应,但下游在浙江、广东对新兴产业的品牌塑造效应更明显,对传统产业的技术升级效应更明显。这主要是由于,与传统产业加工制造和订单生产模式不同,新兴产业更倾向于创建自主品牌,尤其是创建区域品牌以开拓国内市场,因此下游在浙江、广东对新兴产业的品牌塑造作用更大。② 下游在 GVC 的影响。下游在国外对新兴产业和传统产业的品牌塑造和技术升级均具有显著正效应,但对新兴产业的品牌塑造作用更大,对传统产业的技术升级作用更大。这可能是由于传统产业的产品具有出口导向特征,其在出口过程

中不仅能获得"跨国链主"一定范围内的技术培训,而且能获得出口学习效率,因而下游在国外对传统产业的技术升级的作用略高,见表4。然而,新兴产业更倾向于在开拓国际市场的同时创建自主品牌,而传统产业更倾向于订单生产,因此下游在国外对新兴产业自主品牌创建的作用更大。

表4 价值链下游企业的计量分析结果

VARIABLES	ownb1	techlead1	Ownb0	techlead0
Downjs	−0.02 (−0.119)	0.137 (−0.117)	−0.171 (−0.112)	0.191 (−0.118)
Downzhg	1.010 *** (−0.116)	0.738 *** (−0.114)	0.593 *** (−0.103)	0.791 *** (−0.109)
downf	0.290 ** (−0.117)	0.330 *** (−0.116)	0.223 ** (−0.105)	0.361 *** (−0.112)
Constant	−0.616 *** (−0.070 2)	−0.777 *** (−0.072 4)	−0.836 *** (−0.072 5)	−1.329 *** (−0.085 7)
Observations	684	684	786	786

由创新主体价值链上下游企业分布情况的计量分析结果可知,假设2得以成立,即新兴产业创新主体的上下游企业更多地分布于NVC,而传统产业呈现"两头在外"特征,这主要是由于新兴产业的发展需要本土企业的协同互动创新,传统产业更多依赖于GVC做加工制造,依赖"链主"的技术支持和关键元器件的供给。

四 结果讨论与政策启示

1. 结果讨论

(1) 新兴产业的创新主体更加本土化,并且本土企业经过内生创新努力能够实现向价值链高端的攀升

在中国过去30年的高速经济增长中,加工制造业的外贸出口是我国经济增长的重要引擎,三资企业发挥了主导作用。例如,无锡形成了"日资高地",昆山为"台资高地"。然而,外资企业作为跨国公司GVC的制造环节,与其母公司形成相对独立的生产系统,其依靠进口母公司的中间产品进行生产,制成品主要面对的是国际市场,这种生产模式使得在华外企表现出较高的进口依赖和出口导向特征(刘洪钟、齐震,2012),因此三资企业与国内经济联系不够紧密,很难推动我国新兴产业的发展。

其他国家的产业赶超经验表明,那些融入 GVC 底部的后进经济体,很难在发达国家主导的 GVC 下实现价值链攀升;相反,那些起初定位于 GVC 低端后来却转型为并行地构建 NVC 的后进国家企业,却逐步地实现了产业升级(刘志彪、于明超,2010)。以韩国为代表的亚洲"四小龙"通过对外直接投资,将加工制造环节转移到中国等发展中国家,而专注于研发设计、品牌营销等高端环节,从而使新兴产业得以快速赶超。NVC 条件下,价值链系统整体竞争能力的培育与获得必须依附于 NVC 的终端集成或掌握技术关键环节的主导企业,这些主导企业往往为本土企业。因此,本土企业的内生创新努力才是实现新兴产业赶超的必由之路。

(2) 新兴产业创新主体的上下游企业更多地分布于 NVC,传统产业呈现外资依赖特征

传统产业众多企业融入跨国企业所支配和控制的 GVC 环节,呈现"两头在外"的外向化发展模式,其产业循环的链条不在国内而被国际大买家控制。这种"两头在外"产业链条不仅主动性和可控性弱,而且不具有对国内发展的延伸性和拉动性,很容易对跨国企业产生依赖,使本土先进制造业赖以生存和发展的国内产业循环体系发生"断点"和"裂缝"。目前很多新兴产业关键技术和环节的单点突破已经很难实现整体跃升,必须在一开始就有整体的价值网络设计,依靠 NVC 实现产业价值网络的竞争。例如,Nokia、Sony 等企业都有关键核心技术,但是它们缺少有效的 NVC 支撑,因此在竞争中都败下阵来(陈志,2012)。

根据新经济地理学的观点,劳动、资本和企业家等要素和信息的流动有利于产业集聚和技术溢出的发生,从而促进生产效率的提升,并形成企业的专业化。Henderson(1974)、藤田昌久等(1999)也认为,在集聚经济的作用下,通过企业之间的专业化分工和协作,各种不同性质、规模和类型的企业相互联系。这种分工协作以专业化为基础,发挥了集聚经济效应,由此企业之间的要素、商品、技术等创新要素的互动能使这些产业升级调整。Day 和 Schoemaker(2000)也认为,新兴技术企业需要建立模块网络组织模式,以对新技术在生产、交流和分配环节做出高效反应。我国学者何郁冰、陈劲(2009)也认为高新技术产业的发展,应基于 NVC 构建以模块网络连接组织为核心的产业组织创新,因为模块网络连接组织的实施可带动一批产业的升级调整。因此,对于新兴产业创新来讲,建立新兴产业的 NVC 有利于处于模块网络企业间的知识和技术资源的协同共享,从而带动新兴产业的创新发展。

2. 政策启示

新兴产业的发展涉及多技术、多业务、多部门和多地区的分工协作,会面临纷繁复杂的协调失灵(郑江淮,2010)。因此,政府应结合新兴产业攀升价值链的攀升路径,制定推动新兴产业创新发展的保障机制,以加快新兴产业抢占

新一轮技术变革的先动优势。

(1) 应加强区域内产业梯度转移和整合,培育 NVC

新兴产业的形成更需 NVC 的驱动,需要地区形成产业配套和关联效应。国外成功区域经济的实践证明,一个经济区域要做到分工明确、避免产业同构,必须要形成分工明确、层次清晰的产业链群。例如,美国波士顿、华盛顿城市群中,纽约是经济中心,费城主要是重工业中心,波士顿是教育科研、高技术产业中心。因此,政府应强化区域内产业链集群的培养,加强地区产业间的互动协同,以培育 NVC。例如,我国长三角区域内既有上海这样以国际经济、金融、贸易和航运为中心的大城市,又有江浙两省各具特色的工业基地,在产业结构上具有很大的互补性和融合性。长三角地区完全可以学习国外的经验,从整体上考虑长三角地区新兴产业的战略定位和赶超资源,结合新兴产业的发展趋势,基于各城市的独特性和经济基础,在传统的上海"浦东模式"、江苏"苏南模式"以及浙江"温州模式"基础之上,发展具有地方优势的新兴产业群,形成新兴产业的 NVC。

在此基础上,我国新兴产业在发展过程中,要进一步根据地区优势聚焦细分市场,明确主导产业和配套产业,避免贪大求全、盲目跟进、同质化竞争等困境。另外,应建立政府层面主要职能部门间的联席会议制度,探索统一的运行管理机制和政策法规要求,突破地区壁垒,减少不必要的重复投资建设等;并且应培育地区性的行业协会,增强行业协调和服务管理等功能,支持大企业建立专业化的地域分工关系,从而助推新兴产业发展。

(2) 促进官产学研结合,推进开放互补式创新

技术创新是新兴产业发展的灵魂,掌握了关键核心技术才能掌握行业竞争的主导权,占领新兴产业链的高端。目前,核心技术缺乏仍是我国新兴产业发展中最明显的瓶颈。因此,应发挥科教资源优势,促进官产学研相结合,鼓励有实力的一线企业建立研发中心,与本地资深科研院所建立紧密的产学研合作关系,与国内外相关领域的科研机构、资深专家开展深度合作。鉴于此,一方面要完善官产学研合作机制;另一方面要完善产学研联盟的利益分享机制,从而使官产学研有机结合,促使官产学研持续运营。

与此同时,还应鼓励企业与价值链上下游企业实施互动式创新,以提高企业自主创新能力。例如,2010 年以来,比亚迪通过设立北美总部、与戴姆勒合作等方式深化在研发、市场等高端环节的嵌入,从而不断完成知识、能力的积累,建立本土企业的动态竞争优势。再如,好孩子集团在开拓国际市场时不是像许多玩具企业简单采用 OEM 方式,而是依靠强有力的自主创新能力,与其他企业合作建立联合品牌,同时使自主品牌得到了巩固,并推广到世界市场。可以说好孩子集团正是成功运用 GVC 和 NVC 两条价值链,依靠在 NVC 中建立主导企业地位,才能在国际市场获得成功,才能安然面对金融危机的冲击。

(3) 加大与跨国企业的合作创新，引进新兴技术

企业的技术能力水平及其在产业价值链上的位置将决定制造业企业的竞争力（高彦彦、刘志彪、郑江淮，2009）。目前新兴产业的关键核心技术主要掌握在发达国家，部分资源主要依靠进口，光伏等一些产品主要市场还在国外，故而深化国际合作对产业发展非常重要。因此，应加大对新兴产业国际合作的支持范围与力度。诸如，加大新兴产业核心技术引进和合作的支持力度，尤其应加大对引进消化后实现技术突破的企业实施激励引导；支持科研院所、企业等与国际知名院校、机构、企业、专家等开展深层次交流与合作；根据本地区重点打造的新兴产业，着力引进国际龙头企业，大力支持本地有实力的企业实现跨国经营；积极引进国际化的战略领军人才和关键人才。例如，浙江奥康集团主动与意大利 GEOX 公司建立战略联盟，利用其全球销售网络将奥康自有品牌打入国际市场，实现了由加工制造向渠道环节的延伸。哈杉鞋业则通过收购意大利 WILSON 公司 90％股份的方式组建 HAZAN－WILSON 鞋类研发中心，嵌入国际市场的研发设计环节，走向 GVC 的高端。

参考文献

[1] Koopman. Network Externalities, Complementarities, and Invitationsto Enter[J]. European Journal of Political Economy, 2010,(9).

[2] 陆立军,于斌斌. 传统产业与战略性新兴产业融合演化及政府行为：理论与实证[J]. 中国软科学,2012,(5).

[3] Low M, Abrahamson E. Movements, Bandwagons and Clones. Industry Evolution and the Entrepreneurial Process[J]. Journal of Business Venturing,1997,(12).

[4] Khessina O, Carroll G. Product Demography of De novoand De alio Firms in the Optical Disk Drive Industry,1983－1999[J]. Organization Science,2008,(19).

[5] Cassiman Bruno, Veugelers Reinhilde. In search of comple-mentarily in innovation strategy：internal R&D and external knowledge acquisition. Management Science,2006, (52).

[6] Lange D, Boivie S, Henderson A. The Parenting Paradox：How Multibusiness Diversifies Endorse Disruptive Technolo-gies While Their Corporate Children Struggle [J]. Academy of Management Journal,2009(52).

[7] Gaba V, Pan Y. Timing of Entry in International Market：An Empirical Study of US Fortune 500 Firms in China[J]. Journal of International Business Studies,2002,33.

[8] Vakratsas D, Rao C. An Empirical Analysis of Follower Entry Timing Decisions[J]. Marketing Letters,2003(3).

[9] Kaplinsky, Regional economic development：Comparativecase studies in the US and Finland. IEEE Inter-national Engineering Management Conference(IEMC-2002)[C]. Cambridge,UK, 2002, 635－642.

[10] 刘志彪,张杰. 全球代工体系下发展中国家俘获型网络的形成、突破与对策——基于 GVC 与 NVC 的比较视角[J]. 中国工业经济,2007,(5).

[11] 黄永春,郑江淮,谭洪波,杨以文.后发地区发展战略性新兴产业的赶超时机与路径选择[J].科学学研究,2012,(7).

[12] 刘洪钟,齐震.中国参与全球生产链的技术溢出效应分析[J].中国工业经济,2012,(1).

[13] 刘志彪,于明超.从GVC走向NVC:长三角一体化与产业升级[J].学海,2009,(5).

[14] 陈志.战略性新兴产业发展中的商业模式创新研究[J].经济体制改革,2012,(1).

[15] Henderson.,Technology management and competitive-ness:is there any relationship,The Third Interna-tional Conference on Management of Innovation and Tech-nology (ICMIT 2002)[C]. Hangzhou,2002,(9).

[16] Day S,Competitive strategies and performance in the Eu-ropean Union high-tech industries:an empirical study,European Journal of Political Economy. 2002,(12).

[17] 何郁冰,陈劲.技术多元化研究现状探析与整合框架构建[J].外国经济与管理,2012,(1).

[18] 郑江淮.理解战略性新兴产业的发展—概念、可能的市场失灵与发展定位[J].上海金融学院学报,2010,(4).

[19] 高彦彦,刘志彪,郑江淮.技术能力、价值链位置与企业竞争力[J].财贸经济,2009,(11).

论文执行编辑:王宇
论文接收日期:2013 年 5 月 15 日

The innovation path of emerging industry on the value chain: From NVC to GVC
——From comparative analysis of Kunshan's emerging industry and traditional industries

Jianghuai Zheng   Yongchun Huang   Erzhen Zhang

Abstract: In China, traditional manufacturing have achieved the technological and product upgrading by embedding GVC manufacturing process, but they can not make functional upgrading. In order to avoid the emerging industry development in our country again in the growing trouble of "capture type", we need to analysis the value chain type which the emerging industry rising industrial chain high-end should relied on. In this paper, we study and discuss the innovative path of the emerging industries and traditional industries. Through the statistics and measurement of innovative characteristic data of the traditional manufacturing and emerging industries in Kunsan, we discovery that the innovative main body of the emerging industry is more local and it can realize the value chain to high-end rise through the endogenous innovative efforts of the local private enterprises. The upstream and downstream enterprises of the innovative main body of the emerging industry mostly distributes in NVC, while the traditional industries characterize by "both ends facing outward". Therefore, we propose some policies and proposals that we should strengthen regional industrial gradient to transfer and integrate, nurture NVC.

Key words: Value chain   Emerging industry   Innovation path   NVC   GVC

JEL Classification:

金融发展对知识生产的影响及实证研究

——基于 1998—2010 年省际面板的证据[①]

周　密[*]

【摘要】 在研究提升以知识生产衡量的技术创新水平时引入研发投入的外部融资情况是十分有意义的。本文在罗默内生增长模型中引入金融发展变量，分析地区金融发展程度对技术创新发展的影响。研究表明，1997—2010 年间金融发展对中国技术创新作用显著，其四大金融发展衡量指标中金融结构、金融市场监管力度、开放程度明显促进了地区技术创新水平，而金融信贷干预显著地降低了地区的技术创新水平；地区开放程度对技术创新的作用最大，金融信贷干预对地区技术创新水平的影响最小。同时研究还发现，金融发展对中国技术创新水平存在门槛效应，其中，金融结构、地区开放程度与地区技术创新之间呈现"倒 U 型"关系，金融信贷干预程度、金融市场监管力度与地区技术创新之间呈现"U 型"关系。由此，提出相应的金融发展政策建议。

【关键词】 金融发展　技术创新　门槛效应　动态面板数据

【JEL 分类号】 E44　O16

① 本文得到国家自然科学基金"增强自主创新能力提升经济增长质量"（编号：71073076）、江苏省普通高校研究生科研创新计划项目"市场结构、自主创新与经济增长"（编号：CXZZ11_0004）的资助。

* 周密，性别女，1984 年 11 月生，湖南人，南京大学经济学院博士研究生，研究方向为宏观经济理论与政策研究，Email：zmnjue@163.com。作者衷心感谢两位匿名评审和执行编辑的修改意见，当然文责自负。

2011 年,世界知识产权组织公布的数据显示,各国接收的专利申请数量中中国超过日本跃居第二,仅次于美国。这与中国近年来提出的自主创新国家战略不无关系。2006 年 2 月 9 日,国务院颁布的《国家中长期科学和技术发展规划纲要(2006—2020)》指出,目前科技工作的重点在于"自主创新",将自主创新提高到国家战略层面。随后,国务院颁布《关于实施〈国家中长期科学和技术发展规划纲要(2006—2002 年)〉若干配套政策的通知》,将金融支持列为重要的配套政策,全力营造激励自主创新的环境,推动企业成为技术创新的主体,努力建设创新型国家。从宏观角度分析金融支持对技术创新的支持,Schumpeter 指出功能完善的银行系统可以通过甄别那些最有可能成功实施创新产品和生产过程的企业家并为其提供资金,从而加速了企业创新,进而实现促进经济增长的目标。

那么,目前我国金融发展与技术创新水平的现状如何呢? 来自《中国统计年鉴》的公开数据显示,我国专利技术申请数从 1997 年的 114 208 件上升到 2012 年的 1 222 286 件,增长了 10.7 倍,年平均增长率为 20.21%;金融相关比率从 1997 年的 2.015 2 上升到 2010 年的 2.969 4;贷存比从 1997 年的 0.909 3 下降到 2010 年的 0.667 2;与此同时,经济案件结案率从 1997 年的 99.65%,到 2010 年的 100.53%;地区实际利用外资与 GDP 的占比从 1997 年的 4.750 4 下降到 2010 年的 1.798 5,具体变化情况见图 1。

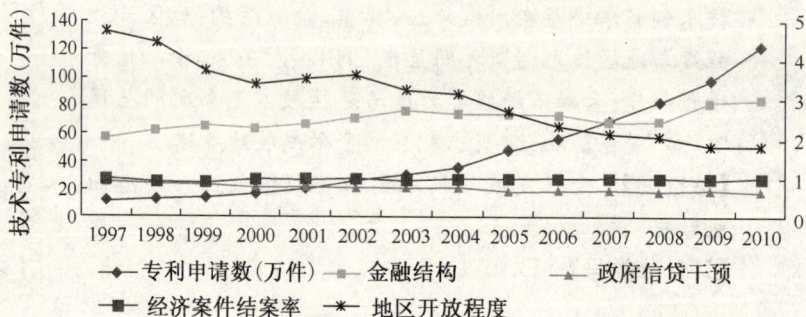

图 1　1997—2010 年中国金融发展指标与技术专利申请数
数据来源:根据 1998—2011 年《中国统计年鉴》整理计算

显然,1997—2010 年我国的技术专利申请数一直处于稳步上升阶段。而金融发展的各项指标,要么基本不变,如经济案件结案率;要么下降,如实际利用外资额度占 GDP 的比重、贷存比;要么稍稍上升,如金融相关比率。金融发展指标与技术专利申请数变化的轨迹并不一致。可见,金融发展与技术创新之间的关系并不如已有研究结论那般明朗。那么,中国金融发展程度在技术创新过程中到底扮演什么样的角色? 金融发展是否影响地区技术创新水平? 地区间的金融发展程度对技术创新水平是否存在显著的门槛效应? 本文试图回答以上问题,首先,在罗默的内生增长理论框架下,将金融结构、金融信贷干预强度、金融市场监管力度、金融市场开放程度等衡量金融发展的指标变量纳入分析框架,同时将社会资本分成研发资本和生产资本,分析金融中介的作用,考察金融中介对于技术创新效率的影响。其次,测算地区的研发资本存量、金融发展程度,在此基础上,考察金融发展对技术创新水平的影响,并探讨其影响水平是否存在门槛效应,以期通过经验研究为中国经济增长方式转型、金融体制变革找到更为合理的解释。

本文共分为四个部分,第二部分回顾已有的研究成果,第三部分介绍理论模型和研究假设,给出模型指标变量的计算方式及数据说明,第四部分为实证结果及检验分析,最后为本文的结论。

二　文献回顾

20 世纪 90 年代以来,在 Schumpeter(1912)、Goldsmith(1969)、Mckinnon(1973)、Shaw(1973)等人发现衡量金融发展的变量和经济增长之间存在正相关关系的研究之后,金融发展与经济增长之间的关系再次成为备受关注的研究领域。

之后,Levine(1997)通过实证验证金融发展与经济增长之间存在一阶正向的关系,金融市场的完善可以减轻信息成本和交易成本,进而影响储蓄水平、投资决策,从而促进资本积累、技术变革和长期的经济增长水平。Cesar 和 Lin(2003)采用 Geweke 分解法分析对 109 个发展中国家和工业国家的面板数据检验金融发展与经济增长之间的因果关系,结果显示,金融发展显著地促进了经济增长,并且二者之间的因果关系是双向并存的,发展中国家的金融深化对经济增长的效果更加明显,金融深化通过加速资本积累、提高生产率途径来促进经济增长。Hassana 等(2011)根据国家的地理位置将国家分成低收入国家和中等收入国家来分析经济增长与金融发展之间的关系。发展中国家的金融发展与经济增长之间是正相关关系。Rajan 和 Zingales、Paul 在金融发展与技术创新关系方面有研究,Rajan 和 Zingales(1998)发现高水平的金融发展降低了企业的融资成本,发达的金融体系支持新兴企业的创立和发展;Paul(1992)指出风险的存在使得投资者倾向于选择风险小但技术程度低的技术,而金融市场通过资产组合来分散风险的功能促进了高专业化的技术。通过上述文献的分析,可以发现,国外学者关于技术创新与金融发展的研究文献很少,其研究多结合经济增长问题进行。

国内的研究可以分成以下两个部分。第一,金融发展与经济增长之间的关系。发展经济学的观点指出,如果金融发展促进经济增长,发展中国家可以优先考虑对金融进行改革,通过优先发展金融来促进其经济增长。基于该议题很多学者对中国金融发展与经济增长问题产生了浓厚的兴趣,并发表了大量研究成果,主要有谈儒勇(1999)、周立和王子明(2002)、卢峰和姚洋(2004)、张若雪和袁志刚(2010)、李志(2002)等。但由于研究视角、研究方法、数据分析等方面寻在差异,得出的结论也存在明显的分歧。谈儒勇(1999)将金融发展分成金融中介发展和股票市场发展,并分别验证了其对中国经济增长的关系,结果显示金融中介发展和经济增长之间显著正相关,而股票市场对中国经济增长的作用并不显著。周立和王子明(2002)采用地区数据验证中国金融发展与经济发展的关系,结果显示地区金融发展与经济增长显著相关。而卢峰(2004)采用1991—2001年中国29个地区数据就金融发展与经济增长率之间的关系进行计量分析,结果发现金融部门存在的"金融漏损"使得金融发展可以推动银行业的发展,但是对经济平均增长率的促进作用并不显著。张若雪和袁志刚(2010)认为发展中国家的外部经济失衡是技术创新能力较差、金融市场效率低所导致的。技术创新能力较差,压缩了国内资金的投资空间。金融市场效率低效、资金很难转化为有效投资以及低效率的金融体系是目前中国出现"双顺差"的重要原因。李志(2002)认为在银行业高度垄断的经济中,信息不对称问题、交易成本和抵押是中小企业融资的主要障碍;相反,分散化的金融结构可以提高整个经济的效率。

第二,金融发展对技术创新的影响。已有的文献由于各方面的差异,没有得出一致的结论。刘凤朝等(2007)通过 Geweke 因果分解检验和协整分析,认为金融发展与技术进步存在长期的均衡关系,其中,金融规模与技术进步是正双向因果的关系,金融效率与技术进步是负相关关系。刘隆斌和李艳梅(2008)对长江三角洲、珠江三角洲、东北老工业基地和内陆科技圈四个科技区域内科技型中小企业自主创新和金融体系的长期和短期关系进行分析,发现长期中均存在支持效应,但是短期的支持效应存在滞后和差异。庞咏刚等(2011)认为金融中介发展促进了技术创新投入,但是对技术创新产出的影响比较小。叶子荣等(2011)使用1998—2007年中国省级动态面板数据模型,采用系统广义矩估计方法,以科技活动经费中来自银行贷款的资金衡量金融支持研究其对自主创新的影响,发现专类总数衡量创新产出金融支持对创新具有显著的正向作用;而将三类专利分开考察时,金融支持对技术创新的发明专利产出影响不显著。已有研究关于金融发展对技术创新影响的作用并不明朗,金融发展不仅有结构,还包括地方政府的干预程度、金融市场的监管力度以及金融的开放程度。本文研究金融发展对金融创新的影响关系,这将进一步丰富金融发展与技术创新的研究成果。

三　理论模型与数据说明

1. 理论模型

本文在罗默内生增长模型的基础上,将社会资本分成研发资本和生产资本,结合资本的研发效率,以投资方程的形式引入金融中介部门,重点分析金融发展对技术创新效率的影响。

(1) 最终产品生产部门

最终产品的生产是存在差异的,生产厂商投入劳动力和资本来进行生产,假设劳动力和资本投入的规模报酬不变。生产函数形式如下:

$$Y_t = K\,(p)_t^{\alpha_1} L_t^{\alpha_2} \left[\int_0^\infty x\,(i)^{1-\alpha_1-\alpha_2}\,di \right] \tag{1}$$

式(1)中,Y_t 为 t 时刻的产出,$K(p)$ 为生产资本的投入,L 为生产劳动的投入,$\int_0^\infty x\,(i)^{1-\alpha_1-\alpha_2}\,di$ 保证了生产过程中的规模报酬不变。

(2) 技术研发部门

在技术研发部门,厂商根据资本的投入以及前期的技术累积获得更多的技术创新。

研发效率:
$$\dot{A}(t) = \beta K\,(r)_t^\varphi A\,(t)_t \tag{2}$$

其中,设定 $\varphi=1$。

(3) 研发效率提高与金融中介引入

借鉴罗默(Romer)的思路,资本分成 $K(p)$、$K(r)$,即有:$K_t = K\,(p)_t + K\,(r)_t$ \hfill (3)

将式(2)、(3)带入式(1)则有:

$$Y_t = (K - \frac{\dot{A}_t}{\beta A_t})^{\alpha_1} L_t^{\alpha_2} \left[\int_0^\infty x\,(i)^{1-\alpha_1-\alpha_2}\,di \right] \tag{4}$$

金融市场形成的投资转化函数:

$$I_t = \gamma S_{t-1} - \delta R_{t-1} \tag{5}$$

式(5)中,γ 衡量储蓄-投资的转换率,δ 为资本的折旧及漏损率。将储蓄转变成投资是经济增长的重要机制,其中 $(1-\gamma)S_{t-1}$ 为储蓄向投资转化的损失部分,也可以看成储蓄向投资转化的成本,其中一部分成本如银行利差、证券市场的佣金、税费等都是必须支付的,还有一部分则是由于金融系统的相对落后造成的。

设定储蓄率 s，有 $S_t = sY_t$，带入投资方程(5)有：

$$Y_t = \frac{I_{t-1} + \delta R_{t-1}}{s\gamma} \qquad (6)$$

联立式(4)、(6)有：

$$\dot{A}_t = \beta A_t \left\{ K - \frac{I_{t-1} + \delta R_{t-1}}{s\gamma L_t^{\alpha_2} \left[\int_0^\infty x(i)^{1-\alpha_1-\alpha_2} di \right]} \right\}^{\frac{1}{\alpha_1}} \qquad (7)$$

知识生产效率 $\dot{A}_t$ 的影响因素：研发水平 β、资本折旧率 δ、储蓄投资转化率 γ。

当 $K \geqslant \frac{Y_{t-1}}{L_t^{\alpha_2}}$ 时，对式(7)求 γ 的偏微分有 $\frac{\partial \dot{A}_t}{\partial \gamma}$，即储蓄投资转化率 γ 与知识生产效率 $A(t)$ 之间存在正向非线性关系，储蓄投资转化率 γ 越高，知识生产效率 $A(t)$ 也越高，反之亦然。

由此得到命题：在其他条件不变的情况下，金融发展促进知识生产效率的提高，即金融发展程度越高，知识生产效率越高，并且金融发展对知识生产效率之间的促进作用是非线性的。

2. 基本模型

创新的实证研究文献中，一般采用柯布-道格拉斯生产函数来衡量创新产出。地区的柯布-道格拉斯型技术创新生产函数表示为：

$$Q_{i,t} = A_{i,t-1} ED_{i,t-1}^{\theta} K_{i,t-1}^{\lambda} L_{i,t-1}^{\beta} H_{i,t-1}^{\gamma} \varepsilon_{i,t-1} \qquad (8)$$

其中，$Q_{i,t}$ 表示第 t 年地区 i 的专利申请数；$ED_{i,t-1}$ 表示第 $t-1$ 年地区 i 的金融发展水平；$K_{i,t-1}$ 表示第 $t-1$ 年地区 i 的 R&D 资本存量；$L_{i,t-1}$ 表示第 t 年地区 i 的 R&D 人力资本存量；$H_{i,t-1}$ 表示第 $t-1$ 年地区 i 的控制变量；θ、λ、β、γ 分别表示金融发展程度、R&D 研发资本存量、人力资本存量、控制变量对技术创新影响的估计系数。式(8)取对数有：

$$LogQ_{i,t} = LogA_{i,t-1} + \lambda * LogK_{i,t-1} + \theta * LogED_{i,t-1} + \beta * LogL_{i,t-1} + \gamma * LogH_{i,t-1} + Log\varepsilon_{i,t-1} \qquad (9)$$

其中，$Log\varepsilon_{i,t}$ 为随机误差项。基于本文的研究目标，为了考察金融发展与地区技术创新水平是否存在非线性关系，在方程(9)中加入集聚水平的二次项 $(LogED_{i,t-1}^2)$。

$$LogQ_{i,t} = LogA_{i,t-1} + \lambda * LogK_{i,t-1} + \theta * LogED_{i,t-1} + \alpha * LogED_{i,t-1}^2 + \beta * LogL_{i,t-1} + \gamma * LogH_{i,t-1} + Log\varepsilon_{i,t-1} \qquad (10)$$

3. 指标设计与数据说明

本文的关键指标有以下几个:研发资本存量、金融发展指标、地区技术创新能力指标。

(1) 研发资本存量的测算

当前对研发资本存量主要是采用永续存盘法,但是测算过程中具体细节处理还没有形成统一规范的方法,本文综合考虑谢兰云(2010)、吴延兵(2006)、Griliches(1998)的方法测算区域 R&D 存量。模型 $R_{i,0} = \dfrac{E_{i,1}}{g_i + \delta_i}$ 计算基期的研发资本存量,然后将各年度的地区数据代入式 $R_{i,t} = \dfrac{E_{i,t}}{P_{i,t}} + (1-\delta)$ $R_{i,t-1}$ 得各年度的地区研发资本存量。其中,$R_{i,0}$ 表示基期地区 i 的研发资本存量,$P_{i,t}$ 表示第 t 年地区 i 的研发价格指数,$R_{i,t}$ 表示第 t 年地区 i 的研发资本存量,$E_{i,t}$ 表示第 t 年地区 i 的研发支出,δ 为研发资本存量的折旧率,g 为表示科技经费内部支出的平均增长率。研发支出采用的是科技活动的内部支出,由于数据的可获得性,1996 年之前的科技活动内部支出采用的是科技活动单位科技经费使用。2009—2010 年的科技活动经费内部支出则根据 1998—2008 年科技活动经费内部支出与 R&D 内部支出之间的比例关系进行推算。研发价格指数 $P_{i,t}$ 构造过程中首先测算各地区各年份科技经费内部支出中各部分支出所占的比重,以此为依据进行赋权,通过计量模型 $P_{i,t} = \sum_{1}^{3} w_{i,j,t}\theta_{i,j,t}$ 计算研发价格指数。其中,$w_{i,j,t}$ 表示 t 年地区 i 的科技经费内部支出中 j 所占的比重,$\theta_{i,j,t}$ 表示 t 年地区 i 的 j 的价格指数,劳务价格指数使用的是商品零售价格指数,原材料价格指数采用的是工业产品出厂价格指数,固定资产购建价格指数采用的是固定资产价格指数[①]。g 采用 Goto 和 Suzuki (1989)、Coe 和 Helpman(1995)的方法进行测算,假设 R&D 资本存量(R)的平均增长率等于 R&D 支出(E)的平均增长率,即 $\dfrac{R_t - R_{t-1}}{R_{t-1}} = \dfrac{E_t - E_{t-1}}{E_{t-1}} = g$。该部门数据均来自《中国科技统计年鉴》(1998—2011)。

(2) 地区创新能力指标

目前的研究一般将技术创新能力衡量进行分阶段处理(张宗和、彭昌奇,2009),将技术创新化成为初始产出与最终产出两个阶段。其中,初始产出采用技术专利授权数来衡量知识产出的代理变量,最终产出采用当年技术合同成交金额作为代理变量。但是考虑到技术专利授权数和技术合同成交金额的

---

① 广东省 1997—2000 年固定资产价格指数缺失,由于广东省和全国固定资产价格指数的变动关系基本一致(2007 年除外),且指数大小基本相等,因此广东省 1997—2000 年的固定资产价格指数采用全国的数据进行替代。

滞后性不一致的问题,本文采用地区当年的专利申请数代理地区技术创新能力。该数据来自《中国科技统计年鉴》(1998—2011)。

（3）地区金融发展指标

当前国际上对于金融发展的量化指标主要有戈氏和麦氏两种指标。戈德史密斯(1969)提出了金融相关比率(Financial Interrelations Ratio, FIR)为主衡量一国金融结构和金融发展水平的指标。在实际的研究中较多使用金融资产总量与GDP进行比较获得,用以衡量金融市场化的程度。麦金龙(1973)在研究发展中国家的金融抑制与金融深化时,提出采用M_2与GDP的比值衡量一国的金融增长情况,该比值目前通常用于衡量一国的经济货币化程度。这两个指标均是从国家的角度衡量其金融发展情况,虽然中国的各省、自治区和直辖市共享同样的金融法律,但是中国发展过程中的政策导向性以及地方保护主义盛行,地区之间的金融市场呈现地方"银政壁垒"(卞志村、杨全年,2010),致使地区间金融发展参差不齐(卢峰,2004),因此可以近似地计算各地区的金融市场发展情况。本文以金融相关比率衡量金融结构,在此基础上进一步引入金融市场的信贷干预程度、金融市场监管度以及对外开放程度,综合考虑地区的金融发展程度,进行逐一量化。具体如下:

① 地区的金融结构指标

地区的金融发展指标与地区的研发资本存量的效应可以进一步促进研发资本的来源,进而促进地区的创新能力。本文采用存贷款总额比GDP的金融相关比率(FIR)衡量金融结构指标。金融相关比率计算的原始数据来自《中国金融年鉴》(1998—2011)。由模型(9)、模型(10)可得:

$$LogQ_{i,t} = LogA_{i,t-1} + \lambda * LogK_{i,t-1} + \theta_1 * LogFIR_{i,t-1} + + \beta * LogL_{i,t-1} + \gamma * LogH_{i,t-1} + Log\varepsilon_{i,t-1} \tag{11}$$

$$LogQ_{i,t} = LogA_{i,t-1} + \lambda * LogK_{i,t-1} + \theta_1 * LogFIR_{i,t-1} + \alpha_1 * LogFIR_{i,t-1}^2 + + \beta * LogL_{i,t-1} + \gamma * LogH_{i,t-1} + Log\varepsilon_{i,t-1} \tag{12}$$

② 金融市场的政府信贷干预程度

对银行体系来说,地方政府对银行体系的行政干预或影响作用非常大。我国银行机构基本实行总分支结构模式。对于地方分行,从某种意义上说,银行产权属于中国人民银行,但是使用权却属于地方政府。这样,每一级分行可能存在三只眼的现象,即"三只眼睛"分别看总行、地方政府和作为监管者的银监部门(周小川,2005)。由于地方分行的经营业务基本只能在行政区域内开展,地方政府对当地分行具有一定的行政控制力,甚至可以通过设立地方金融机构来直接获取金融资源。赵勇(2010)的研究也指出银行贷款的发放与特定的政策目标紧密相关,当地区存款不足时,落后地区对中央银行信贷存在较大程度的依赖。因此,各地区贷存比可以衡量政府的信贷受干预的程度。该观点也得到了 Boyreau Bebray(2003)、Liang(2006)的支持。本文也是用地区的贷存比（$SD_{i,t-1}$）衡量金融市场的政府信贷干预程度。存贷的原始数据来自《中国金融年鉴》（1998—2010）。由模型（9）、模型（10）可得：

$$LogQ_{i,t}=LogA_{i,t-1}+\lambda * LogK_{i,t-1}+\theta_2 * LogSD_{i,t-1}+\beta * LogL_{i,t}+\gamma * LogH_{i,t-1}+Log\varepsilon_{i,t-1} \tag{13}$$

$$LogQ_{i,t}=LogA_{i,t-1}+\lambda * LogK_{i,t-1}+\theta_2 * LogSD_{i,t-1}+\alpha_2 * LogSD_{i,t-1}^2 +\beta * LogL_{i,t}+\gamma * LogH_{i,t-1}+Log\varepsilon_{i,t-1} \tag{14}$$

③ 金融市场监管度

金融市场体制完善程度对于金融市场的发展有促进作用，金融市场体制越完善，金融市场的自由竞争度越有可能更高。卢峰和姚洋（2004）认为一个案件结案所需要的时间取决于法院的审判速度和执行速度，并采用各省法院每年经济案件结案率衡量地区金融市场监管力度。市场经济是法制经济，法律规定宽严对金融主体和金融活动的市场进入、突出要求是不同的，所以法律系统对金融发展的影响是全面的、深刻的，金融监管更多受到法律的影响。本文采用经济案件结案率衡量金融市场的监管度[①]，设为 $Case_{i,t}$，由模型（9）、模型（10）可得：

$$LogQ_{i,t}=LogA_{i,t-1}+\lambda * LogK_{i,t-1}+\theta_3 * LogCase_{i,t-1}+\beta * LogL_{i,t}+\gamma * LogH_{i,t-1}+Log\varepsilon_{i,t-1} \tag{15}$$

$$LogQ_{i,t}=LogA_{i,t-1}+\lambda * LogK_{i,t-1}+\theta_3 * LogCase_{i,t-1}+\alpha_3 * LogCase_{i,t-1}^2+\beta * LogL_{i,t}+\gamma * LogH_{i,t-1}+Log\varepsilon_{i,t-1} \tag{16}$$

④ 金融市场的对外开放度

地区的对外开放度会对其金融市场的发展有促进作用，同时对外开放度也解决了地区研发资金不足的问题，但是已有的研究成果也表明，对外开放对技术创新能力的实质性促进作用不明显。因此，较高的对外开放度对地区创新能力的影响方向不确定。本文采用地区当年实际使用外资额度占 GDP 的比重作为地区对外开放度的代理指标。指标数据来自各地区的《统计年鉴》（1998—2011）。设为 $Open_{i,t}$，由模型（9）、模型（10）有：

$$LogQ_{i,t}=LogA_{i,t-1}+\lambda * LogK_{i,t-1}+\theta_4 * LogOpen_{i,t-1}+\beta * LogL_{i,t}+\gamma * LogH_{i,t-1}+Log\varepsilon_{i,t-1} \tag{17}$$

$$LogQ_{i,t}=LogA_{i,t-1}+\lambda * LogK_{i,t-1}+\theta_4 * LogOpen_{i,t-1}+\alpha_4 * LogOpen_{i,t-1}^2+\beta * LogL_{i,t}+\gamma * LogH_{i,t-1}+Log\varepsilon_{i,t-1} \tag{18}$$

---

① 指标经济案件结案率数据来源：各地区历年《法院年鉴》、地区高级人民法院的年度工作报告、《中国法律年鉴》（1998—2011）。由于河北、河南、新疆、云南、湖南、海南、西藏等省份该指标的数据缺失，本文后面的分析中将这几个省份的样本予以剔除。

4. 其他变量

本文的研发人员存量数据使用的是地区的研发人员全时当量数据，数据来自《中国科技统计年鉴》(1998—2011)。在分析过程中，我们添加了地区的总体经济和社会发展状况的控制变量。他们是人均 GDP($PGDP_{i,t}$)、研究生在校人数在总人口中的比重($GS_{i,t}$)。数据来自《中国区域经济统计年鉴》(1998—2011)。

四 计量结果及分析

1. 面板的平稳性检验

为避免出现伪回归、保证估计结果的有效性，本文对实证分析中的面板序列的平稳性进行检验。面板数据的单位根检验包括相同单位根检验(LLC 检验)和不同单位根检验(Fisher-ADF 检验)。结果表明：LLC 检验、Fisher-ADF 检验均不能拒绝存在单位根的原假设，但是经过一阶差分变化后均是平稳序列。因此，所有变量均是 I(1)变量，满足建模要求。其结果见表 1。

表 1　变量单位根检验

	水平值		一阶差分	
	LLC(P 值)	ADF(P 值)	LLC(P 值)	ADF(P 值)
lntpa	0.989 6	1	0	0
lngdp	1	1	0.012 9	0.010 1
lnfir	0.794	0.130 5	0	0
lnsd	0.320 1	0.190 6	0	0
lnls	0.994 8	0.981 4	0	0
lncs1	0.566 4	1	0	0
lncvd	0.198 3	0.566 1	0.006 8	0
lngs	0.161 3	0.47	0.034 6	0
lntfp	0.481 8	0.338 8	0.003 2	0
lnopen	0.408 9	1	0	0
lnopen2	0.675	1	0.005 9	0
lncase	0.623 9	0.576 4	0	0

2. 协整检验

单位根检验的结果显示市政变量均有一个单位根为 I(1)，因此变量之间可能存在协整。进一步进行协整检验，本文采用 Westerlund(2007)的方法，检验结果显示变量之间存在长期的均衡关系，其方差回归残差是平稳的。在这个基础上对方程进行回归的结果是比较精确的。

表 2　协整检验结果

	模型(11)	模型(12)	模型(13)	模型(14)
Gt	4. 996***	5. 285***	16. 787***	17. 149***
Ga	15. 627***	14. 666***	9. 670***	18. 529***
Pt	2. 354***	2. 925***	3. 581***	6. 896***
Pa	10. 978***	10. 550***	6. 192***	17. 329***
	模型(15)	模型(16)	模型(17)	模型(18)
Gt	14. 973***	15. 281***	11. 7000***	12. 560***
Ga	15. 000***	14. 994***	5. 818***	6. 168***
Pt	4. 691***	5. 075***	3. 612***	4. 676***
Pa	11. 815***	11. 831***	7. 819***	11. 850***

注：*** 表示在 1% 水平上显著，** 表示在 5% 水平上显著，* 表示在 10% 水平上显著。

3. 计量结果

协整检验结果显示，序列间存在协整关系，可直接利用原时间序列进行回归分析。考虑到地区的技术研发是一个累积的过程，R&D 的进行需要持续的资金投入以及人力资本投入，同时考虑到模型可能存在的内生性问题，本文通过广义矩估计方法 GMM 来估算动态面板模型。表 3 中的结果是模型(11)—(18)的计量检验结果，其中，模型(11)、(13)、(15)、(17)是对四个金融发展衡量指标分别对知识生产的影响，模型(12)、(14)、(16)、(18)检验四个金融发展衡量指标对知识生产的影响是否存在门槛特征。表中 Sargan 检验可知，模型不存在明显的工具变量过度识别问题。Arellano-Bond 自相关检验显示：残差项存在显著的一阶自相关，但是不存在显著的二阶自相关。

表 3　金融发展对技术创新作用的计量检验结果

	(11)	(13)	(15)	(17)	(12)	(14)	(16)	(18)
R&D 资本存量	0. 164 5　4. 71**	0. 144 6　7. 13***	0. 157 4　8. 22***	0. 066 2　2. 6***	0. 184 6　2. 86***	0. 187 1　1. 73*	0. 394 9　6. 95***	0. 168 7　2. 19**

（续表）

	(11)	(13)	(15)	(17)	(12)	(14)	(16)	(18)
R&D人力资本存量	0.783 9 17.87***	0.975 2 30.54***	1.002 1 32.15***	0.714 6 10.45***	0.210 3 6.25***	0.644 8 11.39***	0.145 8 1.77*	0.168 4 0.056*
金融结构	0.540 3 5.71***							
金融结构平方项					0.696 7 33.05***			
金融信贷干预		−0.222 6 3.51***						
金融信贷干预平方项						−0.446 −9.65***		
金融市场监管			0.375 1 5.22***					
金融市场监管平方项							−0.854 13.24***	
开放度				1.013 3 13.67***				
开放度平方项								0.151 7 31.98***
市场需求	−0.241 9 6.91***	−0.148 9 7.01***	−0.194 9 9.05***	−0.188 1 8.34***	0.108 6 3.12***	0.146 13.46***	0.118 9 2.58***	0.166 9 1.89*
人力资本潜力	0.698 5 20.40***	0.193 3 2.69***	0.462 9 20.23***	0.482 7 17.55***	0.656 4 11.71***	1.065 22.66***	0.726 6 12.08***	0.662 6 23.59***
观察值	325	325	325	325	325	325	325	325
AR(1) （p 值）	0.004***	0.074**	0.012**	0.017**	0.009	0.017	0.01	0.027
AR(2) （p 值）	0.832	0.81	0.771	0.683	0.107	0.21	0.207	0.267
Sargan 检验 （p 值）	0.324	0.225	0.257	0.717	0.108 7	0.237 3	0.239 6	0.230 7

注：*** 表示在 1% 水平上显著，** 表示在 5% 水平上显著，* 表示在 10% 水平上显著。

根据表 3 中的计量结果可以得到以下结论：

第一，金融发展的程度显著地提高了地区技术创新能力。模型中金融发展变量的估计系数都在 5% 以上水平呈现出显著性，对地区技术创新起到了显著的作用。与叶子荣（2011）的研究一致，说明现阶段金融发展水平越高，地区的技术创新能力越强。而在平方项的回归模型中,金融发展的四个变量都呈现出显著的门槛效应。

第二,金融结构的改善显著地促进了地区技术创新。模型(11)中的指标都在5%水平显著,说明现阶段存贷款与GDP比值越大,越有利于地区技术创新水平。另一方面也说明了目前以间接融资和银行体系为主的银行主导型金融结构对地区的技术创新是正向的促进作用。R&D过程需要持续的资金投入和人力投入,这种特性使得研发过程中容易遭遇资金瓶颈,为了弥补单个R&D主体,进行外部融资是很有必要的。模型(12)中的二次项系数在1%水平显著为正,可见金融结构与地区创新之间呈现"U型"关系。

第三,金融信贷干预的加强显著地降低了地区技术创新能力。模型(13)中的指标均在5%以上水平显著,说明现阶段政府对金融市场的信贷干预阻碍了地区的技术创新。模型(14)中二次项系数在1%水平显著为负,表示金融市场的政府信贷干预与地区技术创新之间呈现"倒U型"关系。说明在经济发展初期由于技术研发活动的不确定、风险性,政府部门对当地大型国有企业在研发活动中给予保护和支持,政府通过干预银行的信贷政策为当地的国有银行提供信贷支持,同时大型的研发活动也需要政府的支持,政府的信贷干预对地区技术创新有积极的影响。2003年4月28日成立中国银监会以后,随着银行管理体制和内控体系的完善,地方政府对银行系统的信贷干预影响力越来越小,并且随着时间的推移研发主体呈现多样化特点,政府信贷干预影响了各地区的金融资源配置效率,致使所带来的外溢效应越来越小。

第四,金融市场监管力度的加强显著地促进了地区技术创新能力的提升。模型(15)中的指标均在5%以上水平显著,说明现阶段金融市场的监管力度促进了地区技术创新。模型(16)中二次项系数在1%水平显著为负,表示金融监管力度与地区技术创新之间呈现"倒U型"关系。说明当司法效率的低下时,通过市场来处理问题的方法受到一些限制,而随着司法水平的逐渐提高,通过法律保护投资者的利益可以促进地区的技术创新发展水平。

第五,地区开放程度的加大显著地增强了地区技术创新能力。模型(17)中的指标系数均在1%水平显著为正,模型(18)中二次项系数在1%水平显著为正,表示地区开放程度与地区技术创新之间呈现"U型"关系,并且已经位于"U型"右部分,说明地区的开放程度越大,地区的进出口水平越高,地区的技术创新水平越高。以进出口衡量的地区开放程度对地区技术创新的影响主要是通过FDI的技术外溢以及贸易结构的调整。随着开放程度的加大,地区内的研发主体通过模仿技术、消化技术,开始进入自主创新阶段。

第六,在上述模型中,人力资本投入变量和资本存量变量均在1%水平上显著为正,说明地区的技术进步与人力资本积累和资本积累有紧密的关联。二者产出弹性之和为1左右,符合生产函数中规模不变的性质。市场需要的增加促进了地区技术创新能力的提升。人力资本潜能从人力资本角度反映了地区技术创新能力提高的积极作用。

五　结　论

综上,本文构建在内生模型中引入金融发展变量,在综合分析的基础上,考察了地区金融发展对技术创新的影响,并使用 1990—2010 年中国省际的相关数据对模型进行了实证检验。基本结论如下:

第一,用存贷款与 GDP 的比值衡量的金融深化对地区技术创新有重要影响。其中,金融深度指标值越是远离 1,即地区的存贷款比 GDP 大得越多,地区的技术创新水平越高;相反,金融深度指标值越接近 0,金融市场的存贷活动越不频繁,尤其是存款市场,金融市场上的可融资总量限制了企业获得外部融资的需求,企业进行科学技术研发资金的可获得性受到限制,阻碍了地区的科学技术创新进程。

第二,用存贷比衡量的政府信贷干预程度对地区的技术创新有关键的影响。其中,政府信贷干预程度越大,即地区的贷款活动比存款活动更加活跃,就现阶段而言地区的技术创新水平越高;相反,政府信贷干预程度越小,由于科技研发自身的高风险特征,致使金融市场的大量存款无法投入到实体经济运行当中,从另外的角度可以说明企业的科技研发动力不足,由此造成地区的技术创新能力进程缓慢。

第三,采用地区经济案件结案率衡量的金融监管对地区的技术创新发展有辅助的影响。其中,金融市场监管指标值越大,金融市场的稳定性越大,金融市场中主体的合法权益更多受到法律的保护,地区的技术创新水平更高。相反,金融监管指标值越小,金融市场监管混乱,金融市场主体对金融活动持有观望态度,不利于金融市场的发展,进而缩小了企业科学技术研发的资源来源,减速了地区的科学技术创新进程。

第四,采用实际使用外资额与 GDP 的比值衡量的金融开放程度对地区技术创新有促进作用。其中,地区开放程度指标值越大,金融市场的外部兼容性越大,地区的技术创新水平越高;相反,地区的开放程度越接近 0,金融市场的外部兼容性越差,企业在科学技术研发方面获得的外部正效应越小,减缓了地区的科学技术创新进程。

第五,金融发展各指标对地区技术创新发展均存在门槛效应,并且各指标的作用点目前均处于门槛效应值的左侧,说明金融发展对市场技术创新的影响目前还为达到最佳点,要进一步提高中国的科学技术创新水平,对金融市场进行进一步的改革是主要途径之一。

第六,转变我国的经济发展方式不可能一蹴而就,对科学技术创新能力水平提升急于求成并不现实。本文研究表明,提高我国整体科技创新能力,不仅要求相关的人员和资金匹配,也要求宏观经济环境和微观经济环境与之相适应。而这一切,没有普遍的较高金融发展水平作支撑,没有完善和有效率的法律支持作保障和没有较高的地区经济开放水平作引领,谈何容易。

中国的科技创新,必须尽快寻找并努力消除阻碍科学技术发展水平的金融支持的决定因素。本文的政策含义是相当直观的:第一,提供金融资金的利用程度,提高资源的配置效率,从而提高金融效率;第二,政府部门应该引导科技创新活动,从外部融资角度对科技研发活动进行支持,激发企业等研发主体的技术创新动力;第三,提高金融法制水平,保障金融活动中金融主体的合法权益,增强金融市场的稳定性;第四,加大地区的开放程度,提升金融发展水平,从研发外部融资角度促进地区技术创新水平,增强国家的自主研发实力。

参考文献

[1] Ce'sar Caldero'n, Lin Liu. the direction of causality between financial development and economic growth[J]. Journal of Development Economics,2003,72:321 – 334.

[2] Levine, R. Financial Development and Economic Growth: Views and Agenda [J]. Journal of Economic Literature, 1997 (5).

[3] M. Kabir Hassana,, Benito Sanchez, Jung-Suk Yu. Financial development and economic growth: New evidence from panel data[J]. The Quarterly Review of Economics and Finance, 2011(51).

[4] Rajan, R. G., Zingales, L.,Financial Dependence and Growth [J]. The American Economic Review,1998, 88, 3.

[5] SaintPaul, G.,Technological Choice, Financial Markers and Economic Development [J], European Economic Review, 1992(36):763 – 781.

[6] Schumpter, J. A. The Theory of Economic Development [M]. Cambridge, Mass: Harvard University Press. 1934.

[7] Westerlund, J. Testing for Error Correction in Panel Data[J]. Oxford Bulletin of Economics and Statistics,2007,69(6):709－748.

[8] 卞志村,杨全年. 中国货币政策效应的区域性配给均衡分析[J]. 金融研究,2010,(09).

[9] 李志. 银行结构与中小企业融资[J]. 经济研究,2002,(6):38 – 46.

[10] 刘凤朝,沈能. 金融发展与技术进步的 Geweke 因果分解检验及协整分析[J]. 管理评论,2007,(5):3 – 8.

[11] 刘隆斌,李艳梅. 区域科技型中小企业自主创新金融支持体系研究——基于面板数据单位根和协整的分析[J]. 金融研究,2008,342(12):193 – 206.

[12] 卢峰,姚洋. 金融压抑下的法治、金融发展和经济增长[J]. 中国社会科学,2004,(01).

[13] 庞咏刚,王君. 金融中介发展与技术创新互动的实证分析[J]. 科技进步与对策,2011,(10):8 – 11.

[14] 谈儒勇. 中国金融发展和经济增长关系的实证研究[J]. 经济研究,1999,(10):53 – 62.

［15］吴延兵.R&D存量、知识函数与生产效率［J］.经济学(季刊),2006,(03).

［16］叶子荣,贾先洲.金融发展促进了中国的自主创新吗?［J］.财经研究,2011,276(3):10-18.

［17］张若雪,袁志刚.技术创新能力、金融市场效率与外部经济失衡［J］.金融研究,2010,366(12):57-66.

［18］张宗和,彭昌奇.区域技术创新能力影响因素的实证分析——基于全国30个省市区的面板数据［J］.中国工业经济,2009,(11).

［19］赵勇,雷达.金融发展与经济增长——生产率促进抑或资本形成［J］.世界经济,2010,(2):37-50.

论文执行编辑:李剑

论文接收时间:2013年10月23日

An Analysis on the Influence of Financial Development to Knowledge Production
—— Based on the evidence of 1998—2010
provincial databases

Mi Zhou

Abstract: It is very meaningful for the study the enhancement of technological innovation measured by knowledge production to introduce external financing R&D investment. This paper analysis the impact of regional financial on technology innovation and development through Romer endogenous growth model by using regional databases. We find that financial development is influence the technology innovation significantly. Further, we find that financial structure, financial market supervision and openness significantly promote the regional technological innovation while financial and credit intervention significantly reduced; and regional openness largest role and financial credit intervention minimal role. Meanwhile, we find that it is exists threshold effect of financial development on China technological innovation, the direction of four financial development measures is differences.

Key words: financial developmenttechnological innovation threshold effect   Dynamic Panel data

JEL Classification: E44   O16

商业银行外汇套期保值研究[①]
——一个基于时变 Clayton Copula-LPM 模型的实证

周亮球　谢　赤[*]

【摘　要】　商业银行作为外汇交易的主体之一,其外汇风险的规避对其自身乃至整个社会而言都至关重要,而利用外汇期货合约进行套期保值是规避外汇风险的一个重要方法。以下偏矩(Low Partial Moment, LPM)为风险度量指标构造基于时变 Clayton Copula 函数的 LPM 模型,以考察商业银行的外汇套期保值:首先,采用 GARCH-t 模型描述日元、加元、英镑、澳元、欧元的现货和期货收益率的边际分布;其次,引入时变 Clayton Copula 函数刻画日元、加元、英镑、澳元、欧元的现货和期货收益率间非对称的动态相关性;最后,将时变 Clayton Copula 参数法与实际分布法进行对比。实证结果表明,所构建的时变 Clayton Copula-LPM 模型能取得较理想的套期保值效果,有效规避商业银行的外汇风险。

【关键词】　商业银行　套期保值　下偏矩　Copula 模型

【JEL 分类】　F832.6　F830.9

① 本文受国家自然科学基金创新研究群体项目(71221001);国家软科学研究计划项目(2010GXS5B141);教育部创新群体项目(IRT0916);教育部人文社会科学规划项目(09YJC630063);湖南省自然科学基金创新群体项目(09JJ7002)的资助。

* 周亮球,博士研究生,湖南大学工商管理学院;谢赤,性别男,1963 年 7 月生,博士,教授,博士生导师,湖南大学工商管理学院,电子邮箱:xiechi@hnu.edu.cn。

一 引 言

随着全球经济一体化的推进,中国经济正在逐渐融入世界经济整体之中。随之而来的是外汇交易业务飞速增长,各相关主体所面临的外汇风险也不断增大。特别是从 2005 年 7 月 21 日起,人民币开始实行"以市场供求为基础、参考一篮子货币进行调节、有管理的浮动汇率制度",进一步加剧了外汇风险形势。同时,近年来国际金融危机频繁爆发,外汇市场起伏不定,世界各主要货币汇率都出现大幅波动。一些国家为了缓解本国经济恢复与增长的压力,屡次向中国施压,要求人民币升值,将人民币汇率问题推到了风口浪尖。2012 年 4 月 16 日,银行间即期外汇市场人民币兑美元交易价浮动幅度由千分之五扩大至百分之一。2012 年 9 月 13 日,美国启动第三次量化宽松货币政策(QE3),QE3 的推出无疑使得美元面临下跌压力,这将会对中国的外汇储备造成重大损失,同时也会对人民币带来很大的升值压力,进一步加剧外汇风险。在上述背景下,外汇风险对于有关主体而言已经是一种现实存在,加强外汇风险管理刻不容缓。由于商业银行是金融体系的中坚,国内企业与个人的大部分外汇交易都是通过商业银行进行的,因此汇率体制改革和国际金融危机对商业银行外汇资产的影响尤为突出和明显,商业银行承担的外汇风险愈来愈高,外汇风险管理已成为商业银行不得不面对的一个重要课题。众所周知,商业银行由于其特殊的服务功能,在经济社会发展中发挥着举足轻重的作用,其外汇风险的加剧将严重影响宏观经济的健康发展。因此,寻找合适的金融工具和方法对商业银行的外汇风险进行规避是亟待解决的问题,这不仅有利于商业银行自身的发展,而且有利于维护中国金融环境的稳定。

由于传统的规避外汇风险的方法已不能满足商业银行的需求,利用金融衍生工具如外汇期货合约进行套期保值来规避外汇风险近年来被广泛应用,并取得一定成效。外汇套期保值是指买进或者卖出与现货市场交易数量呈一定比例,但交易方向相反的同种外汇期货合约,希望在未来某个时间通过卖出或买进对应的期货合约对冲平仓,以补偿或抵消现货市场价格变动所带来的实际价格风险,使交易者的经济收益(或成本)锁定在某一水平。在外汇套期保值过程中,风险度量指标的选取是十分重要的,最小方差是最为常见的套期保值风险度量指标,但方差度量既包括损失的波动也包括盈利的波动,而套期保值者想要规避的只是损失,所以基于方差最小化的投资决策与套期保值者的真实意图并不完全相符。同时,最小方差假设资产回报服从正态分布,而这一假设在实际中也不成立。下偏矩作为风险度量指标能克服方差的这些缺陷。因此,本文拟采用 Copula 函数来计算最小下偏矩的最优套期保值比率,继而对商业银行的外汇风险进行规避。

本文其余部分结构安排如下：第二部分是文献综述；第三部分给出具体的实证模型；第四部分为实证分析及结果说明；最后对全文进行总结。

二　文献综述

套期保值目前已成为一种常用的风险管理方法，其目标是最大限度地降低风险。近些年来，一些学者就利用金融衍生工具进行套期保值以管理外汇风险进行了较为广泛的研究。Simpson 和 Dania(2006)研究表明，选择合适的套期保值方案可以有效地规避欧元汇率波动的风险。范利民、唐菁菁和阮青松(2007)指出，国有商业银行应该运用外汇期货合约进行积极主动的套期保值策略去规避外汇风险。Chiang、Liao 和 Hsiao(2011)选取了六个国家的货币，通过实证研究发现套期保值是一种很好的规避汇率波动风险的策略。

银行的外汇套期保值策略与企业的外汇套期保值策略有个主要不同点，即对外汇期货交易的运用。Allayannis 和 Ofek(2001)提出，美国大部分期货合约是银行、基金等金融机构所持有，企业一般较少使用期货合约进行套期保值，所以外汇期货合约为银行提供了有效的套期保值工具，利用外汇期货交易进行套期保值能有效规避商业银行的外汇风险。因此，通过期货交易来规避外汇风险是各国商业银行用来进行外汇风险管理的主流方法。

套期保值的目的就是减少持有资产的风险，所以套期保值风险度量指标及模型的选取至关重要。不同的风险度量指标和模型构建下所得到的套期保值效果是有差异的。方差是现代金融中最早使用的风险度量指标之一，因此在估计最优套期保值比率问题上，最小方差也是最早、使用最为普遍的方法。谢赤、刘薇和吴晓(2005)以最小方差为风险度量指标使用包含误差修正结构的 GARCH 模型研究了外汇期货套期保值比率。Hsu、Tseng 和 Wang(2008)基于 Copula-GARCH 模型讨论了最小方差套期保值比率。王玉刚、迟国泰和杨万武(2009)研究了基于 Copula 的最小方差套期保值比率。佟孟华(2011)在最小方差套期保值的基础上建立了 ECM-BGARCH(1,1)的沪深300 股指期货对沪深 300 指数的动态套期保值模型。

但是，最小方差法度量的是双边风险，资产价格上涨和下跌都视作风险，所以不能准确描述投资者规避资产贬值所形成的风险。同时，最小方差法假设期货价格是现货价格的无偏估计，而现实中期货价格一般不是未来现货价格的无偏估计，因此最小方差计算得到的最优套期保值比率偏离于实际的套期保值比率。Harryis 和 Shen(2006)指出，投资者进行投资回报时还存在对资产回报偏度和峰度的偏好，而方差作为风险度量不能很好地反映投资者偏好这些特征。由此看来,使用方差作为套期保值效率的度量指标并不十分恰当。

下偏矩作为风险度量指标只是将低于目标回报的部分考虑为风险,从而弥补了方差度量双边风险的不足,同时它还放松了对二次效用函数的限制要求,并且其参数设定非常灵活,可以满足投资者的多种需求。正是由于这些特性,下偏矩一经提出便受到越来越多学者的青睐。Lien和Tse(1998)将下偏矩应用于套期保值效率的度量中,随后提出了计算最小下偏矩的套期保值比率的参数法和非参数方法。Eftekhari(1998)利用最小下偏矩计算 FTSE-100指数现货与期货的套期保值比率,结果发现利用最小下偏矩计算出的套期保值比率比最小方差方法计算出的结果小,而且能提供较好的收益和风险溢价组合。Demirer和Lien(2003)研究了以下偏矩为风险度量指标的外汇长期和短期套期保值策略,指出下偏距方法可以克服方差度量双边风险的缺陷。安俊英、蒋祥林和张卫国(2007)以下偏矩作为风险度量工具给出了计算空头和多头最优套期比的理论原则以及最优套期保值比对目标收益率以及阶数敏感度分析,并在实证中进行了不同目标收益率和不同阶数下的套期保值效果分析。

以上文献在估计下偏矩时都假定资产收益率服从联合正态分布,而联合正态分布的假设明显有悖于金融市场收益率波动的异方差性、偏峰、厚尾及序列之间的不对称相关性。由于 Copula 函数不受边缘分布的限制,能灵活构造联合分布从而消除了收益率的正态假设与实际不符的问题,因而近年来被运用于下偏矩的估计中。陈蓉、蔡宗武和陈妙琼(2009)构造了基于混合 Copula 的最小下偏矩套期保值比率,认为"最小下偏矩套期保值比率"比"最小方差套期保值比率"更符合实际的市场状况,最小下偏矩套期保值是一种更优的选择。梁建峰、陈建平和刘京军(2011)则将 Copula 和最小下偏矩结合起来应用于人民币外汇市场套期保值的实证研究,并通过与最小方差进行绩效比较证明了下偏矩作为风险度量指标相对于传统最小方差具有明显的优越性。

但是,这些学者所使用的都是静态 Copula 函数。由于静态 Copula 函数假定在样本期内相关性系数不变,而这往往与现实不符,现实中期货和现货的相关性可能会受到各种冲击的影响而发生变化。为了更为精确地计算最优套期保值比率,近年来学者们开始将能够描述金融资产间的动态相关系数的动态 Copula 函数应用于套期保值的研究中。Lai 和 Chen(2009)利用动态 Copula 模型对东亚 5 个股票市场的套期保值效果进行考察,发现动态 Copula 模型的套期保值效果要比传统静态模型及 DCC-GARCH 模型的效果都要好。Wei、Wang 和 Huang(2011)利用动态 Copula 模型对沪深 300 进行套期保值,取得了很好的效果。史美景和赵永淦(2012)用动态 Copula 函数构建了 Copula-TGARCH 模型,实证研究表明 Copula-TGARCH 模型的套期保值效果优于 ECM-CCC-GARCH 模型和 ECM-DVEC-GARCH 模型。

从已有文献来看,下偏矩是一种很好的风险度量指标,而动态 Copula 模型能取得较好的套期保值效果,但鲜有学者将两者结合进行套期保值的研究,并且将这一方法运用于商业银行外汇套期保值的研究相对更少。同时,以往研究外汇套期保值的文献,所选择的币种较为单一,而现实中商业银行往往需要对多种外币进行套期保值来规避其面临的外汇风险。鉴于此,本文选择了国际上常用的 5 种货币期货合约,针对其数据特性,首次建立时变 Clayton Copula-LPM 模型对商业银行外汇套期保值进行考察,尝试在商业银行外汇套期保值领域做一些新的工作,为商业银行外汇风险管理提供新思路。

三　模型设定

1. 下偏矩在套期保值中的应用

如前所述,下偏矩由于其优良的特性在风险度量中越来越受到重视。在下偏矩模型中,风险由从下方偏离特定的目标回报 c 的概率加权函数来测度。根据 Lien 和 Tse(1998)的定义,n 阶 LPM 可以表示为:

$$
\begin{cases}
\text{LPM}(c,F) = \int_{-\infty}^{c} (c-r_p)^n \mathrm{d}F(x) \\
r_p = r_s - h r_f
\end{cases}
\tag{1}
$$

其中,c 是套期保值者的目标回报,根据套期保值者目标的不同可以设定不同的值,c 越大代表套期保值者对套期保值组合的回报越乐观;相反,c 越小代表套期保值者对套期保值组合的回报越悲观,套期保值者愿意承担一定的负收益率来规避或转移更大的潜在风险。$F(\cdot)$ 是 x 的累积分布函数。n 是下偏矩阶数,代表了套期保值者的风险厌恶程度,n 一般大于零,若 n 小于 1 表明投资者对风险偏好;若 n 大于 1 表明投资者风险厌恶,n 越大,表明投资者有更高的风险厌恶。r_s 为现货收益率,r_f 为期货收益率,r_p 为套期保值的收益率,h 为套期保值的比率。

本文下面着重讨论空头套期保值交易情况,多头套期保值模型与此类似。假设已知现货和期货收益率的联合概率密度函数 $f(r_s,r_f)$,则可以建立如下空头套期保值的 LPM 模型:

$$
\text{LMP}(c,n,h) = \int_{-\infty}^{+\infty} \int_{-\infty}^{c+h r_f} (c-r_s+h r_f)^n f(r_s,r_f) \mathrm{d}r_s r_f
\tag{2}
$$

在给定 c 和 n 的值的情况下,对上式关于 h 求一阶偏导和二阶偏导,令一

阶偏导等于零,二阶偏导大于零,可以得到求最小下偏矩套期保值比率 h^* 的约束条件:

$$\begin{cases} \dfrac{\partial \mathrm{LMP}(h)}{\partial h}\Big|_{h=h^*} = \displaystyle\int_{-\infty}^{+\infty}\int_{-\infty}^{c-hr_f} n(c-r_s+h^*r_f)^{n-1}r_f\mathrm{f}(r_s,r_f)\mathrm{d}r_s\mathrm{d}r_f = 0 \\[3mm] \dfrac{\partial^2 \mathrm{LPM}(h)}{\partial^2 h}\Big|_{h=h^*} \geq 0 \end{cases} \tag{3}$$

2. 边际分布模型的设定

边际分布的选取十分重要,边际分布的好坏将直接影响 Copula 函数的建模效果,不合适的边际分布会导致模型的设定误差,从而影响套期保值效果。考虑到金融收益率序列大多存在条件异方差,可能还有尖峰、厚尾的特性,因此本文初步拟使用 GARCH(1,1) 模型对边际分布进行建模,并假设残差服从正规化 t 分布。

$$\begin{cases} r_t = \varphi_0 + \varphi_1 r_{t-1} + \varepsilon_t \\ \varepsilon_t = h_t^{1/2}\zeta_t \\ h_t = c_1 + \beta_0 h_{t-1} + \beta_1\varepsilon_{t-1}^2 \end{cases} \tag{4}$$

其中,r_t 为时刻 t 的收益;φ_0 为截距项;φ_1 反映上一期收益率对当期收益率的影响;ε_t 为时刻 t 的残差;ζ_t 是标准化残差;h_t 为时刻 t 收益率的条件波动率;c_1,β_0,β_1 为待估参数,且都要求大于零,其中 β_0 是条件方差的待估参数,β_1 是残差平方的待估参数,$\beta_0+\beta_1$ 值的大小反映了收益率序列的波动持续性。

标准 t 分布的密度函数为:

$$t(u) = \frac{\Gamma\left(\dfrac{v+1}{2}\right)}{\Gamma\left(\dfrac{v}{2}\right)\sqrt{\pi v}}\left(1+\frac{u^2}{v}\right)^{-\frac{v+1}{2}} \tag{5}$$

其中,v 是自由度参数,$\Gamma(\cdot)$ 是伽马函数。相比高斯分布而言,t 分布能刻画出金融资产尖峰、厚尾的特性。

3. 联合分布的确定

Copula 的理论渊源可以追溯到 1959 年。Sklar 指出,可以将一个联合分布分解为 K 个边缘分布和一个 Copula 函数,这个 Copula 函数将多元随机变量的联合分布与其一维边际分布联系起来,很好地描述了变量间的相关性。近年来,Copula 由于其优良的性质被越来越多地应用于金融研究领域。对于两收益率相依结构的刻画,使用较多的是 Normal Copula 函数和 t Copula 函数,但鉴于金融市场间的非对称性以及下尾相依性在金融风险管理中的重要性,同时本文前期工作发现,Clayton Copula 能取得较好的套期保值效果,且程序运行得时间成本较低,因此综合考虑后本文采用 Clayton Copula 函数进行建模。Clayton Copula 函数既能准确地捕捉到尾部相关性,又保留了对相关性建模的灵活性。Clayton Copula 函数的分布函数和密度函数分别为:

$$C_d(u,v;\theta)=C(u,v;\theta)=(u^{-\theta}+v^{-\theta}-1)^{-1/\theta} \tag{6}$$

$$c_d(u,v;\theta)=(1+\theta)(uv)^{-\theta-1}(u^{-\theta}+v^{-\theta}-1)^{-2-1/\theta} \tag{7}$$

其中,u,v 为随机变量;$\theta\in(0,\infty)$ 为相关性参数。当 $\theta\to0$ 时,随机变量 u,v 趋向于独立;当 $\theta\to\infty$ 时,随机变量 u,v 趋向于完全相关。Clayton Copula 函数的相关参数 θ 与传统的相关性和一致性测度常常有一一对应关系,如 Kendall 的秩相关系数 τ 与相关参数 θ 的关系为:

$$\tau_c=\theta/(\theta+2) \tag{8}$$

参照 Patton(2006)提出的方法,本文令 Copula 函数中的相关性参数服从如下动态变化过程:

$$\begin{cases} \delta_t = \gamma+\alpha\delta_{t-1}+\beta*\dfrac{1}{10}\sum_{j=1}^{10}|u(t-j)-v(t-j)| \\ \theta_t = \delta_t\hat{\,}2 \end{cases} \tag{9}$$

其中,δ_t 和 θ_t 是相关性参数,γ 是截距项,α 用来捕捉 δ_t 的自相关效应,β 用来描述外来冲击效应,$|u(t-j)-v(t-j)|$ 为两边际分布的绝对值之差。

本文采用 Patton(2006)所提出的两阶段极大似然法来估计 Copula 函数及边际分布函数的参数。第一步,对现货和期货收益率序列的边际分布参数 $\hat{\theta}_i$ 进行估计:

$$\hat{\theta}_i = \operatorname{argmax}\sum_{t=1}^{T}\ln f_i(x_{i,t},\theta_i),i=1,2,\cdots,n \tag{10}$$

在得到边缘分布函数的参数后,再将它们的估值作为已知数代入 Copula 函数中,进而估计到 Copula 函数中的参数:

$$\hat{\phi} = \operatorname{argmax}\sum_{t=1}^{T}\ln c(F_1(x_{1,t};\hat{\theta}_1),\cdots,F_n(x_{n,t};\hat{\theta}_n);\theta) \tag{11}$$

根据 Copula 理论,期货和现货之间的联合密度函数可表示为:

$$f(r_s,r_f)=c(u,v,\rho_t)\times g_s(r_s)\times g_f(r_f) \tag{12}$$

其中,$g_s(r_s)$ 是现货收益率的密度函数,$g_f(r_f)$ 是期货收益率的密度函数。在获得联合分布函数后,将其代入式(2),再结合其他相应约束条件便可求出最优套期保值比率 h^*。

四　商业银行外汇套期保值实证研究

1. 数据的来源及处理

由于无法得到直接的人民币兑美元的期货合约以及市场上至今没有推出人民币兑日元、澳元、英镑、加元和欧元的期货合约,再加上美元在国际上的主导地位及重要性,因此本文以美元为本币,选取日元(JPY)、澳元(AUD)、英镑(GBP)、加元(CAD)、欧元(EUR)为外币考察商业银行外汇套期保值。考察的时间段从 2009 年 5 月 1 日至 2012 年 5 月 1 日,删除了外汇现货市场和期货市场不重合的数据后,最后得到 997 个观察值。

外汇期货数据为美国芝加哥商品交易所(CME)的国际货币市场(IMM)的结算价,从华尔街日报(http://asia.wsj.com/home-page)手工收集而来;外汇现货数据为纽约中午电汇买入价,从美国联邦储备委员会网站(http://www.federalreserve.gov/)下载所得,且为了与期货价格数据表示方法一致,均转换为直接标价法表达。关于期货数据的处理,与以往研究一致,为避免交易量稀薄以及到期日临近时的价格异动,本文选择最近到期日的合约,但不选择交割月份的合约。具体而言,上一年 12 月份和本年 1 月、2 月份选择本年 3 月份的合约,本年 3 月、4 月、5 月份选择本年 6 月份的合约,本年 6 月、7 月、8 月份选择本年 9 月份的合约,本年 9 月、10 月、11 月份选择本年 12 月份的合约,由此便构造出一个连续的货币期货价格序列。

现货和期货的收益率序列是通过对原序列进行一阶对数差分并乘以 100 所得,即:

$$R_t = 100 \times (\ln P_t - \ln P_{t-1}) \tag{13}$$

2. 数据分析

对各外汇收益率序列做描述性统计,具体结果如表 1 所示。

表 1　各货币期货和现货收益率的描述性统计

		平均值	标准差	偏度	峰度	Jarque-Bera	ARCH-LM	观察数
日元	现货	0.026 2	0.763 5	0.396 2	9.192 0	1 144.770 (0.000 0)	7.987 4 (0.000 0)	996
	期货	0.026 7	0.759 8	0.095 5	7.972 0	1 027.438 (0.000 0)	5.846 0 (0.000 0)	996

		平均值	标准差	偏度	峰度	Jarque-Bera	ARCH-LM	观察数
加元	现货	0.003 5	0.822 4	0.153 5	7.352 5	790.093 1 (0.000 0)	13.980 3 (0.000 0)	996
	期货	0.003 3	0.807 9	−0.102 0	6.492 4	507.889 1 (0.000 0)	16.309 8 (0.000 0)	996
英镑	现货	−0.019 8	0.804 1	−0.330 0	7.816 1	980.668 0 (0.000 0)	23.398 4 (0.000 0)	996
	期货	−0.019 4	0.768 0	−0.627 6	6.926 2	705.103 6 (0.000 0)	10.843 6 (0.000 0)	996
澳元	现货	0.010 3	1.217 3	−0.609 4	12.345 6	3 686.260 (0.000 0)	64.325 0 (0.000 0)	996
	期货	0.016 2	1.230 1	−0.998 3	10.436 1	2 460.160 (0.000 0)	40.764 5 (0.000 0)	996
欧元	现货	−0.015 7	0.790 0	0.248 6	5.279 6	225.914 7 (0.000 0)	8.939 5 (0.000 0)	996
	期货	−0.015 6	0.796 7	0.183 1	5.228 2	211.611 2 (0.000 0)	8.478 8 (0.000 0)	996

注:括号内为 P 值,ARCH-LM 检验的原假设为不存在 ARCH 效应,检验的滞后阶为 5。

从表 1 可以看出,各货币期货和现货收益率均值十分接近,日元、加元、澳元的收益率均为正值,而英镑和欧元的收益率均为负值,这与近几年来英镑和欧元不断贬值的情况相吻合。标准差反映的是市场平均波动水平,澳元市场的波动程度最高,其他市场的波动情况基本相同,各货币期货和现货的标准差无显著差别,表明现货和期货波动情况基本相同,这与现实中现货和期货价格走势一致的情况相一致。在偏度上,各货币均表现出不同程度的左偏或右偏,但偏度值都较小,接近于零。在峰度上,各货币收益率峰度显著大于 3,说明它们都呈现尖峰厚尾的性质。同时,由 Jarque-Bera 统计量来看,所有收益率序列均在 1% 置信水平下显著,所以均拒绝正态分布的原假设。对各收益率自回归残差序列进行 ARCH-LM 检验发现,期货和现货都存在高阶 ARCH 效应,即存在条件异方差性,所以适合用 GARCH 模型对现货和期货的收益率进行拟合。

鉴于各货币收益率序列的上述统计性质及检验结果,本文采用 GARCH (1,1)-t 模型拟合各货币的现货及期货的边际分布。

为防止"伪回归"的出现,本文采用 ADF 检验和 PP 检验对各货币收益率序列进行单位根检验,结果如表 2 所示。

表2　单位根检验

	日元		加元		英镑		澳元		欧元	
	现货	期货	现货	期货	现货	期货	现货	期货	现货	期货
ADF	-33.04 (0.000 0)	-32.94 (0.000 0)	-31.19 (0.000 0)	-31.17 (0.000 0)	-31.22 (0.000 0)	-29.90 (0.000 0)	-34.76 (0.000 0)	-33.93 (0.000 0)	-30.71 (0.000 0)	-30.50 (0.000 0)
PP	-33.34 (0.000 0)	-33.3 (0.000 0)	-31.20 (0.000 0)	-31.16 (0.000 0)	-31.22 (0.000 0)	-29.90 (0.000 0)	-34.68 (0.000 0)	-33.99 (0.000 0)	-30.70 (0.000 0)	-30.49 (0.000 0)

由检验结果可知,所有期货和现货收益率序列的 ADF 检验和 PP 检验统计量在 1‰的置信水平下都显著,说明各货币收益率序列是平稳的,可以对数据进行进一步的处理及分析。

3. 模型的参数估计

边际分布是否合适还要进一步看参数的估计效果。利用 MATLAB 编程,边际分布模型的参数估计结果如表 3 所示。

表3　边际模型的参数估计

		φ_0	c_1	β_0	β_1	ν	K-S
日元	现货	0.029 9 (0.124 8)	0.001 5 (0.363 5)	0.978 0 (0.000 0)	0.018 2 (0.001 9)	5.288 5 (0.000 0)	0.620 7
	期货	0.034 7 (0.072 7)	0.000 8 (0.553 6)	0.980 6 (0.000 0)	0.017 0 (0.001 2)	5.199 7 (0.000 0)	0.559 3
加元	现货	0.016 6 (0.414 4)	0.006 2 (0.091 0)	0.935 1 (0.000 0)	0.055 1 (0.000 1)	8.405 4 (0.000 0)	0.639 7
	期货	0.024 7 (0.214 8)	0.005 9 (0.087 9)	0.922 4 (0.000 0)	0.069 0 (0.000 0)	9.662 4 (0.001 7)	0.621 4
英镑	现货	0.001 2 (0.056 6)	0.003 4 (0.195 2)	0.947 7 (0.000 0)	0.045 8 (0.000 0)	18.217 0 (0.047 8)	0.806 0
	期货	0.000 8 (0.041 4)	0.003 1 (0.231 4)	0.954 1 (0.000 0)	0.039 8 (0.000 5)	12.857 0 (0.003 6)	0.878 5
澳元	现货	0.045 7 (0.104 2)	0.019 7 (0.025 0)	0.903 0 (0.000 0)	0.079 8 (0.000 0)	9.631 5 (0.000 0)	0.490 1
	期货	0.054 6 (0.057 0)	0.018 5 (0.035 8)	0.914 8 (0.000 0)	0.071 8 (0.000 0)	6.628 3 (0.000 0)	0.506 0
欧元	现货	$-0.003 3$ (0.883 1)	0.008 7 (0.109 3)	0.944 9 (0.000 0)	0.040 3 (0.002 0)	11.009 (0.001 1)	0.773 8
	期货	$-0.005 4$ (0.246 5)	0.006 3 (0.159 2)	0.949 0 (0.000 0)	0.040 4 (0.000 7)	19.704 (0.007 2)	0.703 9

由表 3 可以看出,除常数项外,GARCH(1,1)模型的参数 β_0 和 β_1 在 5% 的显著性水平上都是显著的,说明本文边际分布的建模是合理的。β_0 和 β_1 均为正,说明上一期波动对下一期存在显著的正向作用,造成波动聚集效应。$\beta_0 + \beta_1$ 接近于 1,因此各收益率序列波动效应具有较强的持久性。日元、加元、澳元现货和期货收益率的自由度参数 ν 都集中在 4~10,并且都在 1% 的水平下显著,说明存在明显的厚尾特征。同时,本文在原始收益序列经过 GARCH (1,1)-t 模型拟合后,对其进行 K-S 检验,10 个序列在 5% 的显著性水平下均能通过 K-S 检验。这表明本文设定的边际分布模型是合理的。

在获得边际分布函数的参数估计值后,便可得到各货币的累积分布函数值序列 u 和 v,然后利用 u 和 v 的值对 Clayton Copula 函数进行参数估计,所得结果如表 4 所示。

表 4　时变 Clayton Copula 函数的参数估计

参数	日元	加元	英镑	澳元	欧元
γ	2.014 3 (0.000 0)	2.739 6 (0.000 1)	2.010 6 (0.000 0)	3.170 4 (0.000 0)	3.460 1 (0.000 0)
a	0.135 4 0.000 0	0.034 4 (0.019 2)	0.135 4 (0.000 0)	−0.264 7 (0.000 0)	−0.091 3 (0.000 0)
b	−5.124 6 (0.000 0)	−8.420 4 (0.001 7)	−5.523 7 (0.000 0)	−7.291 6 (0.000 0)	−8.977 7 (0.000 0)
LLF	774.167 5	598.886 5	759.023 3	499.785 6	677.465 6

注:LLF 表示极大对数似然函数值。

由表 4 可以看出,各参数在 1% 的置信水平下都是显著的,这表明本文对 Clayton Copula 的动态路径设定是合理的,很好地刻画了现货和期货的时变相关性。参数 a 和 b 共同决定了 ρ_t 的动态变化,a 的绝对值明显小于 b 的绝对值,反映了在 ρ_t 的动态路径中,自相关效应 a 较弱,外来冲击效应 b 相对较强,这可能与现货和期货的高度相关性有关。b 的估计值都为负,说明当现货和期货收益率同向移动时,下一期两个收益率相关性将变大;当现货和期货收益率反向移动时,下一期两个收益率的相关性将变小。这与现实情况吻合,也表明在不同时期期货和现货有着不同的相关程度,同时也进一步反映了本文对 Clayton Copula 函数参数设置的合理性。

4. 套期保值比率的计算及效果比较

基于上述分析,本文已经得到现货和期货的边缘分布以及时变 Clayton Copula 的相关参数,这样我们根据式(12)便可得到现货和期货的联合分布函数,然后将联合分布函数带入到式(2)中对式(2)关于 h 求最小值便可得到最优套期保值比率。

鉴于商业银行在实际金融活动中扮演的是风险厌恶者角色,本文令下偏矩阶数 $n=2,3,4$;同时令目标回报 $c=0,0.5\%,1\%$,所得最优套期保值比率 h^* 和 $LPM(h^*)$ 如表 5 和表 6 所示。

表 5   时变 Clayton Copula 方法得到的 h^*

c	n	日元	加元	英镑	澳元	欧元
0	2	0.643 0	0.754 8	0.825 3	0.628 4	0.785 5
0	3	0.564 4	0.680 1	0.760 9	0.546 9	0.714 5
0	4	0.505 0	0.673 0	0.707 1	0.484 7	0.660 7
0.5%	2	0.644 0	0.756 4	0.827 5	0.629 6	0.787 2
0.5%	3	0.565 5	0.681 5	0.762 5	0.548 2	0.716 0
0.5%	4	0.506 2	0.624 5	0.711 6	0.486 0	0.662 7
1%	2	0.645 0	0.758 0	0.831 6	0.630 9	0.788 8
1%	3	0.566 6	0.683 0	0.764 1	0.549 5	0.717 6
1%	4	0.507 3	0.625 9	0.713 2	0.487 3	0.663 8

由表 5 可以看出,在风险厌恶系数 n 固定的情况下,随着目标回报 c 的增大,相应的套期保值比例 h^* 增大,即进行空头套期保值的行为会随着目标收益率的增加越来越活跃,说明投资者如果要想追求一定的收益,就要适当增加成本,建立更多的期货头寸,当然这可能会承担更高的风险。另一方面,在目标回报 c 固定的情况下,可以看出,随着风险厌恶系数 n 的增大,h^* 的值减小,说明那些有着更高风险厌恶的投资者更趋向于付出较少的成本去规避风险。

表 6   时变 Clayton Copula 方法得到的 $LPM(h^*)$

c	n	日元	加元	英镑	澳元	欧元
0	2	0.062 4	0.278 4	0.064 2	0.278 4	0.163 1
0	3	0.039 6	0.251 8	0.050 3	0.337 2	0.178 1
0	4	0.027 2	0.244 4	0.043 2	0.284 7	0.218 6
0.5%	2	0.063 6	0.281 5	0.065 4	0.400 6	0.165 2
0.5%	3	0.040 6	0.257 7	0.051 4	0.343 4	0.180 8
0.5%	4	0.028 0	0.249 2	0.044 3	0.291 7	0.222 5
1%	2	0.064 9	0.284 6	0.066 7	0.405 4	0.167 3
1%	3	0.041 5	0.259 7	0.052 5	0.349 7	0.138 5
1%	4	0.028 8	0.328 4	0.045 4	0.298 9	0.226 5

为了证明 Copula 函数方法估计最小下偏矩的优越性,本文将时变 Clayton Copula 方法与 Lien 和 Tse(2001)提出的实际分布法进行对比,结果如表 7 所示。

表 7　时变 Clayton Copula 方法与实际分布法套期保值效率比较

c	n	日元	加元	英镑	澳元	欧元
0	2	0.062 4 (0.095 7)	0.278 4 (0.293 9)	0.064 2 (0.068 5)	0.278 4 (0.462 2)	0.163 1 (0.163 4)
0	3	0.039 6 (0.072 2)	0.251 8 (0.301 6)	0.050 3 (0.051 2)	0.337 2 (0.450 3)	0.178 1 (0.199 9)
0	4	0.027 2 (0.056 2)	0.244 4 (0.311 5)	0.043 2 (0.043 4)	0.284 7 (0.492 3)	0.218 6 (0.232 1)
0.5%	2	0.063 6 (0.097 1)	0.281 5 (0.297 2)	0.065 4 (0.065 7)	0.400 6 (0.467 0)	0.165 2 (0.165 4)
0.5%	3	0.040 6 (0.073 5)	0.255 7 (0.306 4)	0.051 4 (0.057 0)	0.343 4 (0.457 0)	0.180 8 (0.172 4*)
0.5%	4	0.028 0 (0.057 6)	0.249 2 (0.318 1)	0.044 3 (0.045 3)	0.291 7 (0.501 3)	0.222 5 (0.205 4*)
1%	2	0.064 9 (0.098 6)	0.284 6 (0.300 7)	0.066 7 (0.068 9)	0.405 4 (0.471 9)	0.167 3 (0.167 4)
1%	3	0.041 5 (0.074 9)	0.259 7 (0.311 2)	0.052 5 (0.048 0*)	0.349 7 (0.463 7)	0.138 5 (0.174 8*)
1%	4	0.028 8 (0.054 9)	0.254 2 (0.324 8)	0.045 4 (0.042 2*)	0.298 9 (0.510 5)	0.226 5 (0.208 9*)

注:上面为时变 Clayton Copula 方法得到的 LPM(h^*),下面为实际分布法得到的 LPM(h^*)。

由表 7 可以看出,相比实际分布法,时变 Clayton Copula 方法得到的最优套期保值比率具有更小的下偏矩,说明在相同的目标回报 c 和风险厌恶系数 n 的情况下,时变 Clayton Copula 模型得到的最优套期保值比率承担的风险更小。这个结果证明本文的时变 Clayton Copula 函数能改善原有的估计最优套期保值比率的方法,而且能得到更小的下偏矩,体现了本文所构建的模型的有效性,意味着商业银行运用此模型进行外汇套期保值时可以有效地规避风险。

五　结论和政策建议

本文在充分考虑商业银行套期保值需求的基础上，以最小下偏矩为风险度量指标，选取日元、加元、英镑、澳元、欧元等五种国际常用货币的期货合约考察商业银行的外汇套期保值，并比较分析了时变 Clayton Copula 参数法与实际分布法的套期保值效果。本研究的结论和建议如下：

（1）相比传统的方差最小化度量指标而言，最小下偏矩更符合风险厌恶型投资者规避损失的真实心理，它的参数设定非常灵活，商业银行可以根据自己的实际状况设定参数，满足不同层次的需求。

（2）考虑到整个样本期内收益率序列的数据特性，本文用 GARCH(1,1)－t 模型对日元、加元、欧元、澳元及英镑的边际分布进行建模，发现各货币收益序列均存在明显的条件异方差及波动聚集特性。

（3）由于现实中金融资产收益率的累积分布函数值序列大多是非对称、时变相关的，因此本文引入时变 Clayton Copula 函数对最小下偏矩套期保值比率进行估计。实证结果表明，时变 Clayton Copula 方法比实际分布法得到的下偏矩更小，显著改善了传统的最小下偏矩套期保值比率的估计，能更有效地规避商业银行的外汇风险。

（4）本文提出用外汇期货合约进行套期保值，除此之外，商业银行还可以根据自身特点选择其他合适的金融衍生工具对外汇风险进行规避，抑或多种避险工具一同使用，但要注意外汇衍生品所具有的风险性，要建立预警机制，面对人民币升值的持续压力，以最合理的速度结售汇。同时，要分析其敞口头寸，有针对性和目的性地进行动态套期保值，还可以对银行的利率风险与外汇风险进行同步套期保值，这样能在很大程度上分散风险。

（5）国内目前对外汇套期保值策略的研究还处于起步阶段，有关外汇套期保值的实证分析研究较少，外汇改革后中国商业银行外汇风险形势日益加剧，因而对外汇套期保值策略的研究已经迫在眉睫。因此，国内学者以及外汇管理从业人员应当借鉴发达国家成熟的外汇套期保值经验，为中国金融业的健康发展提供有益的思路。同时，监管当局应循序渐进推出远期外汇产品，积极开展人民币外汇期货、期权产品。

本文的研究成果可以为商业银行外汇风险管理提供很好的思路。接下来的工作安排如下：第一，令 Copula 函数的相关性参数服从马尔可夫转换过程，马尔可夫转换 Copula 函数或许能更好地刻画金融资产收益率间的相关性，得到更优的套期保值比率；第二，金融资产收益率还存在结构突变、跳跃性等特征，若全面地考虑资产收益率的这些特征，则可能得到更有效的套期保值策略。

参考文献

[1] Allayannis G, Ofek E. Exchange Rate Exposure, Hedging, and the Use of Foreign Currency Derivatives[J]. Journal of International Money And Finance, 2001, 20(2): 267-286.

[2] Chiang Y C, Liao L T, Hsiao A T. Evaluating Hedging Strategies in the Foreign Exchange Market with the Stochastic Dominance Approach[J]. Applied Financial Economics, 2011, 21(7): 493-503.

[3] Demirer R, Lien A. Downside Risk for Short And Long Hedgers[J]. International Review of Economics and Finance, 2003, 12(1): 25-44.

[4] Eftekhari B. Lower Partial Moment Hedge Ratio[J]. Applied Financial Economies, 1998, 8(6): 645-652.

[5] Harris R D F, Shen J. Hedging and Value at Risk[J]. Journal of Futures Markets, 2006, 26(4): 369-390.

[6] Hsu C C, Tseng C P, Wang Y H. Dynamic Hedging with Futures: a Copula-based GARCH Model[J]. The Journal of Futures Markets, 2008, 28(11): 1095-1116.

[7] Lai Y H, Chen Y S, Gerlach R. Optimal Dynamic Hedging via Copula-Threshold-GARCH models[J]. Mathematics and Computer in Simulation, 2009, 79(8): 2609-2624.

[8] Lien D, Tse Y K. Hedging Time-varying Downside Risk[J]. The Journal of Future Market, 1998, 18(6): 705-772.

[9] Lien D, Tse Y K. Hedging Downside Risk: Future vs. Options[J]. International Review of Economics & Finance, 2001, 10(2): 159-169.

[10] Patton A J. Modeling Asymmetric Exchange Rate Dependence[J]. International Economic Review, 2006, 47(2): 527-556.

[11] Simpson W M, Dania A. Selectively Hedging the Euro[J]. Journal of Multinational Financial Management, 2006, 16(1): 27-42.

[12] Wei Y, Wang D Y, Huang D S. A Copula-Multifractal Volatility Hedging Model for CSI300 Index Futures[J]. Physica A, 2011, 390(23): 4260-4272.

[13] 安俊英,蒋祥林,张卫国.基于下方风险的期货套期保值[J].系统工程,2007,25(10): 46-50.

[14] 陈蓉,蔡宗武,陈妙琼.最小下偏矩套期保值比率估计研究——基于混合 Copula 方法[J].厦门大学学报,2009,(3):34-40.

[15] 佟孟华.沪深 300 股指期货动态套期保值模型估计及比较——基于修正的 ECM-BGARCH(1,1)模型的实证研究[J].数量经济技术经济研究,2011,(4):137-149.

[16] 范利民,唐菁菁,阮青松.我国商业银行外汇套期保值策略研究[J].国际金融研究, 2007,(4):69-73.

[17] 梁建峰,陈建平,刘京军.基于 Copula-GARCH 方法的 LPM 套期保值研究[J].系统工程学报,2011,26(5):636-641.

[18] 史美景,赵永淦.基于 Copula-TGARCH 模型的股指期货最佳套期保值比研究[J].数理统计与管理,2012,31(2):354-362.

[19] 王玉刚,迟国泰,杨万武.基于 Copula 的最小方差套期保值比率研究[J].系统工程理

论与实践,2009,29(8):1-10.

[20] 谢赤,刘薇,吴晓.关于外汇期货套期保值比率的实证研究[J].湘潭大学学报(社会科学版),2005,29(6):103-106.

论文执行编辑:蒋彧

论文接收时间:2012年11月2日

Hedging Foreign Exchange of Commercial Bank by Time-varying Copula-LPM Approach

Liangqiu Zhou   Chi Xie

Abstract: As the main body of the China foreign exchange trade, commercial banks carried enormous foreign exchange risk during the foreign exchange reforming process. Owing to the particularity of the commercial bank, it is greatly crucial for itself and the whole society to mitigate the foreign exchange risk, and it is an important method of avoiding the risks of foreign exchange rate to use foreign futures contracts. So this paper takes the lower partial moment (LPM) as the risk measurement standards, and constitutes a LPM model based on the time-varying Clayton Copula function to study the foreign exchange hedging of commercial banks. Firstly, describing the spot and futures marginal distributions of JPY, CAD, GBP, AUD and EUR by using GARCH-t model. Secondly, introduces time-varying Clayton Copula function to modeling the asymmetric dynamic dependence between the spots and futures of JPY, CAD, GBP, AUD and EUR. Finally, this article contrasts time-varying Clayton Copula method with practical distribution function method. The empirical results show that the time-varying Clayton Copula-LPM model is superior to traditional models in the effect of hedging, and that hedging can effectively mitigate the foreign exchange risk of commercial banks.

Key Words: commercial banks hedging lower partial moment Copula model

JEL Classification: F832. 6   F830. 9

分析师、信息扩散与个股暴跌

——对分析师在股票市场信息传播中作用的一项研究[①]

冯旭南　李心愉　陈工孟[*]

【摘　要】 证券分析师行为日益受到我国学界的重视,但较少有文献探讨分析师在信息传播中的作用。集中于个股暴跌这一视角,本文从公司高管的负面信息抑制行为入手,重点研究分析师、信息扩散与个股暴跌之间的关系。结果表明,较多的分析师跟进能够对高管的负面信息抑制行为起到约束作用,因此坏消息的快速传播能够更多地引起个股暴跌。我们还发现,较少分析师跟进的公司更容易在盈余公告公布期间出现个股暴跌,原因在于长期积累的负面信息很容易在此期间爆发。本文的结论为证券分析师在特质信息传播中的作用提供了直接证据。

【关键词】 证券分析师　个股暴跌　负面信息抑制

【JEL 分类号】 G14　G21　M41

一　引　言

近期研究表明,上市公司管理层倾向于抑制负面信息(Hong et al,2000

① 致谢:感谢国家自然科学基金(71302049)、上海高校青年教师培养资助计划(37 - 0129 - 12 - 002)和上海大学文科基金(10 - 0129 - 12 - 001)对本研究的资助。

* 冯旭南:上海大学管理学院讲师,研究方向为公司金融和行为金融,1979 年 1 月生,E-mail:xunanfeng@gmail.com;李心愉:北京大学经济学院教授,研究方向为公司金融;陈工孟:上海交通大学安泰经济学院教授,研究方向为公司金融。

等)。当这些信息积累到一定程度并最终爆发时,往往引起个股在短期内急速暴跌——在数据上体现为股票收益率分布中出现绝对值较大的负数(Jin & Myers, 2006; Kothari et al, 2009a; Hutton et al, 2009; Kim et al, 2010a, 2010b)。作为金融市场上的重要中介,证券分析师的主要职责是搜集、分析和传播各种信息,但较少有文献对分析师在信息传播中的作用给出有力证据。因此,本文重点研究分析师对上市公司管理层负面信息抑制的影响,探讨分析师、信息扩散与个股暴跌之间的关系。

如果分析师跟进能够加速负面信息的扩散和传播,则在其他条件相同的情况下,有较多分析师跟进的股票更容易出现暴跌现象。[①] 换句话说,这类股票更容易出现收益率为负且绝对值较大的异常值(outliers)。使用2005—2010年间的中国A股数据,我们的研究较好地证明了这一点。

尽管较多的分析师跟进能够对负面信息的扩散和传播起到加速作用,从而引起个股暴跌,但较少分析师跟进的公司也更容易隐藏负面信息,从而抑制了坏消息的扩散。然而,正如Hong等(2000)所分析的那样,负面信息不可能永远被隐藏,积累到一定程度的坏信息最终会爆发,从而引起个股大跌。参考Iannotta和Pennacchi(2011),我们认为,盈余公告就是这样的时点之一,因为长期累积的坏消息最终会在公司盈利上有所体现。本文的结论验证了这一猜测:有较少分析师跟进的上市公司更容易在盈余公告公布期间出现个股暴跌。

本文的主要贡献体现在以下几个方面:① 尽管已有文献从较为宽泛的意义上探讨分析师对中国公司特质信息传播的影响(朱红军等,2007;冯旭南、李心愉,2011),但较少有学者研究分析师在上市公司负面信息传播中的作用。集中于个股暴跌这一独特的视角——股票收益率分布中的异常值,我们的研究为证券分析师在信息传播中的作用提供了崭新的直接证据。② 本文的结论丰富了学术界对我国公司信息抑制问题的认识。尽管信息抑制现象在国际学界得到较多探讨(如Hong et al, 2000;Jin & Myers, 2006等;Hutton et al, 2009),但较少有学者对中国问题进行分析。Piotroski等(2010)认为我国国企高管的政治动机影响到负面信息抑制,而本文对分析师与管理层负面信息抑制问题的探讨能够进一步丰富学术界和实务界对中国相关问题的认识。③ 我们的研究能够深化学者对个股暴跌(stock price crash)和收益率负偏分布(Negative Skewness)的认识。金融学学者普遍认为,股票收益率通常服从左偏态分布,但对这种不对称分布形成的原因,却探讨得不够深入。本文对证券分析师、信息扩散与个股暴跌的分析,能够深化和增强学术界对该问题的理解。

全文接下来的结构如下:第二部分是文献回顾、理论分析和研究假设,第

---

① 因为较多的分析师跟进往往意味着较高的透明度,而透明度较高的公司难以抑制负面信息的传播。

三部分是研究设计和实证分析,最后是全文的主要结论。

二　文献回顾、理论分析和研究假设

由于本文涉及分析师、上市公司负面信息抑制与个股暴跌三个跨度较大的领域,为了使不同领域的读者对全文所研究的问题有较为深刻的理解,我们首先对来自这三个领域的相关文献进行简要回顾,在理论分析的基础上,我们进一步提出全文的研究假设。

1. 个股暴跌

股票的收益率呈非对称分布,即较大的股价变化往往体现为暴跌而非突升,得到了金融学家的普遍认可,但对这种现象产生的原因,学术界的认识还非常有限(Chen et al,2001)。Blanchard 和 Watson(1982)建立的理论模型表明,个股暴跌往往是由投机性泡沫——股价高于基本面价值引起的。另一项重要的解释是 Pindyck(1984)、French 等(1987)和 Campbell & Henstschel(1992)等提出的波动反馈效应(volatility feedback effect),其理论依据是:当股价波动增加时,投资者对风险溢价的要求会相应提升,从而降低了股票的均衡价格。因此,当好消息到来时,其对股价的正面影响会被风险溢价的增加而部分抵消;当坏消息来临时,负面信息却和风险溢价发生同向作用,从而更容易引起股价暴跌。Hong 和 Stein(2003)从异质信念和卖空限制的角度对股价暴跌给出了进一步的解释:当投资者之间的信念差异较大时,受到卖空约束的悲观投资者会选择出售股票,其他投资者据此推测股价将会下跌,但并不清楚下跌的具体程度。如果坏消息披露,股价下跌,若受到约束的投资者此时没有发生股票买进行为,则其他投资者会推断已有信息较为负面,因此他们的卖出行为会进一步导致股价下跌。这些研究增强了我们对收益率分布相关问题的认识,其共性在于:负面信息是引致个股暴跌的重要导火索。

2. 上市公司负面信息抑制

由于信息在股价形成中非常重要,因此,各国监管者无不重视上市公司的信息披露(上海证券交易所,2008)。尽管我国对信息披露的监管日趋严格,但以管理层和大股东为代表的内部人在公司运营方面仍具有天然的信息优势,是否披露、披露何种信息以及何时披露往往都由公司管理层决定。以最基本的盈余公告为例,"好消息及时公布,坏消息延迟披露"现象时有发生(Givoly & Palmon, 1982;谭伟强,2008)。公司高管的此类不对称信息披露动机来源于各种各样的自利动机，如声誉考虑、薪酬合约、帝国建设等。[①] 使用内容分析技术，Kothari 等（2009b）提供的证据表明，管理层倾向于抑制不利信息的披露。以国有企业为例，Piotroski 等（2010）的研究表明，在政治敏感期（如两会期间），我国国企高管往往倾向于抑制负面信息的披露。当这些负面信息积累到一定程度而无法抑制时，其集中爆发往往会引起个股剧烈暴跌。针对此类不对称信息披露行为，会计领域的学者建议实行保守性原则（Conservation），并对此进行了大量研究（LaFond & Watts，2008 等）。尽管这些研究深化了我们对相关问题的认识，但对中国上市公司高管的负面信息抑制问题，学术界目前还未充分展开讨论。

3. 证券分析师

证券分析师作为资本市场上最重要的信息中介，在上市公司和投资者之间扮演着关键角色。他们专注于特定行业，广泛搜集企业内外部信息并进行全方位分析，进而进行盈余预测、提供买卖建议；在提高投资者决策质量的同时，也使得稀缺资本流入到高效率企业。因此，对证券分析师活动的研究在国际学术界引起了广泛关注。大量文献探讨了分析师在美国证券市场的作用（Brown & Mohammad，2010；O'Brien，1988；O'Brien & Bhushan，1990），但仅有少量研究涉及分析师在新兴市场上的活动（Chang et al. 2001；Chan & Hameed，2006）。针对中国分析师的文献主要涉及分析师的荐股和预测活动（李丹蒙，2007；方军雄，2007；岳衡、林小驰，2008；郭杰、洪洁瑛，2009；白晓宇，2009），以及承销关系对分析师行为的影响（原红旗、黄倩茹，2007；潘越等，2011；冯旭南，2012）等，但对分析师在公司特质信息传播中的作用这一重要问题却探讨得不够深入。借鉴 Morck 等（2003）的分析方法，朱红军等（2007）认为，随着分析师跟进人数的增加，更多的公司特质信息被包含在股价中，从而引起股价联动的同步性下降。使用更长区间的样本，冯旭南和李心愉（2011）却得出了与国际研究（Piotroski & Roulstone，2004；Chan & Hameed，2006）较一致的结论，即中国证券分析师更多地反映市场层面的信息而非公司特质信息。尽管这些研究丰富了我们对分析师信息传播作用的认识，但分析结论的不一致增加了我们进一步探讨相关问题的必要性。基于此，从公司管理层负面信息抑制从而导致个股暴跌这一特殊现象入手，我们期望从另类角度深化对中国分析师在特征信息传播中作用的认识。

4. 分析师、信息扩散与个股暴跌

如果证券分析师能够加速公司特质信息的传播，则当较多的分析师跟进时，公司管理层便难以抑制负面信息的披露，因此负面信息的频繁曝光会增加

---

① 详见 Ball（2009）的综述。

个股暴跌的频率。因此,本文的第一个假设是:

H1:较多分析师跟进时上市公司更容易出现个股暴跌现象。

和假设 H1 相呼应,较少分析师跟进的公司更容易抑制负面信息,因此这类公司的负面信息能够隐藏得更久。但坏消息不可能被永远隐藏,积累到一定程度时必然爆发,盈余公告就是这样的时点之一。因此,本文的第二个假设是:

H2:较少分析师跟进的公司更容易在盈余公告公布期间出现个股暴跌现象。

三	研究设计和实证分析

1. 样本

我们的研究样本是 2005—2010 年的 A 股上市公司[①]。

分析师跟进数据来自聚源数据库(GIidata),我们使用该数据库的一个重要原因是聚源提供的分析师数据比较齐全,并附有分析师报告的对应 PDF 文档,从而较好地保证了数据的精准性。

WIND 终端和 CSMAR 数据库都提供盈余公告发布日期数据,但两个数据库提供的日期不尽相同。对于不一致的数据,我们追踪《上海证券报》、《中国证券报》和《证券时报》,以手工搜集到的日期作为上市公司的盈余公告发布日期。

全文使用的其他数据来源于 CSMAR 数据库。

由于我们的研究重点是分析师、负面信息扩散与个股暴跌之间的关系,因此本文仅考虑有证券分析师跟进的公司[②]。从这种意义上讲,本文探讨的是分析师跟进的边际影响,而不是有分析师跟进的公司与无分析师跟进公司之间的差异。剔除相关数据缺失的公司后,全文最终包括 5 744 个样本。

2. 主要变量和描述性分析

(1) 个股暴跌

我们使用变量 NCSKEW 和 Crash 来刻画个股暴跌现象。

[①] 我们以 2005 年作为分析起点,主要是因为:中国数据提供商对证券分析师行为数据的收集工作只是在近年来才逐步展开。由于信息披露的不完善,在较早的样本区间内(2005 年以前),不同数据提供商关于分析师活动的数据存在非常大的差异,错误和遗漏现象都非常明显。

[②] 包括没有分析师跟进的公司,本文的结论没有发生根本性变化。

首先,与 Chen 等(2001)、Jin 和 Myers(2006)、Hutton 等(2009)等相一致,我们先计算个股特质收益率($r_{specific}$)的三阶矩与其标准差三次方的比值 Skewness。根据统计学常识,Skewness 为负且绝对值较大时,个股暴跌的可能性较高,因此此时个股特质收益率呈左(负)偏分布。为了便于读者理解本文的主要结论,我们用 Skewness 的相反数 NCSKEW 来刻画个股暴跌的可能性。显然,NCSKEW 越大,个股暴跌的可能性就越大。

我们关注特质收益率,主要是因为本文关注的是个股暴跌现象,因此需要剔除大市等因素对个股收益产生的影响。参考 Carhart(1997)、Daniel 等(1997),本文通过四因子模型来度量个股特质收益率。由于部分股票的交易不是非常活跃,因此,与 Dimson(1979)、Hutton 等(2009)、Iannotta 和 Pennacchi(2011)相类似,对于每个因子,我们还包括了一阶先行和滞后指标。

$$r_{i,t} = \alpha_{i,t} + \beta_{1,i} * RM_t + \beta_{2,i} * RM_{t-1} + \beta_{3,i} * RM_{t+1} + \beta_{4,i} * SMB_t + \beta_{5,i} * SMB_{t-1} + \beta_{6,i} * SMB_{t+1} + \beta_{7,i} * HML_t + \beta_{8,i} * HML_{t-1} + \beta_{9,i} * HML_{t+1} + \beta_{10,i} * UMD_t + \beta_{11,i} * UMD_{t-1} + \beta_{12,i} * UMD_{t+1} + \varepsilon_{i,t}$$

(1)

其中,$r_{i,t}$ 为相对于无风险资产的个股收益率;

RM 相对于无风险资产的市场投资组合回报率;

SMB、HML、UMD 分别是规模、价值和动量因子。

模型 1 的回归残差加 1 取自然对数[①],作为个股特质收益率 $r_{specific}$。Chen 等(2001)的研究表明,四因子模型的回归残差呈正偏分布,因此对数处理较好地保证了 $r_{specific}$ 的对称性。

本文度量个股暴跌的第二个指标是 Crash,用个股特质收益率低于其平均值 k 倍标准差($r_{specific} < \mu - k * \sigma$)的频数与高于 k 倍标准差($r_{specific} > \mu + k * \sigma$)的频数之差与 1 000 的比值来表示[②]。计算公式为:

$$Crash = \frac{Num(r_{specific} < \mu - k * \sigma) - Num(r_{specific} > \mu + k * \sigma)}{1\,000}$$

其中:Num 为计数函数;

μ 表示个股特质收益率的平均值;

σ 表示个股特质收益率的标准差;

k 为对数正态分布 1%,0.1%,0.01% 的临界值。

显然,Crash 越大,表示个股表现为负特质收益率异常值的可能性就越大。此外,通过 k,我们很容易计算 Crash1%,Crash0.1% 和 Crash0.01%。

(2) 控制变量

从四因子模型(1)中,我们还可以计算判定系数(R^2)和个股特质收益率

---

① 即使我们不采用对数处理,全文的结论基本不变。

② 除以 1 000 的主要目的是,尽可能使模型的回归系数保持在比较合理的范围内。

的波动性($r_{specific}\_Volatility$)。

根据 Jin 和 Myers（2006）、Hutton 等（2009）、Iannotta 和 Pennacchi（2011）等的研究结果，结果中国证券市场的特征，我们还选取公司规模（Size）、换手率（Turnover）、市值账面比（MB）以及资产负债率（Leverage）等指标作为主要控制变量。

全文所使用主要变量的定义和计算方法如表 1 所示。

表 1 主要变量及其定义

变量	定义和计算方法
$r_{specific}$	个股特质收益率，为 Carhart 四因子模型的残差。 $r_{i,t}=\alpha_{i,t}+\beta_{1,i}*RM_t+\beta_{2,i}*RM_{t-1}+\beta_{3,i}*RM_{t+1}+\beta_{4,i}*SMB_t+\beta_{5,i}*SMB_{t-1}+\beta_{6,i}*SMB_{t+1}+\beta_{7,i}*HML_t+\beta_{8,i}*HML_{t-1}+\beta_{9,i}*HML_{t+1}+\beta_{10,i}*UMD_t+\beta_{11,i}*UMD_{t-1}+\beta_{12,i}*UMD_{t+1}+\varepsilon_{i,t}$ 其中，$r_{i,t}$ 为相对于无风险资产的个股收益率； RM 相对于无风险资产的市场投资组合收益率； SMB、HML、UMD 分别是规模、价值和动量因子。
Skewness	个股特质收益率的三阶矩与其标准差三次方的比值。在统计学上又被称为偏度，计算公式为：$Skewness=\dfrac{\mu_3}{\sigma^3}$，其中，$\mu_3$ 表示个股特质收益率的三阶矩，σ^3 为个股特质收益率标准差的三次方。
NCSKEW	Skewness 的相反数
Crash	个股特质收益率低于其平均值 k 倍标准差的频数与高于 k 倍标准差的频数之差与 1 000 的比值。计算公式为： $$Crash=\dfrac{Num(Ar<\mu-k*\sigma)-Num(Ar>\mu+k*\sigma)}{1\,000}$$ 其中：Num 为计数函数； μ 表示个股特质收益率的平均值； σ 表示个股特质收益率的标准差； k 为对数正态分布 1%、0.1%、0.01% 的临界值。 该指标用来刻画个股特质收益率显示为负的奇异值与显示为正的奇异值之间的差异。
EA_NCSKEW	盈余公告日前后十个交易日内（−10，+10），个股特质收益率的偏度
EA_Crash	盈余公告日前后十个交易日内（−10，+10），个股特质收益率显示为负的异常值与显示为正的异常值之间的差异
$r_{specific}\_Volatility$	个股特质收益率（$r_{specific}$）的标准差
R^2	Carhart 四因子模型的判定系数
Size	公司规模，取公司总市值的自然对数
Turnover	换手率，取流通股交易量与流通股股数的比值

变量	定义和计算方法
Tobin'Q	股权市值与债务账面价值之和与总资产的比值
Leverage	资产负债率
Analyst	分析师跟进人数
Res_Coverage	下列回归方程的残差： $\log(Analyst_{i,t}) = \alpha + \beta_1 * \log(Size_{i,t}) + \beta_2 * Turnover + \beta_3 * Synch_{i,t} + \beta_4 * Ar\_Volatility_{i,t} + \beta_5 * BM_{i,t} + \sum_l \lambda_l * Year_{i,l} + \sum_k \delta * Ind_{i,k} + \varepsilon_{i,t}$ 其中，$Synch_{i,t} = \log\left(\dfrac{R^2}{1-R^2}\right)$
Below_Forecast	哑变量。若实际盈余低于盈余公告前分析师每股盈余预测的一致估计，则 No_MBE 取 1，否则取 0

（3）描述性分析

全文主要变量的描述性结果如表 2 所示。从表 2 中可以看出，NCSKEW 的均值为 -0.454，中位数为 -0.649，与 Chen 等（2001）对美国个股的分析比较一致。Crash1％、Crash0.1％、Crash0.01％的均值都为整数，这说明：平均来说，个股暴跌的可能性较大。在样本区间内，分析师跟进的中位数是 7，平均值是 14，这说明，分析师跟进呈右偏分布。基于篇幅所限，文中使用的其他变量，我们不逐一分析。

表 2　主要变量的描述性分析

	均值	中位数	标准差	下四分位数	上四分位数
NCSKEW	-0.454	-0.649	0.979	-1.073	0.323
Crash1％	0.002	0.000	0.005	-0.001	0.002
Crash0.1％	0.004	0.010	0.006	-0.004	0.010
Crash0.01％	0.010	0.013	0.005	0.008	0.013
Analyst	13.910	7.000	17.415	2.000	19.000
Res_Coverage	-0.108	-0.088	0.964	-0.856	0.646
$r_{specific}\_Volatility$	0.061	0.056	0.035	0.046	0.069
R^2	0.446	0.437	0.277	0.215	0.583
Synch	-0.094	-0.110	0.216	-0.562	0.145
Size	22.328	22.231	1.149	21.536	22.918
Turnover	1.373	1.226	0.793	0.782	1.828

	均值	中位数	标准差	下四分位数	上四分位数
Leverage	0.519	0.528	0.199	0.385	0.653
Tobin'Q	2.383	1.818	2.152	1.257	2.748

（4）分析师跟进

本文分析的主要问题是证券分析师在个股特质信息传递中的作用,因此,可能存在某些内生性因素对个股暴跌和分析师跟进同时产生影响。比如,大公司容易获得分析师的青睐（O'Brien & Bhushan,1990；McNichols & O'Brien,1997；Hong et al,2000）。与此同时,大公司和小公司个股暴跌的可能性也存在显著差异（Harvey & Siddique,2000；Chen et al,2001）。因此,和大多数研究相一致,为了更好地解决内生性问题,我们首先需要控制其他因素对分析师跟进可能产生的影响。

在分析师跟进的决定因素方面,我们使用的回归方程如（2）所示。

$$\log(Analyst_{i,t}) = \alpha + \beta_1 * Size_{i,t} + \beta_2 * Turnover_{i,t} + \beta_3 * Synch_{i,t} + \beta_4 * r_{specific}\_Volatility_{i,t} + \beta_5 * TobinQ_{i,t} + \sum_l \lambda_l * Year_{i,l} + \sum_k \delta * Ind_{i,k} + \varepsilon_{i,t}$$

$$(2)$$

公司规模（Size）在分析师跟进中非常重要,主要是因为:一方面,上市公司规模越大,股东人数往往也就越多,因此市场对分析师的需求越强烈。另一方面,大公司能给分析师所属机构带来更多的经纪业务,因而分析师也倾向于跟进大公司（Brennan & Hughes,1991）。

换手率（Turnover）是分析师跟进的重要决定因素,主要是因为:换手率较高的股票能给证券公司带来较高的交易佣金（Alford & Berger,1999）,因此更容易获得分析师的青睐。

Synch 表示股价波动的同步性,计算方法是:$Synch_{i,t} = \log\left(\dfrac{R^2}{1-R^2}\right)$。由于 R^2 为四因子模型的判定系数。按照 Roll（1988）、Morck 等（2000）等的解释,模型（1）的判定系数 R^2 表示个股变动能被风险因素所解释的部分。R^2 越大,则表示个股包含的特质信息就越少,因而股价变波动同步性（Synch）越大。根据 Hameed 等（2010）等的分析,分析师倾向于跟进股价波动同步性较大的个股,因为这可以减少分析师信息搜集的成本。因此,股价波动同步性是分析分析师跟进的重要决定因素,这与 Chan 和 Hameed（2006）、冯旭南和李心愉（2011）的分析也比较一致。

个股特质收益率的波动性（$r_{specific}\_Volatility$）也会对分析师跟进产生影响,因为较大的个股异常波动意味着较大的公司特质风险,投资需求的减少会引起分析师跟进行为的相对减少。

Tobin'Q 也影响到分析师的跟进行为,因为增长前景较高的公司具有更多的想象空间,从而更能够引起分析师的关注。

和 Hong 等(2000)、Yu(2008)相一致,我们用模型(2)的回归残差 Res_Coverage 来探讨分析师跟进对个股暴跌可能产生的影响,因为 Res_Coverage 表示已知因素不能对分析师跟进产生影响的部分。模型(2)的回归结果如表 3 所示,除 Tobin'Q 外,其他变量的回归系数和本文的预期比较一致。

表 3 分析师跟进的决定因素分析

	Log(Analyst)
Size	0.595*** (56.05)
Turnover	0.171*** (15.95)
Synch	0.121*** (5.37)
$r_{specific}\_Volatility$	−3.519*** (−6.64)
Tobin'Q	0.012 (1.10)
Year/Industry Dummy	Yes
Intercept	−11.011*** (−45.69)
N	5 744
Adjusted R²	0.459

(5) 主要模型和回归分析

在控制分析师跟进决定因素的基础上,我们使用模型(2)的回归残差 Res_Coverage 来探讨分析师跟进与个股暴跌之间的关系。Hong 等(2000)以及 Yu(2008)认为,使用 Res_Coverage 可以较好地控制分析师跟进的内生性问题。全文的主要 OLS 回归模型如下:

$$NCSKEW(or\ Crash) = \alpha + \beta_1 * Res\_Coverage + \beta_2 * Size + \beta_3 * Turnover + \beta_4 * r_{specific}\_Volatility_{i,t} + \beta_5 * Leverage + \beta_6 * Tobin'Q_{i,t} + \beta_7 * Return_{(t-1)} + \beta_8 * Return_{(t-2)} + \beta_9 * Return_{(t-3)} + \sum_l \lambda_l * Year_{i,l} + \sum_k \delta * Ind_{i,k} + \varepsilon_{i,t} \tag{3}$$

在实证分析中,使用任何一个指标来描述个股暴跌都难以尽善尽美,因此为了保证结果的可靠性,本文分别使用 *NCSKEW* 和 *Crash* 来进行探讨。如果从不同指标得出的结论比较一致,则能够增强结果的可信性。

我们重点关注回归系数 β_1。若 β_1 为正,则说明较多的分析师跟进能够对上市公司管理层的负面信息抑制行为起到制约作用。

上述 OLS 回归模型中用到的所有变量的具体定义与计算方法详见表 1。

模型(3)的主要回归结果如表 4 所示。Res_Coverage 系数为正,且至少在 5% 的水平上通过显著性检验,这和假设 H1 的猜测比较一致,较多的分析师跟进较好地制约了上市公司高管的负面信息抑制行为,因此坏消息的加速传播更容易导致个股暴跌现象。

表 4　分析师跟进与个股暴跌

	NCSKEW	Crash1%	Crash0.1%	Crash0.01%
Res_Coverage	0.040** (2.18)	0.011*** (3.52)	0.058** (2.41)	0.098*** (3.35)
Size	−0.115*** (−4.89)	−0.019*** (−9.51)	−0.011*** (−4.91)	−0.007** (−2.20)
Turnover	0.158*** (4.85)	0.002*** (6.86)	0.018*** (5.79)	0.014*** (3.13)
$r_{specific}\_Volatility$	−3.483*** (−4.74)	−0.056 (−0.76)	−0.038 (−0.53)	−0.048 (−0.97)
Leverage	0.278** (2.31)	0.031 (−1.51)	−0.017 (−1.44)	−0.029 (−1.03)
Tobin'Q	−0.032*** (−2.79)	−0.067 (−0.79)	−0.001 (−1.30)	−0.005 (−1.22)
Return(t−1)	0.163*** (7.80)	0.017*** (9.98)	0.011*** (5.54)	0.007*** (3.99)
Return(t−2)	0.011 (1.45)	0.008*** (4.89)	0.007** (2.29)	0.002* (1.83)
Return(t−3)	0.040 (0.98)	0.006*** (3.42)	0.004** (1.97)	0.009 (1.21)
Year/Industry Dummy	Yes	Yes	Yes	Yes
Intercept	2.702*** (5.14)	0.004*** (8.88)	0.252*** (4.92)	0.109*** (3.20)
N	5 744	5 744	5 744	5 744
Adjusted R^2	0.212	0.182	0.188	0.245

(6) 稳健性分析

在表 4 中,我们采用股票周收益率来计算 $NCSKEW$ 和 $Crash$,主要是因为样本区间内的中国个股普遍面临着涨跌幅限制。采用股票周收益率进行分析与 Jin 和 Myers(2006)、Hutton 等(2009)的计算方法也比较一致。事实上,也有学者,如 Chen 等(2001)采用日收益率计算 $NCSKEW$ 和 $Crash$。采用日收益率,我们的主要结论保持不变,如表 5 所示。此时,模型(3)中回归系数 β_1 为正(0.052),显著性且进一步提高,Baseline 一行中的其他结果来自表 4,以供对比、参考。尽管在前面的分析中,我们已经较好地控制了内生性问题,但仍不能完全排除反向因果关系的存在——分析师对个股暴跌可能性较大的公司存在较大兴趣,因此更倾向于跟进此类公司。因此,我们进一步采用两阶段最小二乘法进行分析,回归系数 β_1 的主要结果如表 5 中 2SLS 行所示,全文主要结论没有发生变化。此外,为了控制公司特征对分析师跟进和个股暴跌现象产生的影响,我们还使用考虑公司固定效应特征的 GLS 模型进行分析,结论仍然不变,如表 5 中 GLS fixed effect 行所示。最后,Fama-Macbeth(1973)的回归方法进一步验证了我们的主要结论。

表 5　稳健性分析

	NCSKEW		Crash		
	Weekly	Daily	Crash1%	Crash0.1%	Crash0.01%
Baseline	0.040** (2.18)	0.052*** (3.91)	0.011*** (3.52)	0.058** (2.41)	0.098*** (3.35)
2SLS	10.421*** (5.87)	21.142*** (7.43)	13.282*** (6.01)	21.091*** (7.43)	18.802*** (4.06)
GLS fixed effect	0.027** (4.21)	0.034*** (3.63)	0.012** (5.07)	0.046*** (3.14)	0.073** (5.81)
Fama-Macbeth	0.043** (2.32)	0.048*** (4.35)	0.012*** (3.81)	0.051** (2.03)	0.084*** (3.16)

(7) 进一步的分析和讨论

前面的分析表明,较多的分析师跟进对上市公司管理层的负面信息抑制行为起到了制约作用,负面信息的不断曝光和传播导致了个股下跌。按照这种逻辑,较少分析师跟进的公司,其管理层更容易抑制负面信息,因此个股频繁下跌的可能性较低。但负面信息不可能永远被隐藏下去,积累到一定程度时必然爆发,盈余公告就是这样的关键点之一。因此,我们接下来探讨在盈余公告期间,分析师跟进与个股暴跌之间的关系。

该部分采用的分析方法和模型(3)基本相同,只是多了哑变量 Below_

Forecast 来控制盈余公告每股信息含量可能产生的潜在影响①。因变量此时分别取 EA_NCSKEW 和 EA_Crash，它们描述的是:在盈余公告日前后各两个交易周([−10,+10])内,个股暴跌的可能性,主要结果如表 6 所示。盈余公告期间内,Res_Coverage 的回归系数为负且通过显著性检验,这进一步验证了假设 H2 的推测:较少分析师跟进的公司更容易在盈余公告期间内出现个股暴跌现象。

表 6　盈余公告期间内(−10,+10),分析师跟进与个股暴跌之间的关系

	EA_NCSKEW	EA_Crash1%	EA_Crash0.1%	EA_Crash0.01%
Res_Coverage	−0.011*** (−3.57)	−0.004*** (−6.80)	−0.002** (−5.54)	−0.002*** (−6.62)
Size	−0.073* (−1.82)	−0.011*** (−6.03)	−0.008*** (−3.76)	−0.004* (−1.78)
Turnover	0.041*** (3.61)	0.004*** (4.76)	0.007*** (3.98)	0.011*** (3.70)
$r_{specific\_}$ Volatility	−1.170*** (−5.73)	−0.042 (−0.81)	−0.003 (−0.41)	−0.009 (−0.72)
Leverage	0.194** (2.02)	−0.043 (−0.73)	0.032 (−0.65)	0.042 (0.04)
BM	0.056 (0.33)	0.046 (1.34)	0.028 (0.76)	0.012 (0.92)
Below_ Forecast	−0.153* (−1.94)	−0.278 (−1.47)	−0.389* (−1.82)	−0.490** (−2.31)
Return(t−1)	0.143 (0.54)	0.011 (0.68)	0.007 (1.06)	0.004 (0.76)
Return(t−2)	0.007 (0.18)	0.012 (0.78)	0.010 (1.13)	0.011 (1.08)
Return(t−3)	0.061* (1.79)	0.021 (0.66)	0.056 (0.79)	0.043 (1.04)
Year/Industry Dummy	Yes	Yes	Yes	Yes
Intercept	3.068*** (7.83)	0.489*** (9.07)	0.876*** (10.05)	0.683*** (8.92)
N	5 744	5 744	5 744	5 744
Adjusted R^2	0.104	0.115	0.121	0.132

① 若实际盈余低于盈余公告前分析师每股盈余预测的一致估计,则 No_MBE 取 1,否则取 0。对于每股收益及其预测,我们还进一步调整了股权变更,如送股、增发等可能产生的潜在影响。

四　主要结论

使用 2005—2010 年间的中国 A 股数据,本文探讨分析师跟进、信息扩散与个股暴跌之间的关系。研究表明,较多的分析师跟进能够对上市公司管理层的负面信息抑制行为起到约束作用。因此,分析师跟进的增多加速了公司负面信息的扩散,从而引起较为频繁的个股暴跌。按照这种推理,分析师跟进程度较少的公司更容易抑制负面信息。但这些长期积累的坏消息不可能永远被抑制下去,盈余公告就是这样的时刻之一。与此相对应,我们发现,在控制每股收益信息的情况下,较少分析师跟进的公司在盈余公告前后各两个交易周内,更容易出现个股暴跌现象。

作为金融市场的重要中介,证券分析师行为受到学术界的普遍重视,但较少有研究对证券分析师的信息传播作用给出直接的证据。集中于个股暴跌这一特殊视角,我们对分析师、管理层负面信息抑制与个股暴跌的讨论,不仅能够增强人们对分析师行为和信息传播效率的进一步认识,而且对理解中国上市公司管理层负面信息抑制行为和个股暴跌现象也有重要的启示作用。

参考文献

[1] 白晓宇.上市公司信息披露政策对分析师预测的多重影响研究[J].金融研究,2009,(4):92 - 112.

[2] 陈国进,张贻军.异质信念、卖空限制与我国股市暴跌现象研究[J].金融研究,2009,(4):80 - 90.

[3] 方军雄.我国上市公司信息披露透明度与证券分析师预测[J].金融研究,2007,(6):136 - 148.

[4] 冯旭南.承销关系影响分析师行为吗? ——来自证券分析师荐股和预测活动的证据[J].中国会计评论,2013,(4):395 - 410.

[5] 冯旭南,李心愉.中国证券分析师能反映公司特质信息吗? ——基于股价波动同步性和分析师跟进的证据[J].经济科学,2011,(4):99 - 106.

[6] 郭杰,洪洁瑛.中国证券分析师的盈余预测行为有效性研究[J].经济研究,2009,(11):55 - 67.

[7] 李丹蒙.公司透明度与分析师预测活动[J].经济科学,2007,(6):107 - 117.

[8] 王鹏.投资者保护、代理成本与公司绩效[J].经济研究,2008,(2):68 - 82.

[9] 谭伟强.我国股市盈余公告的"周历效应"与"集中公告效应"研究[J].金融研究,2008,(2):152 - 167.

[10] 岳衡,林小驰.证券分析师 VS 统计模型:证券分析师盈余预测的相对准确性及其决定因素[J].会计研究,2008,(8):40 - 49.

[11] 中国公司治理报告.上市公司透明度与信息披露[R].上海证券交易所.

[12] 朱红军,何贤杰,陶林.中国的证券分析师能够提高资本市场的效率吗? ——基于股

价同步性和股价信息含量的经验证据[J].金融研究,2004,(2):110－121.

[13] Alford, A., and P. Berger. 1999. "A simultaneous equations analysis of forecast accuracy, analyst following, and trading volume". Journal of Accounting, Auditing and Finance 14 (3): 219－40.

[14] Blanchard, O. and M. Watson, 1982, "Bubbles, Rational Expectations and Speculative Markets", in P. Wachtel, (eds) in Crisis in the Economic and Financial Structure: Bubbles, Bursts, and Shocks, Lexington Books.

[15] Brown, L., P. Griffin, R. Hagerman, and M. Zmijewski,1987, "An Evaluation of Alternative Proxies for the Market's Assessment of Unexpected Earnings", Journal of Accounting and Economics 9 (1),159－193.

[16] Campbell, J. and L. Hentschel,1992, "No News is Good News: An Asymmetric Model of Changing Volatility in Stock Returns", Journal of Financial Economics 31, 281－318.

[17] Carhart, M., 1997. "On Persistence in Mutual Fund Performance", Journal of Finance52(1), 57－8.

[18] Chan K., Hameed A, 2006. "Stock price synchronicity and analyst coverage in emerging markets",Journal of Financial Economics80 (1), 115－147.

[19] Chang X, Dasgupta S, Hilary G., 2006, "Analyst Coverage and Financing Decisions". Journal of Finance61(6): 3009－3048.

[20] Dimson, E. 1979. "Risk measurement when shares are subject to infrequent trading". Journal of Financial Economics 10, 197－226.

[21] French,K., G. W. Schwert and R. Stambaugh, 1987, "Expected Stock Returns and Volatility", Jounral of Financial Economics 19, 3－29.

[22] Givoly, D. and D. Palmon. 1982. "Timeliness of annual earnings announcements: Some empirical evidence", The Accounting Review57(3): 486－508.

[23] Hameed, A., R. Morck, J. Shen and B. Yeung,2010, "Information, analysts, and stock return comovement",NBER working paper.

[24] Hong, H., T. Lim, and J. C. Stein 2000, "Bad news travels slowly: size, analyst coverage, and the profitability of momentum strategies," Journal of Finance 55, 265－295.

[25] Hong, H. and J. Stein. 2003. "Differences of Opinion, Short-sales Constraints, and Market Crashes." Review of Financial Studies 16: 487－525.

[26] Jin, L., and Myers, S., 2006, "R2 around the world: new theory and new tests". Journal of Financial Economics79, 257－292.

[27] Kothari, S. Shu and P. Wysocki, 2009a, "Do managers withhold bad news?", Journal of Accounting Research 47, 241－276.

[28] Kothari, S., Li, X., Short, J., 2009b, "The Effect of Disclosures by Management, Analysts, and Financial Press on the Equity Cost of Capital: A Study Using Content Analysis," The Accounting Review.

[29] LaFond, R., and R. Watts,2008, "The Information Role of. Conservatism", The Accounting Review 83, 447－478.

[30] McNichols, M., and P. O'Brien, 1997, "Self Selection and Analyst Coverage", Journal of Accounting Research 35, 167 – 199.

[31] Morck, R., Yeung, B., and Yu, W., 2000, "The information content of stock markets: why do emerging markets have synchronous stock price movements?", Journal of Financial Economics 58, 215 – 260.

[32] O'Brien, 1988, "Analysts Forecasts as Earnings Expectations". Journal of Accounting and Economics10(1): 53 – 83.

[33] O'Brien P. and R. Bhushan, 1990, "Analyst Following and Institutional Ownership". Journal of Accounting Research28, 55 – 82.

[34] Pindyck, R., 1984. "Risk, Inflation, and the Stock Market," American Economic Review, American Economic Association74(3), 335 – 51.

[35] Piotroski, J. and D. Roulstone. 2004. "The Influence of Analysts, Institutional Investors and Insiders on the Incorporation of Market, Industry and Firm-Specific Information into Stock Prices": The Accounting Review 79 (4): 1119 – 1151.

[36] Piotroski, J., T. Wong. T. Zhang, "Political Incentives to Suppress Negative Financial Information: Evidence from State-controlled Chinese Firm", CUHK Working paper.

[37] Roll, R., 1988, "R2". Journal of Finance43, 541 – 566.

[38] Yu, F., 2008, "Analyst Coverage and Earnings Management," Journal of Financial Economics, Vol. 88, pp. 245 – 271.

论文执行编辑：曲兆鹏
论文接收日期：2013 年 1 月 7 日

Analyst Coverage, Information Diffusion and Stock Prices Crashes

——Studies on the Role of Analysts in
Information Transmission

Xunan Feng   Xinyu Li   Gongmeng Chen

Abstract: Security analyst plays a more important role in emerging markets, however its role on information transmission is not thoroughly studied. Thus we empirically investigate the relationship between analyst coverage and stock price crashes in China. Using a sample from 2005—2011, we find that stocks with greater analyst coverage crash more frequently, indicating that analysts can accelerate the disclosure and diffusion of bad news in stock market. We also find that stocks with less analyst coverage are prone to crash during the earning announcements period when these opaque firms are finally forced to report bad information. These evidences help us understand the role of analysts in information diffusion in China.

Key Words: Analyst Coverage   Stock Prices Crashes   Bad Information Suppression

JEL Classification: G14   G21   M41

新员工组织社会化领域的
研究视角与进展综述①

姜　嬿　　张　骁　　睦丽红*

【摘要】 新员工进入新的组织环境时有其特别的心理活动过程和特征,其社会化机制也与老员工有所不同。新员工社会化的成功与否对于组织能否获得有效的成员、传承优秀的组织文化、激发新成员的创新能力都有着长久的影响。过去大部分研究都是集中在宽泛的"员工组织社会化"上,近来很多学者开始关注新员工,但是相关的研究比较零散。因此,本文通过梳理已有的相关文献,较为系统地总结了新员工组织社会化的研究视角、前因和后果,指出了该领域研究的不足,并对未来的研究方向进行了展望。

【关键词】 新员工　组织社会化　社会化策略
【JEL 分类号】 M12

一　引　言

企业组织因为规模扩张、人员流动以及正常的人员更迭等原因而需要招

① 本研究得到国家自然科学基金项目《新员工适应不良的产生机制和影响因素研究:系统自适应理论的视角》(编号:71102034)和《人力资本对知识密集型服务业企业国际化扩张的影响机制研究:知识基础论视角的阐释与实证》(编号:71172060)的支持。作者感谢两位匿名评审专家和期刊编辑给我们提出的细致的建设性修改意见。

* 姜嬿,昆明人(1982 年 2 月生),女,管理学博士,南京大学商学院讲师,研究方向为新员工组织社会化,领导行为,组织公民行为,团队冲突等,E-mail:jiangyan@nju. edu. cn;张骁,管理学博士,南京大学工商管理系副教授,性别男;睦丽红,性别女,南京大学商学院工商管理系研究生。

募新员工,但是新员工由于缺乏对于新环境的必要适应能力会产生一系列的问题,甚至会导致心理疾病。新员工的这种适应困难具体表现为低组织承诺、低工作绩效、低工作热情以及高离职率等方面[1],例如,新员工可能对参与工作和组织活动失去热情,没有动力进行创新活动,只完成基本工作要求,减少与其他组织成员的互动[2,3]。同时,新员工的适应不良可能导致组织在招聘、甄选和培训中的投入都变为沉没成本[4]。有时候,新员工的适应困难甚至会以很极端的方式显现出来,例如自杀,这些行为都会给员工个人、家庭、组织和社会带来负面的影响。

早在 Schein[5] 提出"组织社会化"这一概念以后,很多学者开始关注员工如何在进入一个新的环境时进行合适的调整,以达到人与组织、人与岗位、人与工作的相互契合。Chao 等[6]认为组织社会化是一个连续和终身的过程,老员工在面临工作职位、工作环境变动时,也需要进行调整和适应。基于这样的定义,过去大部分的研究都是集中在宽泛的"员工组织社会化"上,考察组织社会化的策略、过程以及结果。在实践中,面对现代企业管理中不断遇到的新员工问题,已有的关于员工社会化过程的理论和知识已经不足以解释所有的问题。新员工的高离职率一直是令很多组织困扰的问题。它不但增加了企业招聘员工和前期培训的成本,也影响了留在企业中工作的员工的士气。但目前在学术界并没有形成系统的理论来解释新员工适应和离职的现象。新员工作为企业中一群特殊的员工,有其特别的心理活动过程和特征,所以,我们不能用一般员工的心理行为理论来解释新员工的调试过程,在实践中也需要采用不同于一般员工的管理方法。

学术界中对于新员工组织社会化过程的研究积累已经取得了一定的进展。关于新员工组织社会化的内涵,大多数学者目前仍沿用其最初的定义,即新员工在认知、行为、态度和价值观上进行学习和调整,以适应新的工作环境和工作角色,使自身行为符合工作要求的过程[7]。在这一过程中,员工从"组织外部人"发展成为"组织内部人",从不确定到确定,从不知道到知道,从不熟悉到熟悉。研究发现,新员工组织社会化的过程及其进入企业初期的经历和感受对于后期形成稳定的工作态度和行为有直接影响[8-10]。新员工社会化的成功与否对于组织能否获得有效的成员、传承优秀的组织文化、激发新成员的创新能力都有着长久的影响[11]。在以往的研究中,国外学者对于新员工学习和适应过程有过一些有意义的探索[12-15],为新员工社会化理论的发展做了很重要的基础工作。但是过去研究的讨论范围主要集中于入职培训、社会化学习等外界信息输入的方面,对于员工如何通过心理和行为调整来适应环境的过程研究还比较少。因此,未来需要更多地探讨新员工在组织社会化过程中的心理变化机制,并发展相应的理论模型,为实践提供指导。国内学者也对组织社会化方面的研究做过述评和回顾,为国内该领域的研究奠定了良好的基础[16-19]。这些回顾讨论了该领域主要的研究主题、主要模型、变量和测量,但对于该领域的理论视角、尤其是近期的理论进展还需要系统地梳理和总结，以帮助我们理解新员工组织社会化背后的机制和原理。

为了进一步推动未来的研究发展，本文对已有的新员工组织社会化的文献进行回顾、分类和总结。本文首先回顾了以往新员工组织社会化机制研究的两个主要的理论视角；其次，综述了以往研究发现的对新员工组织社会化过程产生影响的个人因素、组织因素和人际关系因素；然后，剖析了新员工组织社会化过程可能会给组织和个人所带来的短期和长期影响；最后，本文基于现有文献对未来可能的研究方向进行了展望。

二　新员工组织社会化过程的研究视角

有关新员工社会化领域文献的阶段性总结较为经典的一篇是 Saks 和 Ashforth[20] 的综述研究。但是在这篇文献综述发表后的 15 年里，还没有对新员工社会化理论新发展的系统总结。Saks 和 Ashforth 把过去的研究总结为三个视角：不确定性降低理论、社会认知理论，以及认知合理化理论；另外，他们也对影响社会化过程的情境因素进行了回顾和总结。经过近 15 年的研究发展，我们发现新员工社会化领域在视角上没有太大的变化，我们建议整合为两个视角可以较为清晰地看出目前理论发展的进程，因为其中一个视角被广泛应用，另一个视角由于方法等问题而受到限制，并没有被深入探讨过。另外，对影响社会化的因素的研究发展很快，其中包括过去没有探讨过的组织情境与个人的交互作用、人际关系的作用，以及社会化过程的变化等。因此，我们在 Saks 和 Ashforth[20] 的综述研究的基础上，结合近 15 年来的相关研究，针对"新员工社会化的过程机制和影响因素"这一问题将现有视角在理论层面重新进行梳理和整合。

首先，我们认为现有研究中对于新员工组织社会化的机制解释可以总结为两类视角——不确定性降低理论和认知理论。

1. 不确定性降低理论

"不确定性降低理论"认为，新员工在进入组织初期最主要的困难是不确定性[21]。不确定性就是指，新员工面对工作、社会关系、组织文化的各种情境需要做出反应，而在多种可能的反应方式中不知道什么是最好的反应方式时，他们会感受到很高的不确定性[22]。缺乏关于新环境的信息和知识是不确定感受的主要原因。所以，持这一观点的学者把研究重点放在新员工需要获取哪几类信息、从哪些渠道和方式获取，以及信息获取的多少对适应结果的影响等问题上。

关于新员工需要获取的信息内容,以往的研究者有过不同的分类。其中既有概念模型[5,23,24],也有实证研究[6,25]。例如,Feldman[23]认为主要有三方面的内容:(1)工作要求:对工作内容、方式的了解,分配时间的方式,对角色范围和内容的了解等;(2)工作掌握:对完成工作所需能力和知识的掌握;(3)团队适应:有关自己是否能被所在团队接受和认可的信息反馈。Fisher[24]则提出新员工需要学习的信息可以分为有关工作的信息和有关社会关系的信息两大类。最常用的一种分类方式是Chao等[6]提出的关于社会化内容的六个维度:(1)工作内容熟练:掌握工作所需的知识、技巧和能力;(2)人际关系:知道可以从组织的哪些人那里了解到关于组织、部门和工作的知识;(3)组织政治:获得组织内关于正式和非正式网络关系,以及权力分配的信息;(4)组织的内部语言:了解行业中的技术语言,以及组织内的常用缩写、行话、隐语、俚语和口号等;(5)组织目标和价值观;(6)组织历史:了解组织的历史、传统、规范、习惯和仪式等使得组织文化得以延续的元素。这些研究的共同点是,它们都假设新员工的社会化过程需要多方面的、大量的信息和知识来降低新员工在新环境中的不确定性。新员工所获得的信息和知识越充分,他们的社会化结果就会越好。基于这样的假设,这些研究从不同角度研究了新员工所需信息和知识的范围,并建议企业尽可能好地为新员工提供这些方面的信息和知识。随后,基于不同样本的实证研究确实支持了上述的理论假设和推断,当新员工在组织社会化的过程中信息获取量越大时,他们的社会化结果越好,即绩效、满意度、组织承诺都会较高,而离职倾向较低[4,25-27]。

不确定性降低理论对于新员工组织社会化文献的贡献在于提出了信息和知识获取的重要性。但是,社会化过程除了获得信息,还应包括另外一个重要部分,即个人在态度、认知、价值观、行为上的变化调整。拥有越多的信息并不必然导致个人特征和环境之间更好的适应,更重要的是,新员工如何解读、利用这些信息,并处理可能遇到的信息冲突。这 空隙需要用另一个视角的理论进行填补。

2. 认知理论

第二个视角是从认知角度解释新员工社会化的过程。它强调员工主观的调整在适应过程中的作用。过去文献对于新员工认知的变化主要是从新员工对自己的认知变化和对新环境的认知变化两方面进行探讨的。

首先,对自我认知变化的研究主要集中于新员工自我效能感和身份感的变化方面。自我效能感是Bandura[28,29]的社会学习理论中的核心概念,它被定义为个体对于自己能够完成某项工作的信心。一些学者,如Jones[12],引入社会学习理论的视角解释新员工的适应问题,强调了:在社会化的过程中,个体的自我效能感对于社会化的结果起着重要的作用。那些能够在社会化的过程中发展出较高自我效能感的新员工,也能够更好地适应新环境,进而表现出更好的绩效。Jones[12]检验了自我效能感在组织社会化措施与新员工适应之间关系的调节作用,说明新员工的自我效能感水平决定了组织对新员工的帮助措施是否能发挥作用。然而,Jones[12]对于自我效能理论的应用仅仅局限于该理论最初的基本观点上,即"自我效能感能够影响人们对于自己在新的情境中完成任务水平的期待,因此能够激发人们实际完成了与期望相符的绩效"。但对于自我效能感在社会化的过程中到底是否能够改变、如何改变,以及改变后所带来的影响还没有进一步的探讨。对自我认知的另外一方面是个人的社会身份(social identity),即个人对于"我是谁"的回答。Smith 等[30]发现新员工入职后的六个月内,来自于团队领导和其他成员的反馈会影响新员工作为组织成员的身份感和对组织的认同感,而这种变化影响了新员工的离职率。换句话说,来自于同事和领导的反馈评价可以改变新员工对自己的认识,使他们更愿意或更不愿意把自己视为组织的一员。

其次,对新环境的认知变化研究主要集中于新员工如何解读新环境中的变化,以及如何解决在新组织中遇到的认知冲突等方面。持该视角的学者Louis[31]认为,新员工需要处理从以往经验到新的经验之间的转变,包括以下三个方面:一是"变化",即新旧背景环境之间的客观区别;二是"对比",即与新员工以往的经历相违背的新的认知;三是"惊奇",即个人对新环境的期望与从新环境中实际获得的经验之间的差异。Louis[31]认为,为了适应新的环境,新员工要能够对新情境做出新的归因和合理化解释,采取必要的行为反应,修正过去对于事物的理解以及对新经验的预测和期待。这一转变的过程顺利与否影响了新员工的社会化结果。Louis[31]将这一过程命名为"意义建构过程(sense making process)"。这一过程是从新员工凭借过去的认知经验在新环境中遇到挫折和失败时开始的,这样的认知挫折会产生紧张力,使得新员工需要寻找一些理由来解释为什么原有的经验没有发生、原来的预期没有实现[32,33]。在这个阶段,新员工找到的理由不同,就决定了他们对待工作和组织的态度会有所不同。虽然这一视角提出了一个非常重要的问题——员工认知和心理上的调整适应,但是过去的讨论仅仅停留在以 Louis[31]的框架为基础的概念性讨论上,并没有进一步系统和深入的研究,也没有更多实证的检验。主要原因是这些概念本身尚未被清晰地界定,也不容易测量,机制的讨论也还在假设和猜测的阶段。尽管有这样的困难,近几年来开始有学者尝试用间接的方式检验新员工对组织中的信息进行合理化解释的过程。De Vos 和 Freese[34]通过跟踪新员工收集信息的行为和内容变化来间接探讨新员工建立与组织的心理契约(psychological contract)的过程。Payne 等[35]同样将"心理契约"的概念引入了社会化理论,认为雇员与雇主之间交换关系的不平衡会影响新员工的社会化。比如当新员工感知到的雇主的义务(如提供工作安全性、稳定的报酬等)比员工的义务(如努力工作、忠诚等)要多的时候,由于感知到彼此的义务不平衡,新员工倾向于花费更多的时间与非正式的导师在一起,并在工作中投入更多努力。因此,从认知的角度讨论新员工社会化的过程基本上还在探索阶段,我们尚未能够完整理解新员工在社会化过程中的心理调试机制是如何发生的。

认知视角中的最后一个是基于社会学中的符号互动学视角(symbolic interactionist perspective)。该视角在新员工组织社会化中的应用最初由 Reichers[3] 在 1987 年提出。他提出新员工与老员工之间的互动在新员工适应过程中扮演着重要的角色,直接影响了新员工对于自己的角色、工作任务、团队目标和价值观、团队规范、组织制度等方面的了解,并帮助他们发展工作所需的技术能力和隐性知识。基于 Reichers[3] 的概念模型,虽然后来的一些研究者用实证方法检验了人际关系在新员工适应过程中的作用[36],但总的来说,这个视角的实证研究仍比较少。

三 新员工组织社会化过程的影响因素

在上面对新员工适应机制的探讨基础上,学者也研究哪些因素会影响新员工的组织社会化。这些影响因素主要可以归结为以下两个方面:组织因素,即组织特征和组织提供的社会化策略;个人因素,即新员工个人特征和个人采用的社会化策略。

1. 组织因素

组织社会化策略是指,组织为了加速新员工的组织社会化进程,促使新员工尽快成为组织所期望的角色而采取的某种特定的策略或方式。Van 和 Schein[7] 指出,组织对新员工社会化所采取的策略可以从六个方面来描述,每个方面可以用对立的两个概念来描述可能的两种类型。这六种策略分别是:集体的—个别的社会化策略,正式的—非正式的社会化策略,固定的—变动的社会化策略,连续的—随机的社会化策略,伴随的—分离的社会化策略,赋予的—剥夺的社会化策略。Jones[12] 进一步整合了上述六种策略特征,他认为,如果组织采用的社会化策略具有集体的、正式的、固定的、连续的、伴随的、赋予的等六种特征,组织更容易向员工系统地传达有关组织内部的知识和信息,也鼓励员工被动接受组织预先设定的角色,从而使组织维持现状、文化和传统得以延续,这种策略可以被称为制度化的社会化策略(institutional tactics)。如果组织采用社会化策略具有个别的、非正式的、随机的、变动的、分离的和剥夺的等六种特征,则较少地向员工传达组织内部现有的知识和各方面的信息,而由新员工自己为工作角色进行定义,探索所需的信息和知识,与同事建立关系,这在一定程度上可以使新员工保持个性,有自主的空间来解释在组织中的个体角色,这种策略可以被称为个体化的社会化策略(individual tactics)。

Jones[12]指出,制度化社会化策略实际上鼓励新进员工被动地适应组织现状,容易形成固定角色倾向;个体化社会化策略则鼓励员工发展多种角色适应模式,容易产生创新角色倾向,但同时也存在着较大的弹性和不确定性。很多学者研究了不同类型的组织策略对新员工适应的影响[8,37]。最近的一些元分析和综述研究在总结分析以往研究后发现,制度化的社会化策略更可能使个体产生高工作满意度、高组织承诺、高组织认同和低离职意图;个体化社会化策略更可能使新员工有较高的角色创新,但同时也会导致高角色模糊、高角色冲突、高压力症状等[13,15,38,39]。此外,Klein 和 Weaver[40]研究发现,参加正式组织培训的员工与没有参加组织培训的员工相比,在组织目标和价值观、组织历史、组织中人际关系三个维度上存在差异。因此,对一般组织而言,制度化的新员工引导对于帮助他们适应是有很大益处的,但同时组织也应根据工作的具体特征和员工个人发展程度采取相应的组织社会化策略来协助他们适应新环境,达到最好的工作状态。

组织方面的其他因素包括入职前准备。Fan 和 Wanous[41]的实验发现组织在入职前的辅导也同样重要,组织是否在员工入职前对新员工的需求进行评估、提供关于未来工作的真实信息、辅导一些处理压力的方法,都会直接影响员工在入职后适应期的心理落差和压力感。Chen 等[42,43]发现,如果组织或团队的价值观中强调员工之间建立关系以及开放的沟通方式,那么新员工和老员工之间就更容易建立合作,使得员工更顺利地适应新组织;而新进入组织的管理者也更容易适应新环境,与下属建立好的关系。Chu 和 Chu[44]发现公司内部互联网的有效性和易用性也会影响新员工社会化过程中对新知识和信息学习的效果。

2. 个人因素

传统的新员工组织社会化研究以上述的组织策略为研究重点。在后来的研究中,新员工入职初期的主动行为也开始被学者所关注。因为个体能否更快地适应岗位需求,达到组织期望的绩效标准,不但是组织关注的问题,也是新员工个体的需要。Ashford 和 Taylor[45]认为,个体适应组织是学习、谈判和采取适合特定组织环境的行为过程,并且强调新员工的社会化过程也是个体主动获取足够的认知信息和有效资源的过程。学者们在不同的研究中发现,新员工在进入组织初期面临信息不足的困扰,为了尽快融入组织及获得其他成员的认同,他们也会积极主动地采取一些非组织要求的行为[10,46-50]。而且,个体的主动行为确实与新员工的适应结果正相关,也就是采取越多主动行为的新员工越能够更好地适应组织的新环境[14,51]。但是有学者认为,除了这种直接的关系之外,主动行为与社会化结果之间还存在着"主动行为结果"这一中介和调节变量。如 Saks 等[52]发现,越频繁地进行主动行为的新员工更可能有较好的社会化结果(如社会整合、工作满意度、组织承诺)。

Griffin 等[53]较为系统地对新员工可能采取的策略进行了归纳,这些策略包括以下几个方面:(1) 反馈和信息收集:新员工通过收集和获取有关工作和组织的信息以及有关自己和其他员工工作表现的信息,建立对新组织和个人绩效表现的认知;(2) 关系构建:与部门同事、上级和指定的导师建立非正式的关系,以获取与角色期望和组织政策相关的信息;(3) 非正式指导关系:新员工与组织内除直线主管、部门同事和上级主管之外的组织内部人员建立的指导与被指导关系,进而对组织的整体结构、流程和目标有更清晰的了解;(4) 改变工作谈判:新员工努力和企业方沟通以改变其工作责任和工作的方式、方法等;(5) 积极构想:新员工有意识地控制对不同情境的解释,增加自信心和自我效能感以促进对新环境的适应;(6) 参与相关活动:参加各类聚会和活动,通过非正式交流获取信息、知识和技能;(7) 自我行为管理:包括自我观察、目标设定、自我奖励和惩罚以及预演四种;(8) 观察与模仿:通过观察和模仿老员工的行为直接学习知识和技能。

新员工的主动适应行为会受到环境的影响,如工作群组的特征。Kammeyer-Mueller 等[54]就发现,新员工感知到的自身与群组中其他人表面上的相似性(如教育和性别)会促进主动适应行为的执行,但年龄相似性会减少主动适应行为。另外,员工的个性特质和过去的经历也会影响社会化的效果。例如,好奇心较强的新员工更愿意积极地搜寻新知识,并积极地看待初期遇到的挫折,进而更容易产生较好的工作绩效[55]。如果新员工对前一份工作满意度较低,那么在新的组织中就越容易有正面的经验感受,进而产生较强的组织承诺和较高程度的组织社会化[56]。

3. 团队与领导因素

除了组织大环境和新员工个人的影响,新员工入职后需要直接面对的是工作的小环境,即其所在的团队及团队领导的影响。这方面的因素近期已经有学者进行了一些探讨,例如 Jokisaari 和 Nurmi[57]通过对新员工进行四个时间点的跟踪研究,探讨了新员工感受到的来自领导的支持的变化是如何影响他们的工作适应,包括角色清晰、工作掌握、工作满意和工资收入等。他们发现,总的来说,新员工感受到的领导支持在第 6—12 个月时是下降的,而且这个过程中感受到的领导支持下降越快,员工的角色清晰和工作满意度等也下降越快。

在团队影响方面,Rink 等[58]的研究也进行了一些探索。他们回顾了从1960 年—2012 年包含了三个能体现团队接受度的团队变量(团队反应、团队知识使用和新员工接纳)的实证研究,提出了团队对于新员工的接受程度对于持久的团队绩效有积极的影响。他们提出了可供进一步检验的理论模型。

4. 个人策略与组织策略的选择及交互作用

虽然制度化社会化和个体的主动行为这两种策略都具有各自的作用和优势,但是不同的人对其还是会有不同的选择偏好。如 Gruman 和 Saks[59] 提出,新员工的个性特征影响他们对社会化策略和主动意图二者的偏好选择:高随和性的个人在开始一份新工作时,更偏好制度化社会化策略,而高外向型和主动个性的个人则有更高的主动意图。

一些学者也讨论了个人策略和组织策略共同存在时的交互作用。如 Kim 等[14]发现,组织社会化策略对个人与组织的匹配(person-organization fit)的影响受到新员工个人社会化策略的影响。也就是说,组织对新员工社会化的帮助能够实现良好效果的前提是,新员工自己要有主动适应环境的意愿和行动。Gruman 等[60]提出,新员工的自我效能、主动行为和组织社会化策略会交互影响新员工对组织的适应。自我效能和制度化组织社会化都与新员工的主动行为正相关。当制度社会化策略是结构化和正式的,新员工更可能采取主动行为;而当制度化社会化策略是个别的,新员工去寻求反馈、信息,建立关系等主动行为就会较少。但是他们发现这些结论存在着一个有趣的悖论:当组织社会化是制度化的,新员工更可能采取主动行为;当新员工最低程度地进行主动行为时,制度化组织社会化将最大程度地正影响结果变量。

5. 人际关系因素

人际因素也是近年来新员工研究领域开始关注的方面。Korte[61,62]认为一味注重学习过程的观点低估了工作同事和管理者的作用,而关系的观点则注重新员工与组织中他人的成功互动在新员工适应过程中所起的作用。他提出,关系建立是组织社会化过程的一个主要影响因素,而由各种工作关系组成的工作群组则是社会化的主要环境。Fang 等[63]的理论模型提出新员工在组织中建立的关系网络的结构(弱关系的数量和结构洞的大小)和关系网络中的资源(资源的范围和地位)都会很大程度上影响新员工的工作适应,甚至是未来的职业发展。Li 等[64]从社会交换的视角提出,如果能够从领导与同事那里获得较多的发展性意见,新员工帮助其他同事的行为以及自己的工作绩效都会显著增加。

总之,以往关于组织社会化影响因素的研究已经涉及包括个人、组织、人际关系环境等多个方面的因素,以及这些因素的共同作用,主要的理论观点在过去的研究中也得到了一致的支持。但在理论解释上,无论是个体因素还是组织因素,研究者主要都是从学习和获取信息的角度解释这些因素对社会化结果产生影响的原因。换句话说,过去的研究主要还是强调新员工单方面接受信息后的变化,而在其他理论视角发展上则相对较少。

四　新员工组织社会化的影响后果

组织社会化的核心是新员工的调整适应,包括知识、信心、执行某一工作角色的动机、对组织及组织目标的承诺等[45,65,66]。为了评估社会化过程的质量,即新员工是否良好地适应了组织,先前的研究使用了一系列的结果变量作为标准。学者将其分为临近的结果,即更靠近调整过程的结果变量,以及远端的结果,即对新员工适应更全面的评价指标[4,67]。

1. 临近结果变量(Proximal outcome)

临近结果变量指社会化的过程机制导致的直接结果。Kammeyer-Muller和Wanberg[4]总结了先前研究中主要的几个临近结果变量,如任务精通、角色清楚、群体整合和政治知识[7,24,36,37,46,49]。Hsiung和Hsieh[68]以及Judeh[69]都发现标准化的组织社会化方式带来的结果是,员工对任务掌握、角色清晰、文化适应和社会整合方面都有较多的提高。支持"不确定性降低理论"的学者们常把以上这些结果变量作为临近结果变量来直接评估新员工是否很好地获得了他们应该要学习的信息和知识。

2. 远端结果变量(Distal outcome)

远端结果变量是除了受我们关心的社会化机制的影响,同时还有其他很多因素共同作用影响的新员工态度或行为结果。先前研究中使用的远端结果变量包括态度结果(如工作满意度、组织承诺)、绩效结果(如任务绩效)和工作场所的行为反应(如工作中断或人员流动)。不过研究者认为这些远端结果变量受到社会化过程中的临近的结果变量的影响,如受到学习和社会整合的影响,但同时也会受到和社会化过程无关的其他变量的影响。因此,远端结果变量大都是用来帮助我们探讨社会化过程可能给员工带来什么长期影响,但是如果我们研究中是为了理解过程中发生了什么,那仅仅有远端结果变量是远远不够的。此外,最近的研究者也开始关注一些其他的结果变量。例如,已经有研究发现组织社会化的过程会影响员工长期的职业规范,以及对工作中有关道德问题的敏感度[70,71]。

3. 社会化结果研究的方法转型:过程研究(Process research)

最近,新员工社会化领域的研究开始越来越多地关注社会化过程方面的研究,深入探讨在新员工入职的最初一段时间里到底发生了哪些变化。由于需要关注动态的变化过程,因此对该领域的研究方法也有了新的要求——需要用定性研究的方法深入挖掘信息、用实验的方法对比不同的社会化过程给员工带来的影响以及用多时间点的跟踪数据对假设进行检验等。例如，Sluss 等[72]探讨新员工对领导的关系认同（relational identification）是否会逐渐发展为对组织的认同（organizational identification），并用多时间点的调研检验了这个变化。Nifadkar 等[73]则探讨了新员工对主管的情绪感受是否会逐渐累积，最终影响新员工愿意更投入工作活动还是逃避工作活动，同样，他们也用多时间点的调研检验了这个变化。Cable 等[74]的研究则挑战了该领域以往的假设，认为比起传统的要把新员工塑造成某种样子的社会化方式，鼓励新员工成为最好的自己反而可以达到更好的社会化效果，研究者用现场实验的方法检验了这一假设。

五　现有研究不足与未来展望

自从 Schein[5]在 1968 年引入了组织社会化这一概念以后，很多学者都开始关注这一领域，这为理论研究者提供了一个新的学术视角，也为公司管理者、社会实践者在组织建设和企业管理方面指明了新的方向。本文通过梳理发现，对新员工组织社会化机制的解释可以总结为两个视角：不确定性降低理论和认知理论，前者强调信息和知识的获取，后者强调新员工在认知上的调整。对于新员工组织社会化过程影响因素的研究也可以总结为两个大的方面——组织因素和个人因素。对新员工组织社会化的评价也存在着两大类指标，即临近的和远端的结果变量。

1. 研究不足

虽然近年来关于新员工组织社会化的研究取得了比较大的进展，但是还存在着一些明显不足：（1）认知理论视角的解释力还没有被充分发掘。影响新员工组织社会化过程的两种因素，即组织和个人因素，都是从信息和知识获取的视角来解释它们产生影响的机制，而对新员工在新环境中如何调整适应环境的关注则比较少。（2）社会化过程中不同机制的关系不清楚。在新员工适应期间，是否多种社会化机制共同存在？什么因素刺激或制止了这些机制？它们的不同作用是什么？（3）多种机制可能会有多种结果变量。先前的研究试图将几种机制包含在一个模型中，但是很少区别它们对不同结果变量的影响。（4）不同的组织发展阶段、组织文化等环境因素会影响新员工的组织社会化过程，新员工进入的是一个什么样的环境也决定了他们是否会适应不良。很少有研究对环境做出一些有意义的区分。（5）较少考虑到时间的因素。随着时间的推移，新员工适应不良的前因后果等变量及其关系是否是稳定的？新员工组织社会化这一阶段应该如何界定？对于这些问题，还没有研究可以给出明确的答案。

2. 未来展望

　　针对以上不足以及该领域研究的发展趋势,本文提出几点对未来可能进行的研究方向的思考:(1)从认知理论的视角对新员工社会化的研究可以更加深入,相应的,也可以补充从情感视角进行的探讨。新员工在社会化的过程中经历了怎样的心理变化过程,哪些因素是影响这一过程的主要原因,新员工决定去留是否有不同于普通员工的解释机制。我们对于这些问题都尚未有清晰的理解。从认知视角对社会化问题的讨论在 20 世纪 80 年代已经提出,但是因为其中的一些概念比较难以界定和测量,所以在实证研究的进展上也比较缓慢。要解决这些问题,可能需要在方法上有所创新,运用混合方法,采用长期跟踪的方法深入了解新员工所经历的变化,进而抽象出理论。(2)厘清不同视角或机制之间的关系。虽然目前有不同的视角解释新员工社会化的问题,但是这些视角之间是什么关系,它们如何共同作用影响新员工适应的过程仍不清楚。如果社会化过程的确存在几个不同的机制,那么它们的区别是否可以体现在对结果变量不同的影响上?另外,这些机制是否存在边界条件,在不同类型的新员工群体中是否存在不同的机制占据主导作用,这些也是值得讨论的问题。(3)组织环境的作用应该受到更多的关注。在以往研究中,最被研究者关注的组织因素就是组织所采用的社会化策略。事实上,除了组织针对新员工所采用的社会化策略,组织中的老员工的工作规范和氛围、组织文化、组织结构等可能都构成了新员工进入企业后所面对的环境,都可能对员工的社会化过程产生影响。研究者可以对更多的组织因素展开探讨。(4)对新员工组织社会化的时间分段应有更加清楚的界定,多长时间内属于这一范畴。以往对于组织社会化所需要的时间没有统一的标准,短至三个月,长至终身。未来的研究中,可以对社会化的阶段进行更具体的划分,深入探讨在不同阶段员工社会化的特征和机制。(5)越来越多的企业需要员工的创新能力和自发性工作动机,因此研究者也需要挑战以往对于组织社会化的假设——把员工变成为组织需要的员工,而考虑在另一种假设下的社会化方式。如果我们假设每个新员工都是带着自己独特的长处进入企业的,那么新的研究问题便是企业如何能够最好发挥个体的主观能动性、内生性工作动机,让他们成为最好的自己,这也是未来的研究可能需要关注的问题。

参考文献

[1] Shaw, J. D., Gupta, N., Delery, J. E. Alternative conceptualizations of the relationship between voluntary turnover and organizational performance [J]. Academy of Management Journal, 2005, 48:50 - 68.

[2] Nelson, D. L., Quick, J. C., Eakin, M. E., Matuszek, P. A. C. Beyond

organizational entry and newcomer stress: Building a self-reliant workforce [J]. International Journal of Stress Management, 1995, 2(1):1 - 14.

[3] Reichers, A. E. An interactionist perspective on newcomer socialization rates [J]. Academy of Management Review, 1987, 12(2):278 - 287.

[4] Kammeyer-Muller, J. D., Wanberg, C. R. Unwrapping the organizational entry process: Disentangling multiple antecedents and their pathways to adjustment [J]. Journal of Applied Psychology, 2003, 88(5):779 - 794.

[5] Schein, E. H. Organizational socialization and the professional management [J]. Industrial Management Review, 1968, 9(2):1 - 16.

[6] Chao, G. T., O'Leary-Kelly, A. M., Wolf, S., Klein, H. J., Gardner, P. D. Organizational Socialization-Its Content and Consequences [J]. Journal of Applied Psychology, 1994, 79(5):730 - 743.

[7] Van, M. J., Schein, E. H. Toward a theory of organizational socialization [A]. In B. M. Staw (Ed.), Research in Organizational Behavior [C]. Greenwich, CT: JAI Press. 1979, 1:209 - 264.

[8] Takeuchi, N., Takeuchi, T. A longitudinal investigation on the factors affecting newcomers' adjustment: evidence from Japanese organizations [J]. The International Journal of Human Resource Management, 2009, 20(4):928 - 952.

[9] Adkins, C. L. Previous work experience and organizational socialization: A longitudinal examination [J]. Academy of Management Journal, 1995, 38(3): 839 - 862.

[10] Morrison, E. W. Longitudinal study of the effects of information seeking on newcomer socialization [J]. Journal of Applied Psychology, 1993 a, 78(2):173 - 183.

[11] Taormina, R. J. Organizational socialization: the missing link between employee needs and organizational culture[J]. Journal of Managerial Psychology, 2009, 24(7): 650 - 676.

[12] Jones, G. R. Socialization tactics, self-efficacy and newcomers' adjustment to the organization [J]. Academy of Management Journal, 1986, 29(2):262 - 279.

[13] Ashforth, B. E., Saks, A. M. Socialization tactics: longitudinal effects on newcomer adjustment [J], Academy of Management Journal, 1996, 39(1):149 - 78.

[14] Kim, T., Cable, D. M., Sang-Pyo, K. Socialization tactics, employee proactivity, and person-organization fit [J]. Journal of Applied Psychology, 2005, 90(2):232 - 241.

[15] Bauer, T. N., Bodner, T., Erdogan, B., Truxillo, D. M., Tucker, J. S. Newcomer adjustment during organizational socialization: A meta-analytic review of antecedents, outcomes, and methods [J]. Journal of Applied Psychology, 2007, 92 (3):707 - 721.

[16] 王雁飞,朱瑜. 组织社会化理论及其研究述评[J]. 外国经济与管理,2006,28(5): 31 - 38.

[17] 王明辉,凌文辁. 员工组织社会化研究的概况[J]. 心理科学进展,2006,14(5):722 - 728.

[18] 杨岸,李燕萍. 组织社会化理论研究述评[J]. 经济管理,2007,29(21):91 - 96.

[19] 魏洁文. 组织社会化理论研究综述[J]. 商业时代,2008,05:44 - 46,50.

[20] Saks, A. M, Ashforth, B. E. Organizational socialization: Making sense of the past and present as a prologue for the future[J]. Journal of Vocational Behavior, 1997a,51 (2):234 - 279.

[21] Feldman, D. C, Brett, J. M. Coping with new jobs: A comparative study of new hires and job changers [J]. Academy of Management Journal, 1983, 26(2):258 - 272.

[22] Berlyne, D. E. Conflict, arousal and curiosity [M]. New York: McGraw-Hill, 1960.

[23] Feldman, D. C. The multiple socialization of organization members [J]. Academy of Management Review, 1981, 6(2):309 - 318.

[24] Fisher, C. D. Organizational socialization: An integrative review [A]. In K. M. Rowland and G. R. Ferris (Eds.), Research in personnel and human resources management [C]. Greenwich, CT: JAI Press. 1986, 4:101 - 145.

[25] Haueter, J. A., Macan, T. H., Winter, J. Measurement of Newcomer Socialization: Construct Validation of a Multidimensional Scale [J], Journal of Vocational Behavior, 2003, 63(1):20 - 39.

[26] Lester, R. E. Organizational culture, uncertainty reduction, and the socialization of new organizational members [A]. In S. Thomas (Ed.), Studies in communication (Vol. 3): Culture and communication: Methodology, behavior, artifacts, and institutions [C]. Norwood: Ablex. 1987:105 - 113.

[27] Simosi, M. The role of social socialization tactics in the relationship between socialization content and newcomers' affective commitment [J], Journal of Managerial Psychology, 2010,25(3):301 - 327.

[28] Bandura, A. Social learning theory [M]. Englewood Cliffs, NJ: Prentice-Hall. 1977.

[29] Bandura, A. The self system in reciprocal determinism [A]. American Psychologist, 1978, 33(4):344 - 358.

[30] Smith, L. G. E., Amiot, C. E., Callan, V. J., Terry, D. J., Smith, J. R. Getting new staff to stay: The mediating role of organizational identification [J]. British Journal of Management, 2010, 23(1):45 - 64.

[31] Louis, M. R. Surprise and sense making: What newcomers experience in entering unfamiliar organizational settings [J]. Administrative Science Quarterly, 1980, 25 (2):226 - 251.

[32] Scott, M. B., Lyman, S. M. Accounts[J]. American Sociological Review,1968, 33 (1):46 - 62.

[33] Ross, L. The intuitive psychologist and his shortcomings: Distortions in the attribution process[A]. In L. Berkowitz (eds.), Advances in Experimental Social Psychology[C]. 1977,10:173 - 220.

[34] De Vos, A., Freese, C. Sensemaking during organizational entry: Changes in newcomer information seeking and the relationship with psychological contract fulfilment[J]. Journal of Occupational and Organizational Psychology,2011,84(2): 288 - 314.

[35] Payne, S. C. , Culbertson, S. S. , Boswell, W. R. , Barger, E. J. Newcomer psychological contracts and employee socialization activities: Does perceived balance in obligations matter? [J] Journal of Vocational Behavior, 2008,73(3):465 – 472.

[36] Morrison, E. W. Newcomers' relationships: The role of social network ties during socialization[J]. Academy of Management Journal, 2002,45(6):1149 – 1160.

[37] Ostroff, C. , Kozlowski, S. W. J. Organizational socialization as a learning process: the role of information acquisition [J]. Personnel Psychology, 1992, 45(4):849 – 874.

[38] Saks, A. M. , Uggerslev, K. L. , Fassina, N. E. Socialization tactics and newcomer adjustment: A meta-analytic review and test of a model [J]. Journal of Vocational Behavior, 2007,70(3):413 – 446.

[39] Saks, A. M. , Gruman, J. A. Getting newcomers engaged: the role of socialization tactics [J]. Journal of Managerial Psychology, 2011,26 (5):383 – 402.

[40] Klein, H. J. , Weaver, N. A. The effectiveness of an organizational level orientation training program in the socialization of new hires [J]. Personnel Psychology, 2000, 53(1):47 – 66.

[41] Fan, J. Y. , Wanous, J. P. Organizational and cultural entry: A new type of orientation program for multiple boundary crossings [J]. Journal of Applied Psychology, 2008, 93(6):1390 – 1400.

[42] Chen, N. Y. , Tjosvold, D. , Huang, X. , Xu, D. New manager socialization and conflict management in China: Effects of relationship and open conflict values [J]. Journal of Applied Social Psychology, 2011a,41(2):332 – 356.

[43] Chen, N. Y. , Tjosvold, D. , Huang, X. , Xu, D. Newcomer socialization in China: effects of team values and goal interdependence [J]. The International Journal of Human Resource Management, 2011b,22(16):3317 – 3337.

[44] Chu, A. Z. , Chu, R. J. The intranet's role in newcomer socialization in the hotel industry in Taiwan-technology acceptance model analysis [J]. The International Journal of Human Resource Management, 2011,22(5):1163 – 1179.

[45] Ashford, S. J. , Taylor, S. M. Adaptation to work transitions: An integrative approach[A]. In G. R. Ferris and K. M. Rowland (Eds.), Research in personnel and human resource management[C]. Greenwich, CT: JAI Press. 1990,8:1 – 39.

[46] Bauer, T. N. , Green, S. G. Effect of newcomer involvement in work-related activities: A longitudinal study of socialization [J]. Journal of Applied Psychology, 1994, 79(2):211 – 223.

[47] Miller, V. D. , Jablin, F. M. Information seeking during organizational entry: Influences, tactics, and a model of the process [J]. Academy of Management Review, 1991, 16(1):92 – 120.

[48] Ashford, B. E. , Saks, A. M. Personal control in organization: A longitudinal investigation with newcomers [J]. Human Relations, 2000, 53(3):311 – 339.

[49] Morrison, E. W. Newcomer information seeking: Exploring types, modes, sources, and outcomes [J]. Academy of Management Journal, 1993b, 36(3):557 – 589.

[50] Wanberg, C. R. , Kammeyer-Mueller, J. D. Predictors and outcomes of proactivity in the

socialization process [J]. Journal of Applied Psychology, 2000, 85(3):373 - 385.

[51] Ashford, S. J., Black, J. S. Proactivity during organizational entry: The role of desire for control [J]. Journal of Applied Psychology, 1996, 81(2):199 - 214.

[52] Saks, A. M., Gruman, J. A., Cooper-Thomas, H. The neglected role of proactive behavior and outcomes in newcomer socialization [J]. Journal of Vocational Behavior, 2011, 79(1):36 - 46.

[53] Griffin, A. E. C., Colella, A., Goparaju, S. Newcomer and organizational socialization tactics: an interactionist perspective [J]. Human Resource Management Review, 2000, 10 (4):453 - 474.

[54] Kammeyer-Mueller, J. D., Livingston, B. A., Liao, H. Perceived similarity, proactive adjustment, and organizational socialization [J]. Journal of Vocational Behavior, 2011,78(2):225 - 236.

[55] Harrison, S. H., Sluss, D. M., Ashford, B. E. Curiosity adapted the cat: The role of trait curiosity in newcomer adaptation [J]. Journal of Applied Psychology, 2011, 96(1):211 - 220.

[56] Boswell, W. R., Shipp, A. J., Payne, S. C., Culbertson, S. S. Changes in newcomer job satisfaction over time: Examining the pattern of honeymoons and hangovers [J]. Journal of Applied Psychology, 2009, 94(4):844 - 858.

[57] Jokisaari, M., Nurmi, J. E. Change in newcomers' supervisor support and socialization outcomes after organizational entry [J]. Academy of Management Journal, 2009,52:527 - 544.

[58] Rink, F., Kane, A., Ellemers, N., Van der Vegt, G. S. Team receptivity to newcomers: Five decades of evidence and future research themes[J]. The Academy of Management Annals, 2013,7:1 - 47.

[59] Gruman, J. A., Saks, A. M. Socialization preferences and intentions: Does one size fit all? [J] Journal of Vocational Behavior, 2011, 79(2):419 - 427.

[60] Gruman, J. A., Saks, A. M., Zweig, D. I. Organizational socialization tactics and newcomer proactive behaviors: An integrative study [J]. Journal of Vocational Behavior, 2006, 69(1):90 - 104.

[61] Korte, R. F. How Newcomers Learn the Social Norms of an Organization: A Case Study of the Socialization of Newly Hired Engineers [J]. Human Resource Development International, 2009, 20(3):285 - 306.

[62] Korte, R. F. "First, get to know them": a relational view of organizational socialization [J]. Human Resource Development International, 2010, 13(1):27 - 43.

[63] Fang, R. L., Duffy, M. K., Shaw, J. D. The organizational socialization process: Review and development of a social capital model [J]. Journal of Management, 2011, 37(1):127 - 152.

[64] Li, N., Harris, T. B., Boswell, W. R., Xie, Z. T. The Role of Organizational Insiders' Developmental Feedback and Proactive Personality on Newcomers' performance: An Interactionist Perspective [J]. Journal of Applied Psychology,2011, 96(6):1317 - 1327.

[65] Hulin, C. L. Adaptation, persistence, and commitment in organizations[A], In Dunnette, M. D. , Hough, L. M. (Eds), Handbook of Industrial and Organizational Psychology, 2nd ed. [C], Consulting Psychologists Press, Palo Alto, CA. 1991,2: 445 - 505.

[66] Nicholson, N. A theory of work role transitions [J]. Administrative Science Quarterly, 1984, 29(2):172 - 191.

[67] Saks, A. M. , Ashforth, B. E. A longitudinal investigation of the relationships between job information sources, applicant perceptions of PO Fit, and work outcomes [J]. Personnel Psychology, 1997b,50(2):395 - 426.

[68] Hsiung, T. L. , Hsieh, A. T. Newcomer socialization: The role of job standardization [J]. Public personnel management, 2003,32(4):579 - 589.

[69] Judeh, M. Role ambiguity and role conflict as mediators of the relationship between socialization and organizational commitment [J]. International Business Research, 2011, 4(3):171 - 181.

[70] Sparks, J. R. , Hunt, S. D. Marketing Researchers' Ethical Sensitivity: Conceptualization, Measurement, and Exploratory Investigation [J], Journal of Marketing, 1998,62(2):92 - 109.

[71] Mcclaren, N. , Adam, S. , Vocino, A. Investigating socialization, work-related norms, and the ethical perceptions of marketing practitioner [J]. Journal of Business Ethics, 2010,96(1):95 - 115.

[72] Sluss, D. M. , Ployhart, R. E. , Cobb, M. G. , Ashforth, B. E. Generalizing newcomers' relational and organizational identifications: Processes and prototypicality. [J] Academy of Management Journal, 2012, 55(4):949 - 975.

[73] Nifadkar, S. , Tsui, A. S. , Ashforth, B. E. The way you make me feel and behave: Supervisor-triggered newcomer affect and approach-avoidance behavior. [J] Academy of Management Journal, 2012, 55(5):1146 - 1168.

[74] Cable, D. M. , Gino, F. , Staats, B. R. Breaking them in or eliciting their best? Reframing socialization around newcomers' authentic self-expression [J]. Administrative Science Quarterly, 2013,58 (1):1 - 36.

论文执行编辑:贾良定

论文接收日期:2013 年 4 月 29 日

A Literature Review of Newcomers Organizational Socialization Process: The Research Perspective, Antecedents and Consequences

Jane Yan Jiang   Xiao Zhang   Lihong Sui

Abstract: As a special group of employees in organization, newcomers have their special psychological process during the adaptation period. The newcomer socialization process has important impacts on whether an organization can acquire effective members, maintain good cultures, and activate newcomers' innovation ability. Most prior studies focus on the general socialization process. While some scholars have paid attention on newcomers' socialization, few researchers explain how newcomers adapt to the new environment through psychological and behavioral adjustment. The current paper reviews recent papers on newcomer socialization, and summarizes the main perspectives used in this area, as well as the antecedents, and consequence of newcomer socialization. The paper discusses on the gaps in current literature, and proposes the potential research questions in the future study.

Key Words: Newcomer   Organizational socialization   Socialization tactics

JEL Classification: M12

系统指派与顾客选择:基于 M/G/k 排队系统最大覆盖选址模型[①]

朱华桂[*]

【摘要】 基于 M/G/k 排队系统和不同的需求分派方式,建立了有等待时间约束、系统指派和顾客选择两种方式下的最大覆盖选址模型。对于系统指派模型,设计了求解问题的快速启发式算法,同 Lingo 精确解相比,结果表明该算法可以在较短的时间内求得满意解,因此可以为其他算法生成有效的初始解或提供最优解的下界。同时,对比分析了两种指派方式所造成的选址差异:系统指派规则具有较高的效率,但是对部分顾客可能存在分派不合理的现象,而顾客选择模型则恰好相反。

【关键词】 M/G/k 排队系统 MCLP 等待时间约束 系统指派 顾客选择

【JEL 分类】 F287

一 引 言

由于需求和服务的随机性,顾客在服务设施点排队成为一种十分常见的现象。无论是从服务提供者还是顾客的角度,双方都希望能够减少排队等候

① 基金项目:国家自然科学基金项目(71273127);教育部人文社科规划项目(11YJA630222)

* 朱华桂,博士,男,1965 年生,南京大学工程管理学院,教授,Email:zhg@nju. edu. cn,研究方向为应急管理。

的现象:顾客排队降低了服务质量,消耗了顾客的时间和精力,减少了服务提供者的收益。因此当排队不可避免时,尽量减少顾客排队等候的时间具有重要的意义。对于某些系统而言,不允许排队可能导致顾客的损失率非常高,从成本和效益的角度来看,可能并不是最优的选择。相反,允许顾客排队等候,但是对其等候的时间做出必要的限制,这样既可以增加设施点服务的顾客数量,也不会严重降低服务的质量。

考虑到如何将需求分派到各个不同的服务设施点时,有可能是计划制定机构来决定分派的规则,比如消防救护和警察出警。此类系统一般是在顾客请求服务时,当前空闲的服务单位被指派到顾客所在的位置对其进行服务。因此,服务设施一般是可以移动的。然而,对于诸如学校、医院、加油站等服务设施点,在这种情况下顾客可能拥有相关的权力来决定服务设施点的选择。对于这种服务设施点不可移动、顾客需要移动到服务设施点接受服务的系统,顾客选择最近的服务设施点显然也是十分普遍、合理的现象。

当设施点存在服务容量限制时,如果在某一时刻有多个需求点请求服务,即使需求点位于设施点的服务半径内,那么部分需求也将无法得到服务,这在应急服务条件下可能会产生巨大的损失。针对需求量巨大以及需求的随机特性导致服务无法获得这一情形,理论上主要提出了两种方法来解决这一问题。

Hogan 和 ReVelle[1]首先提出了备用覆盖(Backup Coverage)的概念,用于解决需求量较大和需求随机时,应急服务设施在同一时刻只能服务一个需求点的情况:分别建立了集合覆盖和最大覆盖两种类型的备用覆盖模型,并分析了第一覆盖和备用覆盖之间所面临的权衡关系。考虑到应急服务需求的紧急性和需求量相对较大等特点,Pirkul 和 Schilling[2]建立了有备用覆盖和容量约束的最大覆盖选址模型。Narasimhan 等[3]进一步扩展了 Pirkul 和 Schilling 的模型,建立了有容量约束、不同水平备用覆盖的应急服务选址模型。备用覆盖模型的提出,在一定程度上弥补了定位于设施点服务半径内的所有需求都能够被服务这一假设条件。

另一种方法则从概率的角度来处理服务设施因繁忙而导致服务的不可获得性。Daskin[4]通过假定各个设施点的服务设施繁忙与否是相互独立的并且相等,提出了最大期望覆盖选址模型;由此,可以通过二项分布来计算需求能够得到服务的概率,进而求得最大期望覆盖需求量,最终建立了相应的整数规划模型。ReVelle 和 Hogan[5]从机会约束的角度建立了有服务水平保障的可靠性最大覆盖模型,只有当需求点能够得到服务的概率不小于给定的服务水平 α 时,此部分需求才认为被覆盖。在 ReVelle 和 Hogan 的模型中,他们根据不同位置设施点周围的需求量来估计服务设施的繁忙率,因此该方法比 Daskin 假定系统范围内所有的服务设施具有相等的繁忙率更精确。但是,他们的模型在求解过程中也存在一定的问题:不同区域的服务设施繁忙率只有在设施点的位置和服务设施的数量确定的情况下才能够准确计算,因此在计算过程中需要选择初始的位置和服务设施数量来事先确定服务繁忙率,进而求解模型;如果事先假定的位置和服务设施数量与模型求解结果不一致时,就有可能存在解不稳定的情况。ReVelle 和 Hogan[6]分别使用系统范围和区域水平的服务设施繁忙率,建立了最大可获得性选址的 0−1 整数规划模型,最大化可以得到服务水平保障的需求量,计算结果表明:使用区域水平的服务设施繁忙率使得设施点分布更加分散。

无论是从系统水平还是区域水平来计算服务设施的繁忙率,上述文献都必须假定服务器设施忙与否是相互独立的,在现实中这一假设过于严格。通过排队论模型来处理需求和服务的不确定性则克服了上述缺陷。Marianov 和 ReVelle[7]应用排队论知识建立了应急服务车辆的排队最大可获得性选址模型(Q-MALP),放宽了服务设施繁忙与否相互独立之一假定,同时考虑了车辆通过网络弧的时间为随机变量的情形。Berman 和 Drezner[8]建立了多个服务设施中心的选址模型,需求和服务时间都是随机变量,最小化所有顾客在道路上的通过时间和在服务设施的等待时间之和。Aboolian 等[9]建立了与 Berman 和 Drezner 类似的多服务设施中心选址模型,但是他们的目标函数是最小化最大顾客在道路上的通过时间和在服务器的等待时间之和,同时在需求分派方式上,由顾客选择最近的服务设施点。Drezner[10]根据需求分派的不同方式,分别考察了顾客根据到达设施点的时间最小以及到达设施点的时间和等待服务的时间两者之和最小这两种方式下的多服务设施选址模型。Moghadas 和 Kakhki[11]建立了基于 M/M/k 排队系统的最大覆盖选址模型,他们同时考虑了一系列的约束条件:设施点数量以及各个设施点允许建立的最大服务设施数量有限制,在各个设施点等待服务的等待时间有上限约束,设施点和服务设施的建造成本有限制。在他们的模型中,需求的分派方式由系统决定。

本文建立的模型同 Moghadas 和 Kakhki 有一定相似之处,但是存在以下重要区别:① 服务时间服从一般分布,因此属于 M/G/k 排队系统;② 在需求分派方式上,分别考虑系统指派和顾客最近选择两种不同的方式;③ 不考虑成本因素。除了模型上的差异,本文重点设计了求解问题的启发式算法,并分析了不同指派规则的差异。由于在排队模型中,提供服务的设施点一般被称为服务器,因此,在不致混淆的情况下,下文将不再区分服务设施点和服务器。

二　模型建立

对于给定位于平面上的网络 $G=(N,L)$,N 为顶点集合,L 为弧集合,假定:

① 客户需求位于网络节点上，并且服从泊松分布；

② 服务器处理单位需求的时间服从一般分布，但均值和方差已知；

③ 可建立的潜在设施点位于网络的节点上；

④ 单个设施点允许安排的最多服务设施以及总的服务设施数量有限制。

符号及参数如下：

p：允许建立的最大设施点数量；

λ_i：需求点 i 处的需求速率，$i \in V$；

γ_j：建立的设施点 j 处的服务需求速率，$j \in W$；

m_s：服务设施处理单位需求的平均时间；

σ_s：服务设施处理单位需求所需时间的标准差；

T_j：允许在设施点 j 处等待服务的最大时间；

p_j：设施点 j 处允许安排的最大服务设施数量；

$N_i = \{j \mid d_{ij} \leqslant r\}$：能够对需求点 i 提供服务的设施点集合；

$M_j = \{i \mid d_{ij} \leqslant r\}$：在设施点 j 覆盖半径内的需求点集合；

决策变量：

$$x_{ij} = \begin{cases} 1, & \text{需求点 } i \text{ 被分派到设施点 } j \\ 0, & \text{其他} \end{cases}$$

$$y_{jk} = \begin{cases} 1, & \text{设施点 } j \text{ 至少安排 } k \text{ 台服务设施} \\ 0, & \text{其他} \end{cases}$$

记设施点 j 处安排的服务设施数量为 X_j，则由以上定义：

$$X_j = \sum_{k=1}^{p_j} y_{jk} \tag{1}$$

对于已经建立的设施点 j，它面临的服务需求速率 γ_j 可以表示为：

$$\gamma_j = \sum_{i \in M_j} \lambda_i x_{ij} \tag{2}$$

由于服务设施处理单位需求所需要的平均时间为 m_s，因此单个服务设施单位时间的服务速率 $\mu = 1/m_s$。同时设施点 j 处的服务设施数量为 X_j，所以设施点 j 构成了 $M/G/X_j$ 排队系统，其中该系统的需求速率为 γ_j，单个服务设施的服务速率为 μ，服务设施数量为 X_j。当服务器的使用率较高时（即 $\rho = \gamma_j/(\mu X_j) \to 1$），根据 $Gross$ 等[12]、$Boffey$ 等[13] 给出的估计公式，在队列中排队等待的平均时间 W_q 可以通过如下公式进行计算：

$$W_q(M/G/X_j) \approx \frac{(1+C_s^2)}{2} W_q(M/M/X_j) \tag{3}$$

其中，$C_s^2 = (\sigma_s/m_s)^2$ 为服务时间分布的离散系数平方（Squared Coefficient of Variation，SCV），$W_q(M/M/X_j)$ 可以通过标准的排队论公式获得。但是，由于服务设施数量较大时，标准排队论公式中的阶乘项使得精确求解等待时间不可行。所以当服务设施使用率较大时，$W_q(M/M/X_j)$ 可以通过 Pasternack & Drezner[14] 提出的方法进行近似计算。对于给定的 λ, μ, k，

令 $\alpha = \lambda/\mu, V(1) = 1/\alpha, V(k+1) = \dfrac{k+1}{\alpha}(V(k)+1)$，则：

$$L_q(k) = \frac{k\alpha}{(k-\alpha)^2[V(k)+k/(k-\alpha)]} \tag{4}$$

由 Little 公式：$W_q = L_q/\lambda$，即可求解 W_q，最后由式（3）计算 $W_q(M/G/X_j)$。以上计算方法也被 Berman 和 Drezner[8]，Aboolian 等[9]，Moghadas 和 Kakhki[11] 等所使用。

根据上述定义，由此可以得到基于 M/G/s 排队系统和系统分派规则的最大覆盖模型，记为 QMCLP-SA：

$$\max \sum_{i \in V} \sum_{j \in N_i} \lambda_i x_{ij} \tag{5}$$

$$\text{s. t.} \qquad \sum_{j \in W} \sum_{k=1}^{p_j} y_{jk} \leqslant p \tag{6}$$

$$y_{jk} \leqslant y_{j(k-1)}, \qquad \forall j \in W, k=2,\cdots,p_j \tag{7}$$

$$x_{ij} \leqslant y_{j1}, \qquad\qquad \forall i \in V, j \in N_i \tag{8}$$

$$\sum_{j \in N_i} x_{ij} \leqslant 1, \qquad\qquad \forall i \in V \tag{9}$$

$$\sum_{j \notin N_i} x_{ij} = 0, \qquad\qquad \forall i \in V \tag{10}$$

$$W_q(\gamma_j, \mu, X_j) \leqslant T_j, \qquad\qquad \forall j \in W \tag{11}$$

$$x_{ij} = \{0,1\}, \qquad\qquad \forall i \in V, j \in W \tag{12}$$

$$y_{jk} = \{0,1\}, \qquad\qquad \forall j \in W, k=1,\cdots,p_j \tag{13}$$

式（6）是总的服务设施数量限制；式（7）表明只有在设施点至少安排了 q 台服务设施的情况下，才有可能至少安排 $q+1$ 台服务设施；式（8）表明只有在设施点至少分派了 1 台服务设施时，才能够向该设施点分派需求量；式（9）限制需求最多只能分派到一个设施点；式（10）规定需求点只能分派到服务半径以内的服务设施点；式（11）是等待时间约束；式（12）～（13）是决策变量取值约束。

QMCLP-SA 模型的需求分派是由系统决定的，因此部分需求点可能并未被指派到其最近的已经建立的服务设施点。当顾客具有选择服务设施点的权力时，假定顾客选择离其最近的服务设施点是合理的。因此，下面给出限制需求点分派到其最近的服务设施点的约束条件。记 $\Delta = \max\{d_{ij}, \forall i \in V, j \in W\}$，则约束式（14）可以限制需求点被分派到最近的服务设施点：

$$\sum_{k \in N_i} x_{ik} d_{ik} \leqslant (d_{ij} - \Delta) y_{j1} + \Delta, \forall i \in V, j \in N_i \qquad (14)$$

当 y_{j1} 取 0 时,再由式(9),显然式(14)成立;当 y_{j1} 取 1 时,需求点只有被分派到其附近已经建立的最近设施点时,式(14)才能够成立。因此,式(14)保证了需求点的最近距离分派原则。当把上式约束加入 QMCLP-SA 模型时,可以得到顾客最近选择条件下的 M/G/s 排队最大覆盖选址模型,记为 QMCLP-NS:

$$\max \sum_{i \in V} \sum_{j \in N_i} \lambda_i x_{ij} \qquad (15)$$

s. t. $\qquad\qquad (6)—(14)$

上述系统指派模型 QMCLP-SA 和顾客最近选择模型 QMCLP-NS 的差别体现在约束条件式(14)。下面将通过对等待时间约束式(11)进行展开,得到原问题的 0−1 整数线性规划问题,然后根据问题特征设计求解 QMCLP-SA 模型的两阶段算法。

三　算法设计与求解

1. 算法设计

因为 $W_q(\lambda, \mu, s)$ 是 λ 的单调递增函数,所以当单个服务设施的服务速率为 μ,服务设施数量为 s 时,总存在唯一非负的 $\lambda\mathrm{Max}_{\mu s}$ 使得 $W_q(\lambda\mathrm{Max}_{\mu s}, \mu, s)$ $= T_j$。令 $\Delta\lambda_{\mu s} - \lambda\mathrm{Max}_{\mu s} - \lambda\mathrm{Max}_{\mu(s-1)}$,且 $\lambda\mathrm{Max}_{\mu 0} = 0$,则约束(11)式等价于:

$$\gamma_j \leqslant \sum_{s=1}^{p_j} \Delta\lambda_{\mu s} y_{js}, \forall j \in W \qquad (16)$$

其中,$\Delta\lambda_{\mu s}$ 表示在服务设施的服务速率为 μ 时,在保证等待时间约束可行的条件下,第 s 个服务设施对需求速率的贡献量。由此,上述模型转化为 0−1 整数线性规划问题。

对于系统指派规则,下面设计求解问题的两阶段算法,符号记法如下:

K:当前迭代选择的服务设施数量;

NS:当前可使用的服务设施数量;

$MAXS$:单个设施点允许安排的最大服务设施数量;

$QMAX[s]$:设施点分派 s 台服务设施时,在保证等待时间约束可行的条件下允许分派的最大需求量;

Phase 1:

Step 1：如果当前可供使用的服务设施数量 NS 为 0，或者所有的需求点已经被覆盖，算法停止；否则，计算每个未被建立的候选设施点覆盖半径内未被分派的需求量，按照需求量的大小降序排序；

Step 2：令 $K=\min(NS,MAXS)$，如果 $QMAX[K]$ 大于所有未被建立的设施点中需求覆盖量最大者，选择覆盖量最大的设施点 SF，转 Step 3；否则，选择设施点中覆盖量大于 $QMAX[K]$ 的最小者，记选中的设施点为 SF；

Step 3：如果 $K=1$，令 $n=1$ 转 Step 4；否则，在所有 $\{n\in Z^+\mid 2\leqslant n\leqslant K\}$ 中，选择最大的 n 使得 $QMAX[n]$ 不超过设施点 SF 的最大需求覆盖量；

Step 4：对于选中的设施点 SF，将其允许的最大需求量 $QMAX[n]$ 作为背包容量，其覆盖半径内所有未被分派的需求点当作物品，精确求解 0—1 背包问题[15]；

Step 5：将背包问题选中的物品所对应的需求点分派到设施点 SF，并分派 n 台服务器到该设施点，其需求覆盖量为背包问题的最优值，令 $NS=NS-n$，返回 Step 1。

Phase 2：

Step 1：对于第一阶段生成的解，如果所有需求点都已经被覆盖，算法结束；否则，将需求点按照覆盖它的设施点的服务设施数量升序排序（未被覆盖的需求点，服务设施数量为 0），选择服务设施数量不超过 1 的那些需求点，记为集合 D；

Step 2：对于所有的候选设施点，按照它能覆盖集合 D 中需求点的个数降序排序，取其最大者且不同于阶段 1 第一次选中的设施点，如果有 2 个以上的最大者，取其中覆盖量最大者；

Step 3：对上一步选中的设施点分派能够覆盖其所有需求的最少数量的服务设施 n，标记该设施点已经建立，同时标记其覆盖半径内的所有需求已经被指派，更新可供使用的服务设施数量；

Step 4：对于所有未被上一步骤产生的设施点和阶段 1 的第一个设施点已经覆盖的所有需求点，在剩余的候选设施点中选择能够覆盖这些需求量的最大者，记该设施点为 SF，按照阶段 1 的 Step3 和 Step4 的规则分派服务设施数量和需求；

Step 5：对于除 Step3 和 Step4 产生的设施点和它们已经覆盖的需求点，用剩下的服务设施数量调用阶段 1 的算法求解余下的问题。

在 Phase 1 中，启发式算法的设计是基于贪婪算法的，其依据是排队论系统中集中服务具有较高的服务效率，而精确求解 0—1 背包问题则使用 Pisinger[15]提出的算法。由于上述算法容易实现，执行速度较快，为了得到较优的解，在实际计算过程中分别设置不同水平的 $MAXS$ 值运行程序，取其中最优者。

2. 模型求解与比较

测试数据选择 Lorena[16] 在 Queueing Maximal Covering Location-Allocation Problem 问题中给出的数据,考虑到 Lingo 程序求解时间,只选择 3 组数据中的前 2 组($N=30,324$)。在上述测试数据中,分别给出了需求点个数 N、需求点的 $x-y$ 坐标、覆盖半径 r 以及需求点的需求速率 λ_i。其他参数如下:服务器数量 $p=N$;单个服务设施的服务速率 $\mu=\lceil \theta\Lambda/p \rceil$,其中 $\Lambda = \sum_{i\in V}\lambda_i$,$\theta$ 分别取 1.00,1.05 和 1.15(当所有需求完全被覆盖时,对应的系统利用率大约为 100%,95% 和 85%),最大等待时间约束 T 取 $5/\mu$ 个单位时间,C_s^2 取 1。除了基本的覆盖半径 r 以外,同时考虑小覆盖半径 r_s 和大覆盖半径 r_b,其中,$r_s=r-0.05\bar{d}$,$r_b=r+0.05\bar{d}$,$\bar{d}$ 为所有需求点之间的平均距离。

上述算法用 C 语言编写,并通过 Microsoft Visual Studio 2010 编译执行(优化选择 O2),模型 QMCLP-SA 通过 Lingo 11.0 编程求解,并在个人电脑 Lenovo-R400 上运行(内存 2G,CPU 2.40Ghz)。在实际计算过程中,为了生成不同的初始解,分别取 $MAXS\in[N/3,N]$ 之间的整数,因此需运行上述算法 $2N/3+1$ 次,然后取其中较优解,作为一次计算过程。

表 1 中加"*"部分为 Lingo 程序运行 2h 以上得出的可行解,同时给出了程序终止时问题的上界;CPU time 列中的 C 列为上述算法运行 $2N/3+1$ 次的总时间,然后运行计算过程 3 次取其平均值。

表 1　结果比较

需求点数量 N	参数 θ	覆盖半径 r	本文算法解		Lingo 精确解		误差(%)	上界	CPU time/s	
			选址数量	最优值	选址数量	最优值			C	Lingo
30	1.00	1.41	3	5 320	3	5 330	0.19	—	0.68	2 058
		1.50	3	5 330	3	5 330	—	5 350	0.69	>2 h
		1.59	3	5 330	3	5 330	0.00	—	0.69	1 895
	1.05	1.41	4	5 410	5	5 470	1.10	—	0.62	1 274
		1.50	4	5 470	5	5 470	0.00	—	0.67	2 076
		1.59	4	5 410	4	5 470	1.10	—	0.63	438
	1.15	1.41	5	5 470	7	5 470	0.00	—	0.59	1
		1.50	5	5 470	7	5 470	0.00	—	0.61	1
		1.59	5	5 470	7	5 470	0.00	—	0.57	1

需求点数量 N	参数 θ	覆盖半径 r	本文算法解		Lingo 精确解		误差 (%)	上界	CPU time/s	
			选址数量	最优值	选址数量	最优值			C	Lingo
324	1.00	189.72	47	190 336	65	194 950*	—	211 469	98.15	>2 h
		250.00	30	198 498	49	198 361*	—	213 063	61.30	>2 h
		310.28	23	206 238	27	209 403*	—	213 401	49.23	>2 h
	1.05	189.72	52	197 008	133	161 111*	—	215 737	106.68	>2 h
		250.00	39	206 595	108	187 071*	—	215 737	74.79	>2 h
		310.28	30	212 464	69	208 183*	—	215 737	53.10	>2 h
	1.15	189.72	69	210 908	159	172 785*	—	215 737	105.83	>2 h
		250.00	51	215 737	99	211 287*	—	215 737	71.12	>2 h
		310.28	37	215 737	91	214 956*	—	215 737	52.84	>2 h

说明：(1) 加 * 号部分为 Lingo 运行 2 小时以上得出的可行解；(2) C 列不包括数据的读取时间。

通过表 1 可以发现：在 $N=30$ 时，上述算法同精确解的最大误差为 1.1%，并且有几组可以成功求得最优解；当参数 θ 越大（对应的系统利用率越小），选址数量也越多，并且 Lingo 精确解建立的设施点相对较多。在 $N=324$ 时，即使运行 2 h 以上，Lingo 也无法求得任何一组的精确解，同 Lingo 给出的可行解相比，本文算法总体来说相对较优，同时在选址数量上明显少于前者。在求解时间上，本文算法具有明显的优势，因此本文算法可以配合其他算法使用以在短时间内得出较优的可行解，或者提供求解问题的合理下界。

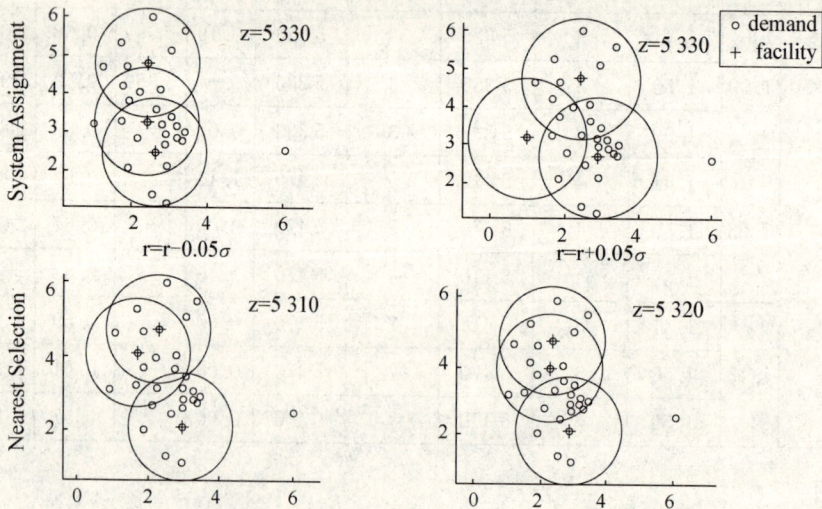

图 1　不同指派规则和覆盖半径下的选址结果（$\theta=1.0$）

为了分析不同指派规则对最优解的影响,图 1 给出了在 $N=30, \theta=1.0$ 时,QMCLP-SA 和 QMCLP-NS 两个模型在不同覆盖半径下所得到的最优解。其中,上面两幅图为系统指派规则下得到的结果,下面两幅图为顾客最近选择条件下的选址结果;左侧两幅图为小覆盖半径 r_s,右侧两幅图为大覆盖半径 r_b。图 2 为 $N=30, \theta=1.05$ 时所得到的对应结果。在两幅图中,不同颜色的圆点代表其被对应颜色的设施点所覆盖,灰色圆点是未被任何设施点所覆盖的需求点,较大的虚线圆为对应颜色设施点的覆盖半径。在求解过程中,如果存在多组最优解,选择其中建立的服务设施点最少的一个。

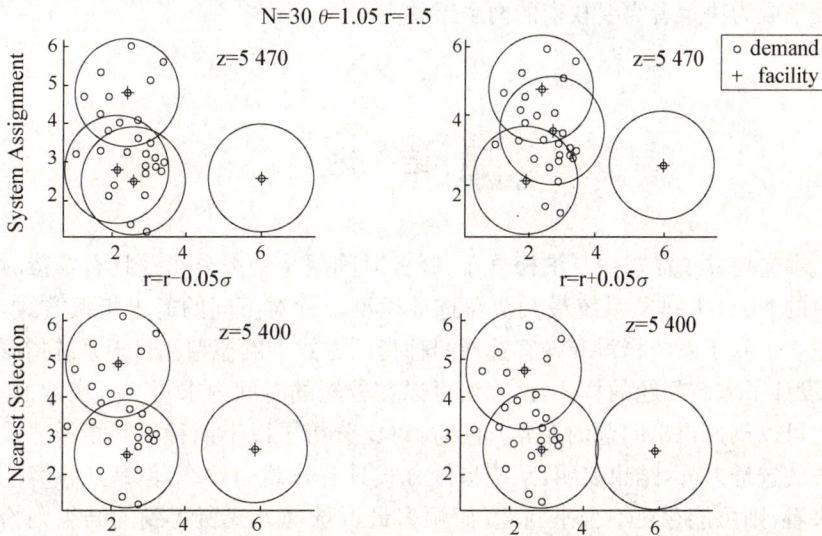

图 2 不同指派规则和覆盖半径下的选址结果($\theta=1.05$)

通过观察最优目标函数值可以发现:在同样的条件下,系统指派规则要比顾客最近选择所得到的目标函数值更大;同时,顾客最近选择条件下所得到的选址数量要比系统指派规则所得到的选址数量要少一些。具体而言,在 $\theta=1.0$ 时,图 1 中的上两幅图(系统指派)所得到的目标函数值都达到 5 330,此时覆盖半径的不同并没有对目标函数值产生显著影响;而在下两幅图中(顾客最近选择),目标函数都要小于上面的结果,分别为 5 310 和 5 320,并且较小覆盖半径下的结果要小于较大覆盖半径所得到的结果。在图 2 中,可以发现类似的结果:系统指派条件下所得到的目标函数值要优于顾客最近选择所得到的结果,并且在左侧和右侧的两幅图中,覆盖半径对结果的影响不明显。

对比图 1 和图 2,两者的差异只有 θ 的取值不同。θ 取值越大,单个服务器的服务能力越强,从理论上来看,较大的取值所得到的目标函数也应该更大。图中所得到结果确实表明:较大的 θ 确实使得目标函数覆盖量得到了提升,并且在图 2 的上两幅图中,所有的需求点都已经被覆盖。在图 2,为了覆盖分布较为孤立的右下角的单个需求点,新的服务设施点被建立在该需求点所在的位置,而且只覆盖了唯一的需求点。在选址数量上,系统指派规则倾向于建立更多的服务设施点。

总体而言,系统指派规则所得到的目标函数覆盖量更大,建立的服务设施点数量也更多。顾客最近选择所得到的结果,在需求点分布上表现出较好的聚类特点,所有的需求点都被其最近的服务设施点所服务。对于系统指派则不然,部分需求点被分派到距离其较远的服务设施点。因此,从顾客的角度来看,这种分派方式可能并不合理。因此,从效率方面来看,系统指派的效率较高;而从公平的角度来看,顾客最近选择则较好地体现了公平性。在此,公平和效率成为决策者需要权衡的两个矛盾方面。

四　结　论

本文建立了需求服从泊松分布、服务时间服从一般分布并且有等待时间约束的 M/G/k 排队系统最大覆盖选址模型。针对不同的需求指派方式,分别建立了基于系统指派和顾客选择两种指派方式下的模型。对于系统指派方式,设计了求解问题的算法,该算法可以在较短的时间内求得令人满意的解,因此可以迅速得出问题的下界。同时,对比分析了以上两种不同指派方式所造成的选址差异,结果表明:系统指派方式具有较高的效率,但是从顾客的角度来看,则可能存在不公平问题;而顾客最近选择方式所得到的结果则恰好相反。

参考文献

[1] Hogan K, ReVelle C. Concept and application of backup coverage[J]. Management Science, 1986, 32(11):1434-1444.

[2] Pirkul H, Schilling D A. The capacitated maximal covering location problem with backup service[J]. Annals of Operations Research, 1989, 18:141-154.

[3] Narasimhan S, Pirkul H, Schilling D A. Capacitated emergency facility siting with multiple levels of backup[J]. Annals of Operations Research, 1992, 40:323-337.

[4] Daskin M S. A maximum expected covering location model: formulation, properties and heuristic solution[J]. Transportation Science, 1983, 17(1):48-70.

[5] ReVelle C, Hogan K. A reliability-constrained siting model with local estimates of busy fractions[J]. Environment and Planning B: Planning and Design, 1988, 15:143-152.

[6] ReVelle C, Hogan K. The maximum availability location problem[J]. Transportion Science, 1989, 23(3):192-200.

[7] Marianov V, ReVelle C. The queuing maximal availability location problem: a model

for the siting of emergency vehicles[J]. European Journal of Operational Research, 1996, 93:110 - 120.

[8] Berman O, Drezner Z. The multiple server location problem[J]. Journal of Operational Research Society, 2007, 58:91 - 99.

[9] Aboolian R, Berman O, Drezner Z. The multiple server center location problem[J]. Annals of Operations Research, 2009, 167:337 - 352.

[10] Drezner T, Drezner Z. The gravity multiple server location problem[J]. Computers & Operations Research, 2011, 38: 694 - 701.

[11] Moghadas M F, Kakhki H T. Maximal covering location-allocation problem with M/M/k queuing system and side constraints[J]. Iranian Journal of Operations Research, 2011, 2(2): 1 - 16.

[12] Donald Gross et al. Fundamentals of queueing theory, 4th edition[M]. John Wiley & Sons, 2008, 243 - 245.

[13] Boffey B, Galvao R, Espejo L. A review of congestion models in the location of facilities with immobile servers[J]. European Journal of Operational Research, 2007, 178: 643 - 662.

[14] Pasternack B A, Drezner Z. A note on calculating steady state results for an M/M/k queuing system when the ratio of the arrival rate to the service rate is large[J]. Journal of Applied Mathematics & Decision Sciences, 1998, 2(2): 201 - 203.

[15] Pisinger D. A minimal algorithm for the 0-1 knapsack problem[J]. Operations Research, 1997, 46(5): 758 - 767.

[16] Lorena L A N. Problem instances[EB/OL]. http://www. lac. inpe. br/~lorena/instancias. html, 2012 - 8.

论文执行编辑:徐小林
论文接收日期:2013 年 9 月 11 日

M/G/k queueing system based maximal covering location model: system assignment and customer selection

Huagui Zhu

Abstract: Based on the M/G/k queueing system and different assignment rules of demand, the system assignment and customer selection type maximal covering location models with waiting time constraint has been built. A fast heuristic algorithm has been devised for the system assignment model. Compared with Lingo exact solution, the heuristic algorithm can find a satisfactory solution in shorter time, so it can be used to get an effective initial solution for other algorithms or provides a low bound of the problem. Meanwhile, the location differences of the two assignment rules are analyzed. It shows that the system assignment policy is more efficient, whereas unfairness may exist for some customers and the reverse result can be got for the customer nearest selection rule.

Key words: M/G/k queueing system; MCLP; waiting time constraint; system assignment; custom selection

JEL Classification: F287

高学历多经验的 CFO 能提升会计信息质量吗？

——基于我国 A 股上市公司财务重述视角

熊焰韧　黄志忠　王文秀*

【摘要】　本文以 2005—2010 年我国 A 股上市公司为样本,从财务重述角度探讨了 CFO 的受教育程度、任职期限对公司会计信息质量的影响。实证结果表明,CFO 受教育程度(学历)与会计信息质量之间存在显著的正相关关系;CFO 的任职期限与会计信息质量正相关但不显著,即对减少故意性的重述没有显著帮助,因此要重视在教育中提高学员的职业道德和职业素养。

　　本文从 CFO 角度出发,肯定了 CFO 背景特征对会计信息质量产生的影响,不仅将为上市公司评聘 CFO 提供政策建议,还将为会计教育的未来发展方向提供参考,并为探索提高上市公司会计信息质量的有效途径做出贡献。

【关键词】　CFO　背景特征　财务重述　会计信息质量

一　引　言

随着我国资本市场的不断发展完善,上市公司会计信息受到实务界和理

* 熊焰韧,江苏太仓人,管理学博士,南京大学商学院会计学系副教授,研究方向为公司治理与企业内部控制系统、管理会计理论与实践发展,Email:x. yr@163.com;黄志忠,管理学博士,南京大学商学院会计学系副教授,研究方向为财务和会计,Email:accchuang@163.com;王文秀,南京大学会计学硕士研究生。作者衷心感谢匿名评审和执行编辑的修改意见。

论界的高度关注。为投资者提供反映一个企业经济真实的"高质量"(high-quality)信息,是会计的基本要求(葛家澍,2011)。

毋庸置疑,首席财务官(CFO)在会计信息的生成过程中有着不可推卸的责任。尤其是 2002 年美国《萨班斯-奥克斯利法案》(SOX 法案)的颁布,要求公司 CEO 与 CFO 在公司所有定期报告上签署书面证明,将 CFO 对公司财务信息的责任提高到了与 CEO 同等的高度(Geiger & North, 2006)。我国 2005 年修订的《证券法》,要求上市公司董事长、经理、财务负责人应对公司财务报告的真实性、准确性、完整性、及时性、公平性承担主要责任。我国 2008 年颁布的《企业内部控制基本规范》及配套指引,同样强调了 CFO 在企业财务相关内部控制方面的责任。可见,在公司治理机制中,CFO 作为公司股东的代理人,是一个穿插在金融市场和价值管理之间的不可或缺的角色(杜胜利,2004),对会计信息质量的内部监控起到重要的作用。尤其是国内外会计造假事件的频繁发生,使得 CFO 与会计信息质量的研究具有重要的理论和实践意义。

同时我们注意到,学历、经验等因素在上市公司 CFO 评聘中日趋重要,那么高学历、多经验的 CFO 是否能够提升会计信息质量呢? 国内外有关会计信息质量的研究主要集中在 CEO 的变更、CEO 特征变量、治理结构等方面,而从 CFO 角度进行的研究比较少。另外,现有文献对于 CFO 的研究理论研究较多,实证研究较少。其次,从 CFO 角度进行的实证研究更多的是集中在 CFO 变更、CFO 薪酬等与公司绩效、公司盈余质量等方面上,而 CFO 特征变量与会计信息质量相关性的实证研究较为欠缺,且业界、学界人士众说纷纭、各持己见。本文期望通过对 CFO 特征变量与会计信息质量之间的相关性进行讨论分析,以提供经验研究的证据。

研究 CFO 对会计信息的影响,就必然要设法度量会计信息质量,这在客观上存在一定困难。目前文献会计信息质量度量的方法大多模仿西方文献,然而中国作为新兴国家,与西方国家制度环境等方面相去甚远,其效果亦可想而知。

众所周知,获得标准审计意见的财务报告未必没有瑕疵,但重述的财务报告必定是存在瑕疵的,这是一个不争的事实。因此,本文尝试将财务报告的重述作为衡量会计信息质量的替代变量,研究 CFO 特征对会计信息质量的影响。

本文不仅将为上市公司评聘 CFO 提供政策建议,还将为会计教育的未来发展方向提供参考,并为探索提高上市公司会计信息质量的有效途径做出贡献。

1. 文献回顾

(1) CFO 与会计信息质量

近年来,CFO 这一角色越来越受到资本市场的重视,Mian(2001)发现 CFO 变更引起公司股票价格下跌,市场往往把 CFO 更替作为公司业绩下滑的征兆。在西方围绕 CFO 特征与会计信息质量的研究不断推进,Aier 等 (2005)研究了 CFO 特征与会计差错之间的关系,发现 CFO 的专业能力越强 (如 CPA、MBA),发生盈余类重述的可能性越小。Geiger 和 North(2006)的研究发现新 CFO 上任后公司的可操纵性应计利润下降,这一现象在外部选聘的 CFO 身上体现得尤为突出。Li、Sun 和 Ettredge(2010)研究发现,2004 年 SOX404 条款实施未达标的公司 CFO 的个人能力和素质低于达标公司的 CFO。Barua 等(2010)研究了 CFO 性别与应计质量的关联,发现女性担任 CFO 的公司会计信息质量更高。Ge、Matsumoto 和 Zhang(2011)研究 CFO 个人特质对公司会计政策选择的影响,发现 CFO 的个人认知对公司会计政策选择有显著影响。当然,一些环境因素和 CFO 的个人性格特征也可能影响 CFO 的财务报告行为。如 Chava 和 Purnanandam(2010)研究发现,CEO、CFO 的风险偏好对公司财务政策有重大影响,这一影响超越公司自身特征对财务政策的影响。具体而言,风险喜好型 CFO 采用较高风险的债务期限结构、倾向通过应计项目平滑公司盈余。Feng 等(2011)发现 CFO 可能会屈服于 CEO 的压力而操纵盈余,尤其当 CEO 拥有更高的股权激励时。

最近,国内的学者也开始关注这一课题。刘伟霞(2010)研究发现会计信息质量与 CFO 的性别、专业资格认定、学历、是否持股、任职期限、CFO 在公司内兼职数目和薪酬显著正相关;与 CFO 的年龄、是否担任董事、CFO 的变更、是否进入高管层则显著负相关。邱昱芳等(2011)研究发现财务负责人的工作经验和知识更新程度与会计信息质量显著正相关,而受教育程度和专业资格认证对会计信息质量的影响并不显著。王霞、薛跃、于学强(2011)研究发现 CFO 拥有 CPA 资格有助于提升会计信息质量,女性 CFO 会计信息质量更高。由于时间和数据的限制,以上研究存在样本量较小或研究设计不够完善等问题,几位学者的研究结论亦不一致。

(2) 财务重述与会计信息质量

近年来,上市公司财务报告报出后,频繁发布各类补充更正公告,引起了监管层和学界的广泛关注。本文认为,这类财务重述公告(由会计准则变化引起的财务重述除外)的披露代表着上市公司以前公布的信息存在错误或误导,是差错年份会计信息低质量的一种表征。本文将财务重述行为作为公司会计信息低质量表征的理由在于,财务重述会给公司带来一系列负面影响,具体表现如下:

① 财务重述的市场反应

财务重述表明公司未来经营不确定性增大和风险增加。GAO(2002)研究发现财务重述公司的股票价格在三个交易日内大约下跌 10%;Anderson 和 Yohn(2002)发现公司财务重述时,股票买卖价差的范围会加剧,盈余反应系数显著下降;Hirschey 等(2005)发现涉嫌欺诈的公司在重述公告前后三天的累计超额回报为-21.80%。Palmrose 等(2004)发现财务重述的发起方不同导致的市场反应也不同,由美国 SEC 引起的财务重述在发布日及次日的平均超常收益为-4%;而由公司内部和外部审计师发起的财务重述的两天平均超常收益分别高达-18%和-13%。

国内学者 Zhaohui Zhu 和 Chengwei Hu(2010)选取我国 A 股市场 2006—2008 年 88 家发生盈余调整类财务重述公司作为样本,研究财务重述事件公布前后资本市场的反应,结果显示这些公司在重述消息对外宣布后 5 天内,公司股价的累计超额回报(CAR)显著为负。王萍、尚应霞(2010)研究发现我国资本市场上对涉及利润等核心会计指标的财务报告重述和不涉及核心会计指标的财务报告重述,事件期内累计超额回报均为负。陈晓敏、胡玉明(2011)研究发现重述公告使重述公司特别是涉及核心会计指标的重述公司盈余反映系数降低。

② 财务重述的其他后果

Hribar 和 Jenkins(2004)通过资本成本计算模型研究发现,财务重述后一个月内公司股权资本成本平均上升 7%～19%;随着时间的推移,股权资本成本有所下降,但平均值一直保持在 6%～15%。Graham 等(2008)依据财务重述原因不同,将重述公司分为财务欺诈和其他原因两类,他们发现财务欺诈公司的贷款利率远大于其他财务重述公司。

Desai 等(2006)选取 1997 年至 1998 年间发生财务重述的 146 家公司为样本,发现 60%的重述公司在两年内至少有一名高管被撤换,而配对公司只有 35%。财务重述有时还引发法律诉讼。Karpoff 等(2008)发现因财务重述而被 SEC 和司法部门问责的管理者将面临法律诉讼和惩罚,其中约 28%被判刑。

综上所述,已有研究文献形成共识,财务重述公告的发布表明之前的财务报告是不可信和低质量的。

2. 研究假设

首先,根据委托-代理理论可知,在委托-代理关系下,委托人与代理人的目标不同,双方都追求自身利益最大化,二者无法达到帕累托最优状态。相对于其他信息使用者来讲,CFO拥有更多的信息优势,为了追求个人效用最大化,他们有通过会计舞弊达到个人目的的动机,可能会利用其掌握的财务信息对财务报告进行盈余管理,粉饰报表,因此未必会提供真实、可靠、高质量的会计信息。

其次,公司治理主要由外部控制机制和内部控制机制构成。外部控制机制主要是通过市场竞争形成委托代理关系双方之间的监督约束机制,如经理人市场。内部控制机制主要是委托人通过企业内部组织结构、决策与执行机制等对代理人进行绩效考核,从而实现有效监督,如董事会、监事会等。

根据公司治理理论我们可知,在外部控制机制方面,CFO为了在经理人市场获取竞争优势,防止被经理人市场淘汰,可能会利用其信息优势,在准则允许的条件下灵活地进行会计处理、调整盈余夸大企业经营业绩,从而导致会计信息质量的降低。同时,在公司内部治理结构中,董事会作为代理人对股东负责,同时又作为委托人对聘任CFO。当CFO受到来自CEO的压力,面临更换威胁时,就有可能通过对账面数字进行调整,使其向有利于自己的方向发展,这在一定程度上也将降低会计信息质量。

因此,我们认为高学历、多经验的CFO由于能力更强,其在人才市场上具有较强的竞争力,当其受到上级如CEO的会计舞弊压力时,可选择辞职作为应对,因此具有更强的抗压能力。而低学历、少经验的CFO在人才市场的竞争力较弱,由于一旦辞职以应对上级压力,其获得相同职位的概率较小,因此抗压能力较小,这将使其存在更多的会计舞弊动机,从而导致会计信息质量下降。

再次,根据人力资本理论可知,人力资本依附于个体而存在,主要由劳动者的知识、技能、体力等构成。美国经济学家舒尔茨认为,人力资本的投资收益率高于物质资本的投资收益率。根据人力资本的产权特征,报酬契约中一般还包括短期、长期期权激励计划等,这些激励方式实质上是通过与人力资本分享剩余索取权,使其最大程度地为公司长远利益考虑。我们认为,多学历、多经验的CFO其人力资本的投资较高,并且在长期工作中所积累的经验具有特质性,不可被模仿或复制。CFO作为公司人力资本的重要构成部分,一般也拥有以期权和固定薪酬为基础的薪酬激励结构。因此,为了其个人利益,CFO存在进行盈余管理的动机。

另外,心理学者Deary(2000)研究显示,智商较高的经理人能够更好地吸收新思想,因而比起智商低的经理人更乐于创新(Hitt & Tyler,1991;Wally & Baum,1994)。在目前应试选拔的教育模式下,高学历的经理人大多拥有较高智商已然成为不争的事实。

Spence(1974)劳动力市场信号传递理论认为,员工受教育程度是传递员工能力的信号,可能的解释有三个:① 受过高质量教育的学生能力更强;② 高学历人士智商较高,因而能力更强;③ 高学历人士拥有更强大的社会网络资源,有助于公司获得较好的经营业绩。因此,Gottesman 和 Morey

(2006b)认为毕业于高 SAT 录取分数线院校的经理人管理的公司会有更好的业绩,其实证结果亦支持这一论断。Graham 和 Harrey(2001,2002)以及 Graham、Harrey 和 Rajgopal(2005)发现,拥有 MBA 学历的 CEO 和 CFO 更可能将所学的资本预算方法、CAPM 模型用于计算资本成本,从而优化公司决策。Aier 等(2005)发现拥有 MBA 学历的 CFO 发生盈余类重述的概率较低。我们认为,CFO 的受教育程度有助于提升其专业知识水平和业务水平,并增强其抗压能力,故提出假设 1。

假设 1:CFO 的受教育程度与公司会计信息质量正相关。

Hambrick 等(1984)的高层梯队理论认为,高级管理团队年龄、任期年限、职业经验等影响管理者的行为,进而影响企业行为。NASD 和 NYSE 联合发布的审计委员会工作指南中对专业能力的描述是从事会计和财务工作的经验等(Blue Ribbon Committee 1999,25),从业年限即为经验的有力佐证。

Li 等(2010)用是否具有 CPA 资格或者会计工作经验和担任财务负责人的任职年限来衡量 CFO 的专业能力,发现 CFO 的专业能力越差、公司内部控制质量越低。刘伟霞等(2010)研究表明,CFO 任职期限越长,会计信息质量越高。我们认为,CFO 任职期限越长、经验越丰富,对本公司的业务越熟悉,在会计政策选择等方面更加得心应手,抗压能力更强,发生财务重述的可能性更小,故提出假设 2。

假设 2:CFO 的任职期限与公司会计信息质量正相关。

三　研究数据与模型

1. 因变量的选取

会计信息质量本身是一个较为综合、全面和抽象的概念,难以准确量化,实证研究通常通过设计代理变量来进行研究,不同代理变量的选取背后,蕴含着研究者对会计信息质量的不同理解和认识。总体来说,实证研究中会计信息质量量化比较常用的代理变量主要有审计意见类型、盈余反应系数(ERC)、市场超额回报(Abnormal Return)等指标。如上所述,发生财务报表重述是当时公司会计信息质量不高的具体表现,它会导致股价下跌、资本成本上升等不良后果。鉴于此,本文将财务报告的重述作为衡量会计信息质量的替代变量。

目前,国内多数研究基于"年报补丁等同于财务重述"这一假说,如陈晓敏、胡玉明(2011)关于财务重述公司盈余反映系数研究。本文认为,年报补丁涉及范围广、信息杂,不仅仅是针对会计差错的更正,还包括会计政策变更导致的追溯调整、录入错误、无意识的笔误和补充公告等方面。据统计,2006年初至2010年底我国A股上市公司共发布1 004份年报补丁,补充公告占比为27.69%,其余为更正公告、补充及更正公告。这些补充公告与会计差错近乎无关,更多的是对财务报告有关内容进行的补充说明。

因此,我们通过分析公告内容来判定财务重述,在确定重述样本的过程中,遵循以下标准:① 财务报表重述只包括对发生会计差错进行更正的四大财务报表重述,因会计政策变更所引起的报表追溯调整、报表附注的重述、补充公告等界定为非财务报表重述,不包括在内;② 财务报表中无意识的笔误、数字汇总错误,年报报送系统录入、上传失误,电脑系统故障等导致的重述忽略不计;③ 剔除上市不足两年的样本(上市前两年发生财务重述的公司非常罕见)。

本文选取财务重述作为会计信息质量的代理变量,没有发生财务重述的则为0,表示公司会计信息质量高;发生财务重述的则为1,表示公司会计信息质量低。

2. 自变量的选取

本文主要选取年龄、受教育程度、任职期限和性别来衡量CFO的背景特征及专业能力。其中,教育程度用CFO获得的最高学历表示,包括本科以下、本科和硕士三个二值变量,拥有博士学历的CFO数量极少,我们将之排除在样本之外。由于数据限制,我们未能将学历按照专业进行更加细致的划分;任职期限主要通过CFO在当前公司财务负责人等类似工作类型岗位上的任职年限度量。

我们在模型中加入了第一大股东持股比例、资产负债率、公司规模、审计委员会等对会计信息质量有显著影响的控制变量。具体变量定义如表1所示。

表1 变量定义表

变量类型	变量符号	变量名称及定义
因变量	Restate	财务重述,发生财务重述则变量值取1,否则取0
控制变量	BacBelow	虚拟变量,CFO的学历为大专、高中、初中等本科以下学历,变量值取1;否则取0
	Bachelor	虚拟变量,CFO的学历为本科则变量值取1,否则取0
	Master	虚拟变量,CFO的学历为硕士则变量值取1,否则取0
	Tenure	任职期限
	Age	CFO的年龄(王进朝、陈丽等,2010)
	Gender	虚拟变量,CFO的性别为男性则变量值取1,否则取0 (Buss & Schmitt,1993等)

变量类型	变量符号	变量名称及定义
控制变量	Block	第一大股东持股比例(娄权,2006 等)
	LEV	资产负债率(Aier 等,2005)
	Size	公司规模,用 Ln(Asset)表示,其中 Asset 代表总资产(Chen 等,2001)
	Auditcomm	审计委员会,公司设审计委员会则为 1,否则为 0(唐一丹,2012 等)
	Director	独立董事占比即公司独立董事人数占董事会比例(Beasley,1996;刘立国、杜莹,2003 等)
	Payoff	对 CFO 的薪酬金额取对数,Ln(Payoff)(何福田、何福英,2009 等)

3. 研究模型

为检验前文提出的四个假设,我们将建立以下 Logistic 多元回归模型:

$$Restate = \alpha + \beta_1 Age + \beta_2 Bachelor + \beta_3 Master + \beta_4 Tenure + \beta_5 Gender + \beta_6 Block + \beta_7 LEV + \beta_8 Size + \beta_9 Auditcomm + \beta_{10} Diretor + \beta_{11} Payoff + \varepsilon$$

4. 样本选择

通过分析公告得到 2005—2010 年重述样本 437 个,首先,剔除非财务报表重述以及补充公告、疏忽、录入错误和发生在 2005 年度以前的会计重述之后,我们得到重述样本 227 个;其次,剔除 CFO 任期不足两个月以及 CFO 背景特征以及相关财务数据和公司治理数据无法获取的样本之后,我们得到重述样本 181 个;最后,剔除上市不足两年的重述样本之后得到 157 个重述样本。

通过上述过程,我们得到重述样本数据 157 个,非重述样本数据 6 624 个。表 2 列示了样本整理过程。

表 2　样本选择过程

总样本	9 933
减:任期不足两个月	119
减:CFO 背景特征、财务数据和公司治理数据无法获取	1 364
减:上市不足两年	1 669
入选样本	6 781
其中:非财务重述样本	6 624
财务重述样本	157

本文所使用的相关数据和资料主要来源于 Wind 金融资讯数据库以及 CCER 经济金融研究数据库,对于以上数据库中部分缺失的公司数据通过搜索中国证监会网站、和讯财经网、巨潮资讯网等途径手工补充完整。

四　实证结果

1. 描述性统计

表 3 列示 CFO 背景特征相关变量的描述性统计结果,CFO 平均年龄为 47.51 岁,其中男性 CFO 占比 74%,远远高于女性 CFO。

在 CFO 受教育程度方面:① 样本公司 25% 的 CFO 学历为本科以下;② 样本公司中 75% 的 CFO 获得本科及更高的学历,其中,本科学历占 41%,硕士学历占 33%,博士学历占 2%。可见,大多数 CFO 都拥有本科或本科以上学历。由于博士学历样本量太少,本文不予考虑。

任职期限方面,CFO 在当前公司担任财务负责人等类似职务任期平均为 5.69 年。

表 3　描述统计量

	N	极小值	极大值	均值	标准差
Restate	6 781	0	1	0.02	0.151
Block	6 781	0.035 000 00	0.862 000 00	0.3 619 727 856	0.154 791 280 67
LEV	6 781	0.172 5	255.537 8	52.131 619	19.677 705 2
Size	6 781	3.865 625 1	21.020 300 0	12.426 761 648	1.290 250 250 9
Auditcomm	6 776	0	1	0.85	0.356
Director	6 781	0	0.500 000 000	0.206 371 884 44	0.060 972 784 499
Payoff	6 765	0.000 000 0	15.749 131 0	10.162 558 047	4.575 488 345 2
Age	6 781	30.00	74.00	47.508 7	6.953 21
BacBelow	6 781	0	1	0.25	0.430
Bachelor	6 781	0	1	0.41	0.492
Master	6 781	0	1	0.33	0.470
Tenure	6 781	0.079 5	17.876 7	5.686 179	3.315 477 8
Gender	6 781	0	1	0.74	0.438

2. 相关系数分析

表4 Spearman 相关系数

		Restate	Age	Bachelor	Master	Tenure	Block
Restate	相关系数	1.000	0.016	−0.012	−0.021	−0.003	−0.003
	Sig.（双侧）		0.178	0.326	0.079	0.808	0.817
	N	6 781	6 781	6 781	6 781	6 781	6 781
Age	相关系数	0.016	1.000	−.142**	−0.097**	0.304**	0.030*
	Sig.（双侧）	0.178		0	0	0	0.013
	N	6 781	6 781	6 781	6 781	6 781	6 781
Bachelor	相关系数	−0.012	−0.142**	1.000	−.582**	−.114**	−0.004
	Sig.（双侧）	0.326	0		0	0	0.764
	N	6 781	6 781	6 781	6 781	6 781	6 781
Master	相关系数	−0.021	−0.097**	−0.582**	1.000	0.025*	.041**
	Sig.（双侧）	0.079	0	0		0.036	0.001
	N	6 781	6 781	6 781	6 781	6 781	6 781
Tenure	相关系数	−0.003	0.304**	−0.114**	0.025*	1.000	−.004
	Sig.（双侧）	0.808	0	0	0.036		0.758
	N	6 781	6 781	6 781	6 781	6 781	6 781
Block	相关系数	−0.003	0.030*	−0.004	0.041**	−0.004	1.000
	Sig.（双侧）	0.817	0.013	0.764	0.001	0.758	
	N	6 781	6 781	6 781	6 781	6 781	6 781

说明：(1) **，在置信度（双测）为 0.01 时，相关性是显著的。

(2) *，在置信度（双测）为 0.05 时，相关性是显著的。

根据表4可以发现：① 学历（本科和硕士）与发生重述呈负相关关系，即随着学历的提升，公司发生重述的可能性降低，会计信息质量提高。② 年龄（age）与重述呈正相关关系，而任职期限（Tenure）与重述呈负相关关系，两者都不显著，使得假设2有些矛盾，结论需待进一步验证。对于控制变量的相关分析，基于变量较多，不在此详细列表。

3. 回归分析结果

表5展示CFO背景特征度量变量与会计信息质量之间的多元 Logistic 回归结果。回归过程中以CFO的学历和任职期限为解释变量，以上市公司是

否发生财务重述作为因变量,以 CFO 的年龄、性别、第一大股东持股比例、资产负债率等为控制变量。

结果显示:本科学历 CFO 与财务重述在 5‰ 水平上显著负相关,即相比本科以下学历 CFO,拥有本科学历的 CFO 所在公司发生财务重述的可能性更小,公司的会计信息质量较高;硕士学历 CFO 与财务重述在 5‰ 的水平上显著负相关,且系数小于 Bachelor,表明相比本科以下学历 CFO,硕士学历 CFO 所在公司发生重述的概率更低、会计信息质量更高,而且相比拥有本科学历的 CFO,硕士学历 CFO 所在公司发生重述的概率略低。综上所述,假设 1 得到支持,即 CFO 的受教育程度与公司会计信息质量正相关。

从解释变量任职期限(Tenure)的角度来看,CFO 的任职期限与财务重述呈弱负相关,与会计信息质量呈现弱正相关,但是并不显著。因此,假设 2 未能得到有效的验证。但另一方面,至少说明随着 CFO 任职期限的增加,会计信息质量基本保持稳定。

另外,从性别(Gender)来看,统计结果显示,男性性别与财务重述在 10‰ 的水平上显著正相关,即 CFO 为女性的公司会计信息质量更高,这与 Barua 等(2010)和王霞(2011)的研究结论一致。

LEV 的系数显著为正,表明有债务压力的公司,具有较强的盈余管理动机。这一结果与 Kinney 和 McDaniel(1989)、Myers 等(2005)等研究一致。公司规模与财务重述显著负相关,这表明上市公司规模越大,其公司会计信息质量越高。可见,规模大的公司信息系统相对完善,也更注重声誉。审计委员会与财务重述显著负相关,即设立审计委员会的上市公司会计信息质量更高。可见,审计委员会在提升公司信息质量方面功不可没。独立董事(Director)对会计信息质量的影响与审计委员会类似,只是结果没有审计委员会显著。最后,CFO 的薪酬与财务重述显著负相关,与会计信息质量显著正相关。可见,高薪聘用的 CFO 具有更强的执业能力。

表 5 CFO 特征与会计信息质量回归结果

	B	Wals	Sig.
Block	0.231	0.174	0.676
LEV	0.015	15.175	0
Size	−0.184	6.542	0.011
Auditcomm	−0.738	15.571	0
Director	−1.870	1.988	0.159
Payoff	−0.029	3.271	0.071
Age	0.003	0.063	0.801
Bachelor	−0.399	4.045	0.044

	B	Wals	Sig.
Master	−0.462	4.506	0.034
Tenure	−0.008	0.091	0.763
Gender	0.368	3.278	0.070
常量	−1.226	1.310	0.252
Cox & Snell R 方	0.009		
Nagelkerke R 方	0.043		

说明:在步骤 1 中输入的变量:Block, LEV, Size, Auditcomm, Director, Payoff, Age, Bachelor, Master, Tenure, Gender.

4. 健性分析

前文研究中,我们以所有的财务报表重述作为会计信息质量的表征。实际上,财务报告差错既可能是有意的,也可能是无意的。当然,只要发生重述,都表明财务报告存在瑕疵,这种瑕疵既可能是 CFO 业务能力或管理能力低的结果,也可能是违反职业道德的结果。如果说公司发生了为某种目的的财务重述,我们认为这种财务重述是恶意的,是违反职业道德的。在这里,我们试图观察 CFO 所受的教育程度与职业道德的关系。我们将 ROE 介于 0 与 2% 之间的公司列为具有扭亏为盈动机的公司,将 ROE 为 0~2% 的公司所发生的财务重述当作故意性的重述。表 6 观察了 CFO 学历及任职年限与故意性重述的关系。

另外,我们对连续变量极端值进行了 winsorize 处理,并以处理后的样本进行了稳健性检验。表 7 展示了极端值处理之后的 CFO 学历及任职期限与财务重述的关系。

表 6 中列示了稳健性检验的结果,其中解释变量本科(Bachelor)学历、硕士(Master)学历的回归系数分别为 −0.507 和 −0.595,其绝对值分别大于表 5 中本科和硕士学历回归系数的绝对值,且结果在 10% 的水平上显著。这说明受教育程度高的 CFO 具有更高的职业道德,更能保障会计信息质量。任职期限(Tenure)的回归系数由 −0.008 变为了 0.023,但结果仍旧不显著,说明任职期限与职业道德间不存在必然联系因此,稳健性测试的结论说明了教育的重要性。

从表 7 我们可以看出,解释变量本科(Bachelor)、硕士(Master)、任职期限(Tenure)的回归系数分别为 −0.377,−0.445 和 −0.001,与表 5 中的结果基本上保持一致,且学历本科、硕士结果在分别在 10% 和 5% 水平上显著,这从另一方面也证实了我们的假设 1。

表 6　稳健性检验回归结果一

	B	Wals	Sig.
Block	−0.621	0.475	0.491
LEV	0.014	8.039	0.005
Size	0.051	0.174	0.677
Auditcomm	−0.955	12.347	0
Director	−3.738	3.750	0.053
Payoff	−0.041	3.006	0.083
Age	−0.020	0.919	0.338
Bachelor	−0.507	2.868	0.090
Master	−0.595	2.920	0.087
Tenure	0.023	0.348	0.555
Gender	0.411	1.620	0.203
常量	−1.702	0.935	0.334
Cox & Snell R 方	0.023		
Nagelkerke R 方	0.078		

说明:在步骤 1 中输入的变量:Block,LEV,Size,Auditcomm,Director,Payoff,Age,Bachelor,Master,Tenure,Gender.

表 7　稳健性检验回归结果二

	B	Wals	Sig.
Block	0.256	0.197	0.657
LEV	0.019	15.922	0
Size	−0.216	6.798	0.009
Auditcomm	−0.704	14.143	0
Director	−2.540	2.745	0.098
Payoff	−0.030	3.260	0.071
Age	0.011	0.675	0.411
Bachelor	−0.377	3.632	0.057
Master	−0.445	4.208	0.040
Tenure	−0.001	0.001	0.969
Gender	0.341	2.882	0.090
常量	−1.325	1.208	0.272

	B	Wals	Sig.
Cox & Snell R 方	0.009		
Nagelkerke R 方	0.046		

说明：在步骤 1 中输入的变量：Block，LEV，Size，Auditcomm，Director，Payoff，Age，Bachelor，Master，Tenure，Gender.

五　结论及研究展望

1. 本文研究结论

目前国内关于 CFO 的研究主要集中在对 CFO 的职能框架、能力素质和 CFO 制度的讨论，量化指标研究 CFO 背景特征的文献相对缺乏，而且有关 CFO 对公司会计信息质量影响的实证研究也非常匮乏。本文采用 2005—2010 年我国 A 股上市公司样本，关注我国经济转轨背景下 CFO 特征，以上市公司是否发生财务重述（基于财务重述公告）衡量会计信息质量，研究 CFO 的年龄、受教育程度、任职期限和性别对公司会计信息质量的影响，主要研究结论如下：

（1）CFO 学历与会计信息质量之间正相关。从实证检验结果看，本科以上学历 CFO 所在公司的信息质量较高。

（2）CFO 的任职期限与会计信息质量正相关但不显著。实证结果显示，CFO 任职年限与上市公司财务重述的发生负相关，这说明 CFO 任职年限越长，其对公司所在行业和业务形式愈加熟悉，工作经验也愈加丰富，对提高其所在的公司会计信息质量有所帮助。

（3）CFO 的经验（任职年限）对减少故意性的重述没有帮助，表明要重视在教育中提高学员的职业道德和职业素养。

本文的创新及贡献之处在于：

（1）目前我国以 CFO 特征变量对会计信息质量的影响为研究主题，所得到的理论成果多为规范性和实务性领域的知识，而进行实证研究的成果较为少见。本文采用逻辑回归统计分析方法研究两者关系，将充实实证方法在这一领域的应用。

（2）国内现有财务重述研究中，不同学者对其概念和范畴界定都有所不同。本文根据重述的内容和实质，以财务重述为研究视角，将财务报告前期差错作为会计信息质量的衡量指标，对中国国情下财务重述概念界定作了较深层次的剖析。

（3）对证券监管机构而言，本文可以让监管者深入了解 CFO 各方面专业能力对财务信息质量的影响程度，为探讨提高上市公司会计信息质量的有效途径、制定相关监管政策方面提供参考。

（4）本文还将为上市公司评聘 CFO 提供政策建议，为会计教育的未来发展方向提供参考。对财务总监自身而言，还可以为 CFO 如何加强自身能力培养、提高市场竞争力提供方向性指引。

本文研究不足主要体现在以下两点：

（1）内生性问题。假设 CFO 受教育程度越高、任职期限越长，会计信息质量越高。在对此假设进行模型检验时，没有考虑 CFO 职业道德的可能影响。

（2）数据的获取。本文的 CFO 数据取自上市公司公开披露信息（招股说明书、年报），一些 CFO 特征不详的样本公司未能纳入研究范围。另外，限于数据不充分，未能区分获得学历的具体专业。同时，在确认财务报告是否有差错时，以上市公司重述公告为依据，可能忽略了在财务报告中进行了会计差错更正但没有公开披露的秘密重述（Stealth Restatements）公司。

2. 相关政策建议

本文理论和实证研究表明，上市公司 CFO 背景特征在一定程度上影响了其所在上市公司的会计信息质量。据此，本文提出以下建议：

（1）规范上市公司信息披露机制，加强政策监管

通过梳理上市公司财务重述制度和分析上市公司财务重述特点和趋势，可以看到我国目前对财务重述的信息披露要求主要为：证监会要求的"以重大事项临时公告的方式对财务信息重述进行披露"和《企业会计准则》要求的按"追溯重述法更正前期报表、将修正后的报表和原报表一起并列于官方信息披露平台"。在查阅重述公告过程中，我们发现有些上市公司只是简单披露报表更正前和报表更正后的数字，既没有详细披露重述的原因、影响，也没有同时披露修正后的报表。因此，我们建议证监会应该在重述信息披露的完整性方面建立健全检查监督机制，保证重述信息被及时、准确、完整地传递给投资者。

其次，目前我国对上市公司重述行为缺乏适当的惩戒措施，这可能让部分公司有机会借财务重述方式进行盈余管理。一方面，我们建议借鉴 SOX 法案，将财务重述与上市公司高管薪酬挂钩；另一方面，将财务重述与上市公司的融资行为相结合，对于部分上市公司利用前期差错更正调整上年的损益，以满足增发股票、发行债券的指标要求，建议证券监管部门对这类公司证券发行从严审查，发现有操纵盈余的从重处罚。

第三，无论从本文研究结果还是国外的现有文献来看，规模小、债务水平高的公司，其会计信息质量往往可能比同行业中其他公司低。为此，证券监管部门应当强化和完善对经营存在问题或经营不善公司的会计信息质量检查。

(2) 明确上市公司 CFO 任职资格，加强后续教育监督

相关监管部门应当更加关注 CFO 专业能力对上市公司会计信息质量的影响。现行法律中尚无关于上市公司 CFO 任职资格规定，而且后续教育的要求比较低，执行过程中的监督机制也有待进一步加强。证券监管部门可以借鉴"独立董事任职资格和培训"做法，上市公司 CFO 的任职也需相关资格证书。通过对 CFO 的任职资格规定和后续培训要求，可以从源头上提高上市公司的会计信息质量。

(3) 明确上市公司 CFO 职责范围，做到权责相配

CFO 是连接公司外部和内部的桥梁纽带，在公司治理结构中承担双重角色，既要履行外部受托责任，又要履行内部受托责任。无论证券监管部门还是上市公司本身应当认清 CFO 职能范畴，其基本职能是提供准确、可靠、及时的会计信息以便内外部决策。

"经济越发展，会计越重要"，上述三个方面建议的落实将对提高我国上市公司信息披露质量和透明度，保证证券市场高效、有序运行以及促进证券市场健康稳定发展有重要现实价值。

参考文献

[1] 陈晓敏，胡玉明. 财务重述公司盈余反映系数研究——基于中国上市公司年报财务重述的经验证据[J]. 证券市场导报，2011，10.

[2] 杜胜利. 首席财务官制度与现代企业治理[J]. 中国总会计师，2011，09.

[3] 葛家澍，反映企业的经济真实：会计信息的基本要求——国际金融危机的启示[J]. 厦门大学学报(哲学社会科学版)，2011(1).

[4] 何福田，何英英. CFO 与上市公司业绩：一个实证视角[J]. 湖南工业大学学报，2009.

[5] 胡奕明，唐松莲. 独立董事与上市公司盈余信息质量[J]. 管理世界，2008(9)：149-160.

[6] 刘立国，杜莹. 公司治理与会计信息质量关系的实证研究[J]. 会计研究，2003，(2)：28-36.

[7] 刘伟霞. 我国上市公司 CFO 特征变量与会计信息质量相关性研究[D]. 燕山大学，2010.

[8] 娄权. 股权结构、治理结构与审计师选聘——基于委托代理理论的实证考察[J]. 财会通讯，2006，06.

[9] 邱昱芳，贾宁，吴少凡. 财务负责人的专业能力影响公司的会计信息质量吗？——基于中国上市公司财务负责人专项调查的实证研究[J]. 会计研究，2011(4).

[10] 唐一丹. 审计委员会特征与财务重述关系的实证研究[D]. 西南财经大学硕士毕业论文，2012.

[11] 王进朝，陈丽，林宇. 上市公司业绩变化与 CFO 继任特征关系研究[J]. 山西财经大学学报，2010，(3)：95-104.

[12] 王萍，尚应霞. 我国上市公司财务重述的市场效应分析[J]. 中国乡镇企业会计，

2011,01.

[13] 王霞,薛岳,于学强. CFO 的背景特征与会计信息质量——基于中国财务重述公司的经验研究[J]. 财经研究,2011,09.

[14] Abhijit Barua, Lewis F. Davidson, Dasaratha V. Rama, and Sheela Thiruvadi. CFO Gender and Accruals Quality. Accounting Horizons, 2010, Vol. 24, No. 1, pp. 25 - 39.

[15] Aier J. K., Comprix J., Gunlock M. T., Lee D.. 2005. The Financial Expertise of CFOs and Accounting Restatements. Accounting Horizons, 19(3):123 - 135.

[16] Anderson, K., and T. Yohn. 2002. The effect of 10-K restatements on firm value, information asymmetries, and investor's reliance on earnings. Working paper, Georgetown University.

[17] Beasley Mark. An Empirical Analysis of the Relation Between the Board of Director Composition and Financial Statement Fraud. The Accounting Review, 1996, (71):443 - 465.

[18] Blue Ribbon Committee 1999. Report and Recommendations of the Blue Ribbon Committee on Improving the Effectiveness of Corporate Audit Committees. New York, NY: New York Stock Exchange and National Association of Securities Dealers.

[19] Buss D M, Schmitt D P. Sexual Strategies Theory : An Evolutionary Perspective on Human Mating. Psychological Review,1993,(100):204 - 232.

[20] Chan li, Lili Sun and Michael Ettredge. Financial executive qualifications financial executive turnover and adverse sox 404 opinions. Journal of Accounting and Economics, 2010, Volume 50, Issue 1, Pages 93 - 110.

[21] Deary, Ian J., 2000, Looking down on Human Intelligence: from Psychometrics to the Brain, Oxford University Press.

[22] Desai, H., Hogan C. and Wilkins, M., 2006. The Reputational Penalty for Aggressive Accounting: Earnings Restatements and Management Turnover. The Accounting Review,81,pp. 83 - 112.

[23] GAO, 2002, "Financial statement restatements: Trends, Market impacts, Regulatory Responses, and Remaining Challenges", Report to the Chairman, Committee on Banking, Housing, and Urban Affairs, U. S. Senate.

[24] Graham, J., Harvey, C., 2001. The theory and practice of corporate finance: evidence from the field. Journal of Financial Economics 60,187 - 243.

[25] Graham, J., Harvey, C., Rajgopal, S., 2005. The economic implications of corporate financial reporting. Journal of Accounting and Economics 40,3 - 73.

[26] Hambrick D. C. and Mason P. A., 1984. Upper Echelons: Organization as a Reflection of Its Managers. Academy Management Review, 9,pp. 193 - 206

[27] Hitt, M. A. and B. B. Tyler, 1991, "Strategic Decision Models: Integrating Different Perspectives", Strategic Management Journal, 12,327 - 351.

[28] Jagadison K. Aier, Joseph Comprix, Matthew T. Gunlock, and Deanna Lee. Financial Expertise of CFOs and Accounting Restatements. Accounting Horizons,

2005，Vol. 19，No. 3，pp. 123 – 135.

[29] Jeong-Bon Kim, Yinghua Li, Liandong Zhang. CFOs versus CEOs：Equity incentives and crashes. Journal of Financial Economics，101(2011)713 – 730.

[30] John (Xuefeng) Jiang, Kathy R. Petroni, Isabel Yanyan Wang. CFOs and CEOs： Who have the most influence on earnings management?. Journal of Financial Economics，96(2010)513 – 526.

[31] Karpoff，J. M.，Scott，L. D. and Martin，G.，S.，2008. The Consequences to Managers for Financial Misrepresentation. 88，pp，193 – 215.

[32] Marshall A. Geiger, David S. North. Does hiring a new CFO change things?. An investigation of changes in discretionary accruals. ᐧTHE ACCOUNTING REVIEW， 2006，Vol. 81，No. 4，pp. 781 – 809.

[33] Mei Feng, Weili Ge, Shuqing Luo, Terry Shevlin. Why do CFOs become involved in material accounting manipulations?. Journal of Accounting and Economics， 2011，51 – 21 – 36.

[34] Palmrose，Z.，Richardson，V.，Scholz，S.，2004. Determinants of the market reactions to restatement announcements. Journal of Accounting and Economics 37，59 – 89.

[35] Paul Hribar，Nicole Thorne Jenkins，2004，"The Effect of Accounting Restatements on Earnings Revisions and the Estimated Cost of Capital"，Review of Accounting Studies，Jun-Sep；9，2 – 3；pg. 337.

[36] Shehzad Mian. On the choice and replacement of chief financial officers. Journal of Financial Economics，60(2001)：143 – 17.

[37] Spence A M. Market signaling[M]. Harvard University Press，1974.

[38] Sudheer Chava, Amiyatosh Purnanandam. CEOs versus CFOs：Incentives and corporate policies. Journal of Financial Economics，97(2010)：263 – 278.

[39] Wally，S. and J. Baum，1994，"Personal and Structural Determinants of the Pace of Strategic Decision Making"，Academy of Management Journal，37：932 – 956.

[40] Weili Ge, Dawn Matsumoto, Jenny Li Zhang. Do CFOs Have Style? An Empirical Investigation of the Effect of Individual CFOs on Accounting Practices. Contemporary Accounting Research Vol，28 No. 4 (Winter 2011) pp：1141 – 1179.

[41] Zhaohui Zhu, Chengwei Hu, 2010，"Market Reactions to Financial Restatements： Evidence from Chinese Stock Market"，Proceedings of the IEEE IEEM.

论文执行编辑：王兵
论文接收日期：2013 年 4 月 25 日

Can Highly Educated and Experienced CFO Improve The Quality of Accounting Information?

—Based on The Perspective of Financial Statement Restatements of Chinese A—share Listed Companies

Yanren Xiong   Zhizhong Huang   Wenxiu Wang

Abstract：This paper takes 2005—2010 China's A-share listed companies as the sample range, testing the influence of CFO's education and term limits on the quality of accounting information from a point of view of financial restatements empirically. The empirical results show that, there is a significant positive correlation between the quality of accounting information and the level of CFO's education (degree), a positive but not significant correlation between the quality of accounting information and CFO's term limits, that is to say, CFO's term limits don't have significant help in reducing intentional restatements, so we should pay more attention to raise their professional ethics and professionalism in the education. Finally, on the basis of theoretical analysis and empirical research, the paper brings forward some research prospects according to the shortage existing in the research, then proposes several policy recommendations to improve the quality of accounting information of listed companies in our country.

This paper confirms the influences that the background characteristics of CFO has on the quality of accounting information from a perspective of CFO, which not only proposes policy recommendations for listed companies to employ and evaluate CFOs, but also provides a reference for the development direction of accounting education in the future, besides, it makes a contribution to explore the effective ways to improve the quality of accounting information of listed companies. Therefore, this study is of great theoretical and practical significance.

Key words: Chief Financial Officer financial restatements quality of accounting information

JEL: M41

营销领域中心理契约研究综述

赵 鑫 马钦海[*]

【摘 要】 营销领域中的心理契约研究至今已有十多年的历史,该问题的研究对于解释顾客的内隐需求、理解顾客行为做出了重大的、积极的贡献。本文对国内外营销领域中的心理契约相关研究文献进行梳理,从营销领域中心理契约的起源、内涵、测量和内容、顾客心理契约形成—破坏—违背的过程、影响顾客心理契约履行和违背的因素和顾客心理契约违背后的顾客行为进行全面的梳理。在此基础上,分析现有研究的不足,对未来的研究方向进行展望。

【关键词】 心理契约 营销 心理契约违背

【JEL 分类号】 M31

一 引 言

最大限度地满足顾客需求是营销管理的核心问题,顾客需求随着社会经济发展和人们消费观念的变化而改变。在互惠交换的认知下,顾客需求不但体现在显性经济契约上,更有强烈的内隐需求(Rousseau,1990;万映红等,2011)。因此,伴随着互惠交易关系的建立,除了显性的经济契约生效外,顾客内心关于双方责任和义务的契约也随之生效(万映红等,2013),体现了顾客的内隐需求。当内隐需求未被满足时,顾客就会产生可见或不可见的企业不希

---

* 赵鑫,女,1979 年 3 月生,博士,沈阳大学讲师,研究方向:心理契约、消费者行为、服务管理,E-mail:wenya—zhx@hotmail.com;马钦海:男,1963 年 4 月生,博士,东北大学工商管理学院教授,研究方向:服务管理、企业政策与战略等,Email:qhma@mail.neu.edu.cn。

望出现的行为反应,比如不遵守服务流程、负面的口碑宣传、转换服务商等。顾客内隐需求具有模糊性、动态变化性等特征,从而增加了企业管理的难度。心理契约概念的引入为探究顾客内隐需求开辟了新的视角。

营销领域中的心理契约研究始于 1996 年,Roehling 指出心理契约可以扩展到企业与外部顾客之间的关系。之后,许多学者在该领域开展研究,如 Pavlou 和 Genfen(2005)、Goles(2009)、Hill(2009)、Kingshott(2006)、罗海成和范秀成(2005)、阳林(2010)、赵鑫和马钦海(2011)等。心理契约描述了顾客对与企业之间未能写入书面契约的责任和义务的感知。随着学者研究的深入,发现顾客对与商家签订了具有法律效应的显性经济契约条款知之甚少,但顾客对未能写入书面的隐性的商家责任和义务的感知强烈,并且这种感知影响顾客行为。由此,心理契约也成为营销领域中的热点问题之一,并且由于心理契约违背发生频率高,影响顾客行为,给企业带来经济利益损失,从而成为营销领域中心理契约研究的核心问题。

目前就营销领域中的心理契约研究较少有文献对其研究成果进行梳理,本文将营销领域中的心理契约研究文献从开创期即 1996 年至 2013 年进行全面整理和分析,依据学者对营销领域中心理契约研究进展情况,从起源及内涵—心理契约形成、破坏、违背过程—心理契约(特别是心理契约违背)的前因和后果研究成果—心理契约测量等问题进行总结,使营销领域中的心理契约研究进展更加清晰,分析现有研究存在的局限和未来的研究方向,推动营销领域中心理契约更快速的发展。

二 营销领域中心理契约的起源、内涵及测量

1. 营销领域中心理契约的起源

心理契约(Psychological Contract)最早由 Argyris(1960)引入到组织行为学领域,而其从组织行为学领域到营销领域的研究历程大体经历了以下三个阶段。

第一个阶段是早期组织行为学领域的"古典学派"研究,认为心理契约是双向感知的思想。在 Argyris 将心理契约引入组织行为学领域之后,Levinson(1962)、Schein(1965)和 Kotter(1973)等对 Argyris 提出的心理契约这一概念进行了推广。早期的这些学者的观点强调心理契约是交换关系中主体双方的双向期望,即员工对企业的期望和企业对员工的期望,这种观点长期影响着人们对心理契约的认识。

第二个阶段是"Rousseau 学派"的研究。Rousseau 将心理契约界定为员

工对双方义务的单向感知,从而挑战"古典学派"观点。Rousseau(1990)认为心理契约是"个体关于在她/他与第三方之间进行互惠交换,建立联系的主观信念,而这一信念以双方在交往中所作出的或暗示的承诺为基础"。目前组织行为学领域关于心理契约的两种内涵的争议仍在继续(Guest,1998;Rousseau,1998)。但由于 Rousseau 的观点破解了古典学派的观点难以进行实证研究的问题,越来越多的学者开始采用单向感知这一观点进行实证研究。

第三个阶段是心理契约的概念由组织行为学领域引入到营销领域。Roehling 指出,心理契约可以扩展到组织之外的企业与顾客关系中。之后,心理契约的研究在组织行为学领域和营销领域中同时开展,并且组织行为学领域中的许多研究方式被借鉴到营销领域中,心理契约的研究进入了一个新的阶段。

2. 营销领域中心理契约的内涵

Wilkinson-Ryan(2012)指出,经济契约阐释了法律的承诺,心理契约描述了人们如何理解双方的承诺条款,因此,在探究经济契约的同时,更应该从行为学角度研究心理契约的影响。营销领域中,契约的不完备性使得顾客与企业之间显性的经济契约不能包含顾客与企业之间全部的责任和义务,并且顾客情感和行为受显性经济契约条款以外的责任和义务感知的影响较大。自从 Roehling 指出可将心理契约扩展到企业与外部顾客之间的关系上之后,于是一些学者在营销渠道关系上(Lusch&Brown,1997;Hill,2009;Kingshott,2006)和企业与终端顾客之间(Pavlou&Genfen,2005;罗海成、范秀成,2005;Goles,2009;阳林,2010;阳林、李青,2010;赵鑫、马钦海,2011;汤发良、阳林,2011;赵鑫、马钦海,2012;万映红等,2013)引入了心理契约概念进行研究。这一概念的引入为认知顾客这种内隐需求,即隐性的非书面化的责任和义务感知提供了新的视角。营销领域中的心理契约描述了顾客与企业双方不能写入书面的责任和义务,并且采用"Rousseau 学派"的心理契约为单向感知的观点,认为上述责任和义务是顾客单向感知的。因此,营销领域中的心理契约被界定为顾客对自身与企业之间非书面的隐性的互惠责任和义务的感知和信念,包括顾客对企业责任和义务的感知以及顾客对自身责任和义务的感知两方面内容。其中,顾客对商家的责任认知是了解顾客心理契约形成、破坏和违背的前提。尽管心理契约的信息表征为双方非正式的默契合约,顾客心理认定上却是理所当然的,即商家兑现的责任是顾客应该享受到的权益,这种认知构成了顾客是否与商家建立和保持交易关系的重要基础(万映红等,2013)。因此,相对于心理契约中顾客对自身义务的认知,学者更加关注顾客对商家责任的认知。

对于商家责任的认知,最初学者并未直接就这一问题进行研究,而是通过营销领域中的心理契约测量方式上有所体现。Kingshott 在研究供应商和购买者之间心理契约与信任和忠诚之间关系时,提出了心理契约包括购买者感知企业承诺的信任和公平交易的程度、心理契约内在的关系特征、关系带来的利益和关系维持的条件。由于这些内容是从测量角度提出来的,因此不能更准确地反映出顾客对商家责任的认知。我国学者罗海成和阳林从心理契约的交易维度和关系维度分别提出了六类共计十二项顾客对企业责任的认知,包括提供干净、整洁的服务设施,给予真正的价格优惠或免费服务,提供快捷服务,不推荐贵但并不适合产品,熟悉我的服务要求,耐心解释疑问,出现事故主动承担责任,提供可靠、放心的优质服务,尊重顾客,做出长期的质量和信誉保证,真心关心顾客个人工作和生活,重视与顾客的友谊关系。这些内容基本上反映了顾客对商家责任的认知,但学者依然是从测量的角度提出来的,不能反映出顾客对商家全部的责任认知。直到 2011 年,万映红等正式提出顾客心理契约中服务商的责任问题,通过对于美发、配镜、航空客运三个行业的调研提出了服务规范、服务公平、人际沟通、共生发展的服务商责任结构。2013 年,万映红等应用映像理论,通过民航服务的调研揭示了顾客心理契约中商家"责任"形成的决策过程机理,并提出在"互惠交换"关系下,顾客将其内心关于对方应承担的"交易－关系"两个方面较抽象和笼统的责任置于具体的特定服务关系背景下,形成了包括服务符合标准和规范、服务过程和结果公平、善意交往与情感尊重、同理关系与共生发展等四个方面的责任兑现目标和实施行为。这一研究深入剖析了顾客心理契约中服务商的责任认知,并构建了顾客对服务商责任认知的构成,使该理论更加成熟。

关于营销领域心理契约的维度和内容,学者观点尚不统一。Kingshott 参考 Rousseau 在员工心理契约的研究内容,提出了营销领域中心理契约包括顾客感知企业承诺的信任和公平对待的程度、条件关系、内在的关系特征和益处四个方面内容。Pavlou 和 Gefen、罗海成和范秀成、阳林等指出顾客心理契约包括交易契约和关系契约两个维度的内容,其中,交易心理契约是建立在短期回报和利益基础之上;关系心理契约关注广泛的、长期的、社会情感联系。后者被学者们广泛采用。

3. 营销领域中心理契约违背的内涵

在心理契约理论的研究中有学者提出,心理契约正是因为心理契约违背现象的普遍性而被重视的。在营销领域中,由于顾客心理契约违背经常发生,并且影响顾客行为,因此许多学者致力于顾客心理契约违背的研究。

在组织行为学中,Morrison 等(1997)指出,心理契约违背被定义为员工认为并且感知到他们所在的组织没有充分履行心理契约中的责任后的情绪和情感状态。Goles 等认为顾客心理契约违背是对委托人违背诺言的情感反应。Hill 认为心理契约是参与者对对方义务的主观感知,当微小的或者严重的不道德行为发生,不能保护其权利和利益时,心理契约违背发生。赵鑫等

(2011,2012)提出顾客心理契约违背是顾客感知到企业没有履行某一项或者某些义务,并产生情感反应。也就是说,顾客心理契约违背是顾客对企业方履行义务情况的感知,不涉及顾客对自身义务的感知。目前学者在实证研究中多采用此观点。

4. 营销领域中心理契约的测量

由于营销领域中的心理契约是从组织行为学领域中引入的,其测量方式也参照了组织行为学领域中的测量方法。

心理契约在组织行为学领域的测量量表较多,相对比较成熟,但学者的测量方法却是百花齐放。Rousseau 和 Tijoriwala(1998)在评价心理契约的文章中将学者对心理契约的测量总结为三种方式,即以特征测量为导向、以内容测量为导向和以评价为导向的测量。① 以特征测量为导向的量表,将契约评价为几种特征或者维度。这种测量方式认为契约是可以有特征的,如交易型、平衡型、变动型、关系型、团队扮演型、忠诚型等(Macneil,1985;Shore,1994;Rousseau&Tijoriwala,1998)。② 以内容为导向的心理契约,明确列出心理契约的条款,如提供培训的机会、安全的工作环境、有挑战的工作、灵活的工作时间、传递高质量服务等。③ 以评价为导向的心理契约,评价心理契约的履行程度、变化、违背体验。如,Robinson 和 Rousseau 等(1994)采用"请评价你的雇主履行义务的程度",选项从履行的非常差到履行的非常好。Freese 和 Schalk(1996)指出心理契约的测量要满足六项标准:要有理论支持;包括互惠的责任;测量工具和样本可实现;在全球范围内测量心理契约的履行必须包括更多的条款以保证测量的信度;心理契约的评价应该能够判定为什么某个条款是重要的;心理契约破坏和履行与违背要有差异。根据这些标准,在所有的测量方法中 Rousseau(1990,2000)、Freese 和 Schalk(1996)的测量相对较好。

在营销领域的心理契约测量量表较少,并且观点不统一。学者们根据自身研究的需要,分别提出适合研究方式的测量量表,心理契约的维度或内容也就由量表所决定。总结国内外学者的测量方法,营销领域中心理契约的测量也包括以特征、内容和评价为导向的三种量表。

(1)以内容为导向的测量量表

代表学者是 Kingshott(2006),在研究供应商和购买者之间心理契约与信任和忠诚之间关系时,参考组织行为学领域 Rousseau 在 1996 年的量表,从具体内容的角度提出了心理契约包括购买者感知企业承诺的信任和公平交易的程度(GFFD,含六个题项,描述购买者感知供应商的诚实度、职业行为和协作性)、内在的关系特征(IRC,含五个题项,反应购买者感知供应商自治和承担责任的程度)、关系带来的利益(RB,含五个题项,测量感知未来供应商承诺的有形的关系带来的利益,如未来的收益、特殊的财务交易)、关系维持的条件(RC,含六个题项,反应未来的投入,如资源投入、服务等)。

（2）以特征为导向的测量量表

代表学者是我国学者罗海成（2006）和阳林（2010）。参照组织行为学领域Macneil等的测量方法，将心理契约分为交易型心理契约和关系型心理契约两个方面特征进行测量。罗海成的量表从关系契约和交易契约的具体内容上共设计了十二个顾客对企业责任和义务的感知题项。阳林在罗海成量表的基础上，又增加了关系契约和交易契约中顾客对自身义务感知的十二个题项。

（3）以评价为导向的测量量表

以评价为导向的心理契约是用来测量心理契约履行、违背和变化的。这种以评价为导向的测量方式在营销领域中，学者主要应用在测量心理契约违背上，但测量方法相对混乱。国外学者采取直接测量的方法，如Pavlou和Gefen在研究网络营销领域中的顾客心理契约时，通过"是否与卖方有很大的意见分歧"、"是否与商家有严重的交易问题"和"是否体验到严重的契约违背"三个题项直接测量；Hill等在研究顾客心理契约违背对信任和不道德行为关系的调节作用时，直接测量顾客对双方契约的感知（包括愤怒的、被欺骗的、沮丧、失望的、不满的）。我国学者多是在罗海成和阳林的心理契约量表基础上，通过测量顾客对企业未履行情况的感知来测量心理契约违背。

总结上述测量方式，目前营销领域中的心理契约测量主要存在如下问题：第一，国内外学者在测量方式上缺少相互借鉴，没有权威的测量方式；第二，以评价为导向的测量方式，心理契约违背体验和履行情况同时存在，履行程度还存在较好的情况，没有将心理契约违背和履行的测量量表加以区分；第三，国外关于心理契约违背体验的直接测量方式不统一，违背体验和情绪感知相混淆。

三　营销领域中心理契约的形成、破坏与违背

在组织行为学领域中，Rousseau（2001）提出了一个比较完整的心理契约形成阶段模型。在营销领域，学者普遍认为企业的承诺是塑造顾客对商家的期望，形成心理契约的基础。也有学者从心理契约初期、中期和后期分别提出了服务情境中顾客心理契约形成机制（范钧等，2009）。在心理契约建立初期，广告、心理预期和口碑是影响心理契约形成的重要因素，在心理契约建立中期，服务质量和服务公平促使顾客对心理契约再定义；在心理契约建立后期涉及心理契约的维持和调整。但顾客感知的心理契约是如何形成的，其他因素如顾客自身特征、时代特征、行业环境等是否影响顾客心理契约的形成，现有的研究没有涉及。

关于心理契约破坏（Psychological Contract Breach）与违背（Psychological

Contract Violation)的差别,在组织行为学领域做了明确的区分。Morrison 和 Robinson(1997)提出,心理契约破坏和心理契约违背是两个完全不同的概念。心理契约破坏是指个体对于组织未能完成其在心理契约中应承担的责任的认知评价;心理契约违背则是指个体因组织违背心理契约基础上产生的一种情绪体验,其核心是愤怒和失望,两者之间又存在着密切的因果关系(Morrison&Robinson,2000)。营销领域中,学者虽未明确指出,但普遍认为心理契约随着顾客体验的过程发生变化,是一个动态的变量。当顾客感知到企业没有履行某一项或者某些义务时,顾客可能认为无所谓,也可能产生不满意情绪,甚至愤怒地抱怨或断绝关系。这种感知企业未履行其义务是顾客的认知评价,属于心理契约的破坏,由此产生失望或者愤怒的情绪是顾客因破坏的心理契约而产生的情绪体验,属于心理契约的违背(赵鑫、马钦海,2012)。当心理契约破坏时,顾客可能依然忠诚,也可能产生不满情绪。因此,营销领域中心理契约破坏和心理契约违背是两个不同的概念。当顾客感知到企业没有履行某一项或者某些义务时,心理契约破坏发生;当顾客感知到企业没有履行某一项或者某些义务,并产生情感反应时,心理契约违背发生。破坏是违背的预测指标,是违背的必要非充分条件。

从现有研究对心理契约形成、破坏和违背的认知情况来看,学者还需要进一步深入分析顾客的心理契约是如何形成的以及从破坏到违背是如何产生的。

四　营销领域中影响顾客感知心理契约违背和履行的因素

关于营销领域中影响顾客感知心理契约违背和履行的因素研究国内外学者研究的角度不同,我国学者多是在实体交易环境下进行的实证研究,国外学者多是基于网络环境下的研究,并且现有的研究屈指可数。

由于顾客心理契约违背经常发生,影响顾客行为,给企业带来经济损失,因此,学者首先探讨了促使顾客感知心理契约违背发生的因素。Pavlou 和 Gefen(2005)在网上拍卖情境中提出心理契约违背的内容包括被欺骗、错误描述产品、契约条款违背、延迟配送、未履行产品质量保证和付款承诺条款。通过 eBay's 和 Amazon's 顾客的实证研究,验证了顾客积极的过去的服务经历、销售商过去良好的工作绩效会降低心理契约违背的发生。Goles 等(2009)针对顾客网上购物行为的研究,验证了顾客与商家不良的服务经历、归因于商家、服务商对待的公平性等影响心理契约违背。Hsieh(2012)也在电子商务环境中验证了感知公平、归因和负面结果的程度导致心理契约违背发生。我国学者从服务管理行为角度验证了服务企业的管理沟通对顾客感知心理契约违背存在正向影响；服务公正性对顾客感知交易型心理契约违背存在显著的负向影响，对关系型心理契约违背具有正向影响；服务营销管理实践活动对顾客感知服务企业心理契约违背存在显著的负向影响（汤发良和阳林，2011）。这些研究从顾客感知角度和服务管理角度对影响顾客心理契约违背的因素进行了探索，但目前这些研究都是个体层次的因素对顾客心理契约违背的影响，营销领域中的心理契约是顾客与企业之间的隐性的契约关系，企业的服务质量承诺是顾客心理契约建立的基础，也是顾客评价企业是否履行责任和义务感知的重要依据。企业的整体服务环境及服务氛围等组织层次的因素也是影响顾客心理契约违背的重要因素，但现有的研究没有对此做深入的探讨。

我国学者赵鑫等（2013）从促使顾客心理契约履行的角度探讨其影响因素，并提出顾客参与程度和顾客感知服务质量影响顾客感知企业履行心理契约。但仅是对促使顾客感知企业心理契约的初步探讨，在这方面的研究还有待进一步拓展。

随着心理契约被逐步引入到营销领域中，一些学者在探讨 B2B 交易中的客户关系时从心理契约的视角理解客户行为和感知，这也从另一个侧面反映出心理契约的作用机理。Lövblad 等（2012）在探讨顾客与供应商之间关系中的前因变量对情感承诺的影响时，验证了心理契约在多个前因变量对情感承诺的影响中起中介作用。

五　营销领域中心理契约违背后的顾客行为

由于心理契约是参与者对对方义务的主观感知，当微小的或者严重的不道德行为发生，不能保护其权利和利益时，心理契约违背发生。因此，顾客心理契约违背发生频率较高，并且影响顾客行为。心理契约违背后的顾客行为已成为学者研究的重点之一，相对于顾客心理契约其他方面的研究，这部分研究成果相对较多。

由于心理契约是建立在信任基础上，因此，多位学者探讨了心理契约违背后顾客信任变化的情况。Pavlou 和 Gefen 通过网络营销中心理契约的研究发现，心理契约违背会增加顾客对网上购物风险的感知，降低对商家的信任和顾客购买倾向，并且这种影响会延伸到对其他网络商家的整体感知，破坏性极大。Goles 等针对顾客网上购物行为也证实了心理契约违背影响认知性信任和情感性信任。同时，验证了信任在心理契约违背对顾客负面口碑宣传、重构行为等关系影响上起中介作用。Yang 等（2013）再次验证了交易心理契约违背会导致顾客的退出行为、抱怨增加、忠诚度和满意度降低，关系心理契约违背对顾客忠诚度也有影响。赵鑫等在已有研究基础上，重新思考了心理契约违背与信任和满意的关系,验证了信任在心理契约违背与满意的关系中起完全中介作用,同时验证了顾客对自身义务的感知在其中起调节作用。也有学者探讨了心理契约违背对顾客满意、品牌意识、决策行为等的影响。如,Eckerd 等(2013)在研究供应链上客户关系时发现客户的心理契约破坏对客户的决策行为有显著影响,同时,客户的心理契约违背在解释客户对交易过程中的公平感知上有影响;Theotokis 等(2012)发现顾客心理契约违背能够解释顾客对企业的基于到期日定价方法的行为反应;雷亮(2008)论述了顾客心理契约违背与顾客满意负相关;郑彬和卫海英(2011)论述了心理契约违背对顾客品牌意识的影响。也有学者研究发现,心理契约违背不仅直接影响顾客行为,还间接对顾客行为产生影响,Kim 等(2013)在研究外包业务中法律合同对外包质量的影响中发现,客户心理契约破坏对上诉关系起调节作用。

上述研究表明心理契约违背严重影响顾客的信任、满意等,及时通过抱怨行为发现心理契约违背成为学者关注的又一个焦点。阳林等首先证实了服务企业交易型心理契约违背导致顾客退出、抱怨行为增加和沉默行为减少,服务企业的关系型心理契约违背则导致顾客抱怨行为和沉默行为增加,但对顾客退出行为影响不显著。赵鑫等也通过餐饮业的实证研究表明,顾客心理契约违背影响顾客对自身义务的感知、直接抱怨倾向、间接抱怨倾向、私下抱怨倾向、第三方抱怨和转换意向等行为。

顾客心理契约违背后顾客是否会产生其他不良行为,以及顾客心理契约违背后与信任、满意、抱怨等行为的关系上是否受其他调节因素的影响是未来该领域需要深入探讨的内容。

<table>
<tr><td>六</td><td>营销领域中心理契约未来研究方向</td></tr>
</table>

总结上述研究,本文发现营销领域中心理契约违背领域存在诸多局限。心理契约的测量目前依然缺少权威量表,顾客心理契约是如何形成、如何变化及其对顾客行为的影响仍需进一步探讨。尽管营销领域中的心理契约虽然已经探讨了 10 多年,但依然是一个全新的领域,许多问题仍有待进一步的研究和探索。未来可在以下几方面开展研究:

(1)营销领域中心理契约的测量量表开发。开发适合国内外学者进行心理契约实证研究的量表,特别是心理契约总体测量量表,心理契约内容测量量表的再验证,心理契约履行和心理契约违背测量的区分。

(2)心理契约形成的影响因素。在营销领域中,顾客经常在多个商家接受相同或类似的服务,顾客对企业应该履行的义务的感知已经不仅仅受企业的承诺的影响,其他商家的服务也会成为顾客对服务提供商应该承担义务的要求。社会对顾客权益的重视,使得社会舆论也成为顾客对企业义务感知的来源。因此,未来有必要验证营销领域中心理契约形成的影响因素。

（3）顾客对自身义务感知的影响因素。已有学者研究发现,顾客对自身义务感知在顾客行为上起到关键的作用,但对顾客自身义务的研究非常少,因此有必要探索顾客对自身义务感知产生差异的原因,以及顾客对自身义务感知是否具有时代背景。随着人们教育程度的变化以及经济环境和生活环境的变化,顾客对自身义务感知是否会发生变化。

（4）深入探讨心理契约违背对抱怨行为的调节作用。阳林初步验证了心理契约违背对抱怨行为有影响。然而,抱怨是一个非常复杂的行为,在抱怨行为的研究中,学者发现诸多变量对抱怨行为的影响并不是简单地作用,而是存在许多调节因素,如行业、性别、转换成本等。心理契约违背与抱怨行为的影响需要深入思考、分析其可能存在的调节因素。

（5）心理契约违背的影响因素。国外学者在网络营销环境中进行的研究开启了对于心理契约违背产生的根本问题的探讨。现有的研究仅从网络营销角度和商家服务管理行为角度关注了导致心理契约违背的影响因素,这些因素都是从个体层面来探讨的,缺少组织层次因素的分析。另外,员工个体和顾客个体层次是否还存在其他影响因素,需要学者不断探索。

（6）感知企业履行心理契约的影响因素。目前,学者关于心理契约的影响因素研究主要关注在心理契约违背的影响因素研究上,为了有效预防心理契约违背的发生、维系商家与的心理契约关系,不仅要关注导致心理契约违背发生的影响因素,还要从服务流程出发,探索心理契约其他阶段的影响因素,特别是促使感知心理契约履行的影响因素。

（7）心理契约违背在不同文化背景和不同时代下的对比研究。营销领域中的心理契约研究是基于顾客自身的感知。顾客的感知随着经济社会的发展变化而动态地变化,来自不同文化背景下的顾客在同一时代的感知也会有所差异,这些差异将会影响到企业的管理实践。因此,动态的心理契约研究和跨文化背景下心理契约理论对比研究是未来值得探讨的话题。

参考文献

[1] Argyris, C. Understanding organizational behavior [M]. London: Tavistock Publications, 1960.

[2] Eckerd S, Hill J, Boyer K K, et al. The Relative Impact of Attribute, Severity, and Timing of Psychological Contract Breach on Behavioral and Attitudinal Outcomes [J]. Journal of Operations Management, 2013.

[3] Freese C, Schalk R. Implications of differences in psychological contracts for human resource management[J]. European Journal of Work and Organizational Psychology, 1996, 5(4): 501-509.

[4] Goles T, Lee S J, Rao S V, Warren J. Trust violations in electronic commerce:

customer concerns and reactions [J]. Journal of Computer Information Systems, 2009, summer: 1 - 9.

[5] Guest E D. Is the psychological contract worth taking seriously? [J]. Journal of Organizational Behavior, 1998, 19: 649 - 664.

[6] Guest E D. On meaning, metaphor and psychological contract: a response to rousseau [J]. Journal of Organizational Behavior, 1998, 19: 673 - 677.

[7] Hill J A, Eckerd S, Wilson D, Greer B. The effect of unethical behavior on trust in a buyer-supplier relationship: The mediating role of psychological contract violation [J]. Journal of Operations Management, 2009, 27(4): 281 - 293.

[8] Hsieh P L. Why e-return services fail: a psychological contract violation approach [J]. Cyberpsychology, Behavior, and Social Networking, 2012, 15(12): 655 - 662.

[9] Kim H J, Shin B, Lee H. The mediating role of psychological contract breach in IS outsourcing: inter-firm governance perspective [J]. European Journal of Information Systems, 2013, 22, 529 - 547.

[10] Kingshott R P J. The impact of psychological contracts upon trust and commitment within supplier-buyer relationships: a social exchange view [J]. Industrial Marketing Management, 2006, 35(6): 724 - 739.

[11] Kotter J P. The Psychological contract [J]. California Management Review, 1973, 15 (3): 91 - 99.

[12] Levinson H, Price C R, Munden K J, et al. Men, management and mental health [M]. Cambridge, MA: Harvard University Press. 1962.

[13] Lövblad M, Hyder A S, Lönnstedt L. Affective commitment in industrial customer-supplier relations: a psychological contract approach [J]. Journal of Business & Industrial Marketing, 2012, 27(4): 275 - 285.

[14] Lusch R F, Brown J R. Interdependency, contracting, and relational behavior in marketing channels [J]. Journal of Marketing, 1996, 60(4): 19 - 38.

[15] Macneil I R. Relational contract: what we do and do not know [J]. Wisconsin Law Review, 1985, 483 - 525.

[16] McLean P J, Kidder D L, Gallagher D G. Fitting square pegs into round holes: mapping the domain of contingent work arrangements onto the psychological contract [J]. Journal of Organizational Behavior, 1998, 19, 697 - 730.

[17] Morrison E W, Robinson S L. When employees feel betrayed: A model of how psychological contract violation develops [J]. Academy of Management Review, 1997, 22(1):226 - 256.

[18] Pavlou P A. , Gefen D. Psychological contract violation in online marketplaces: antecedents, consequences, and moderating role [J]. Information Systems Research, 2005, 16(4):372 - 399.

[19] Roehling MV. The origins and early development of the psychological contract construct [J]. Academy of Management Proceedings, 1996, 202 - 206.

[20] Robinson S A, Kraatz M. S. , Rousseau D. M. Changing obligations and the psychological contract: A longitudinal study [J]. Academy of Management Journal,

1994. 37, 137 - 152.

[21] Robinson S L, Morrison E W. The development of psychological contract breach and violation: a longitudinal study. Journal of Organizational Behavior, 2000, 21: 526 - 546.

[22] Rousseau D M. New hire perspectives of their employer's obligations: a study of psychological contracts[J]. Journal of Organizational Behavior,1990,11: 389 - 401.

[23] Rousseau D M.. The 'problem' of the psychological contract considered [J]. Journal of Organizational Behavior, 1998, 19: 665 - 671.

[24] Rousseau D M. Psychological contract inventory technical report [J]. Pittsburgh: Carnegie Mellon University, 2000.

[25] Rousseau D M. Schema, promise and mutuality: the building blocks of the psychological contract [J]. Journal of Occupational and Organizational Psychology, 2001, 74 (4): 511 - 542.

[26] Rousseau D M, McLean Parks J. The contracts of individuals and organizations [J]. Research in organizational behavior, 1993, 15: 1 - 1.

[27] Rousseau D M, Tijoriwala, S. A. Assessing psychological contracts: Issues, alternatives and measures [J]. Journal of Organizational Behavior, 1998, 19, 679 - 695.

[28] Rousseau D M, Wade-Benzoni K. A. Linking strategy and human resource practices: how employee and customer contracts are created [J]. Human Resource Management, 1994, 33, 463 - 489.

[29] Schalk R, Freese C. Tilburgse psychologisch contract vragenlijst[J]. Tilburg: Intern rapport KU Brabant, 1997.

[30] Schein E. Organizational psychology [M]. Englewood Cliffs, NJ: Prentice Hall, 1965.

[31] Shore L M, Tetrick L E. The psychological contract as an explanatory [J]. In C. L. Cooper 8f D. M. Rousseau (Eds.), Trends in organizational behavior, 1994, 91 - 109. New York: Wiley.

[32] Theotokis A, Pramatari K, Tsiros M. Effects of expiration date-based pricing on brand image perceptions [J]. Journal of Retailing, 2012, 88(1): 72 - 87.

[33] Wilkinson-Ryan T. Legal promise and psychological contract [J]. Wake Forest L. Rev. , 2012, 47: 843 - 899.

[34] Yang L, Tang J. A research on the effect of service firms' psychological contract violation on customers' behavior: Satisfaction as mediator[C]//Service Systems and Service Management (ICSSSM), 2013 10th International Conference on. IEEE, 2013: 573 - 578.

[35] 范钧,杨丽钗. 服务消费情境中的顾客心理契约形成机制研究[J]. 商业经济,2009 (2):30 - 32.

[36] 雷亮. 基于心理契约视角的顾客满意管理研究[J]. 北京工商大学学报(社会科学版), 2008,23(4):34 - 37.

[37] 罗海成. 营销情境中的心理契约概念及其测度研究[J]. 数理统计与管理,2006,25

(5):574 - 580.

[38] 罗海成,范秀成.基于心理契约的关系营销机制:服务业实证研究[J].南开管理评论, 2005,8(6):48 - 55.

[39] 汤发良,阳林.服务管理行为对顾客感知心理契约违背影响的实证研究[J].软科学, 2011,25(10):46 - 50.

[40] 万映红,岳英,胡万平.基于映像理论视角的顾客心理契约中商家"责任"认知机理研究[J].管理学报,2013,10(1).110 - 116.

[41] 万映红,岳英,姜立权.探究服务关系下顾客隐性需求的新视角——顾客心理契约中服务商责任[J].预测,2011,30(5):6 - 12.

[42] 阳林.服务企业与顾客心理契约结构研究——一项基于银行业的实证研究[J].南开管理评论,2010,1:59 - 68.

[43] 阳林,李青.基于心理契约违背的顾客行为研究[J].成都大学学报:自然科学版, 2010,29(004):355 - 360.

[44] 赵鑫,马钦海,郝金锦.顾客心理契约违背与信任和满意关系的再思考[J].营销科学学报,2011,7(2):81 - 91.

[45] 赵鑫,马钦海.基于心理契约违背的顾客行为[J].技术经济,2012,31(9):104 - 108.

[46] 赵鑫,王淑梅.顾客参与、感知服务质量对顾客心理契约的影响研究[J].东北大学学报(社科版),2013,2(15):154 - 159.

[47] 郑彬,卫海英.基于顾客心理契约违背的品牌危机产生机理研究[J],企业活力,2011, 5:41 - 44.

论文执行编辑:黄韫慧

论文接收日期:2012 年 12 月 28 日

The Review of Psychological Contract in Marketing Field

Xin Zhao   Qinhai Ma

Abstract: Psychological contract has applied in marketing field for more than ten years. It makes a big positive contribution to explain the implicit customer needs and customer behavior. This paper summarizes the existing researches about psychological contract, which includes the origin, definition, measurement and content of psychological contract, as well as the consumer psychological contract process of formality, breach, and violation in marketing field. Then, it reviews the researches of antecedents of consumer psychological contract fulfillment and violation and its consequences. At last it analyzes the limitation of existing researches and recommends the future research focuses.

Key words: psychological contract   marketing   psychological contract violation

JEL Classification: M31

对参考价格研究的综述

王慧玲　李小琳　李治*

【摘要】　本文从参考价格的几个主要因素入手,提供了一个分析框架,总结了有关参考价格的研究内容。从与参考价格相关的几个主体来看,主要有五个因素,分别是参考价格、消费者、零售商、商品和其他情境因素。其中,对参考价格本身的研究比较广泛,基本从参考价格的形成和使用方面来探讨。本文以参考价格涉及的主体为线索,分析已有研究的成果,发现近几年有关参考价格研究的新趋势,即用参考价格理论解释新现象,并且指出未来研究应该关注的领域。从研究方法来看,对参考价格的研究有行为流派和建模流派,其中,行为流派善于使用实验,而建模流派善于建模,二者用不同的方法丰富了参考价格理论。

【关键词】　参考价格　购买决策　价格策略
【JEL分类】　M21

一　引　言

从社会心理学视角和经济学视角研究参考价格从 20 世纪 50 年代开始就受到很多研究者的关注,到 90 年代,对该问题的研究达到顶峰,很多学者从不

---

* 王慧玲,1987 年 1 月出生,南京大学商学院电子商务系硕士研究生,研究方向为电子商务和市场营销,Email:wanghuiling_0101@126.com;李小琳,南京大学商学院电子商务系副教授,研究方向为数据挖掘;李治,南京大学商学院工商管理硕士研究生,研究方向为电子商务和金融。作者衷心感谢两位匿名评审和执行编辑的修改意见。

同角度研究参考价格。进入21世纪，随着时代和技术的发展进步，参考价格的研究超越了原有情境，在新情境下使用参考价格理论解释一些新现象，成了研究者的新方向。然而，在国内，有关参考价格的研究很少，该主题长期没有受到研究者的关注，因此本文通过综述国外有关参考价格的研究现状，希望促使更多研究者对参考价格予以关注。

总的来说，对参考价格的研究主要有两个流派：一是行为流派；二是建模流派（Tridib Mazumdar, S. P. Raj & Indrajit Sinha, 2005）。行为流派使用实验方法，研究外部刺激对内部参考价格和价格判断的影响（Alba, Carl F. Mela & Terence A. Shimp, 1999）；建模流派则用统计学方法对参考价格的效应进行建模，比较不同建模对问题的解释程度（Dayaratna & Kannan, 2012；Winter, 1986），研究者使用二手面板数据，从消费者的以往购买信息中研究参考价格。

本文综合两个流派的研究成果，对已有文献进行回顾总结。参考价格最初的情境是，消费者购买产品时，对产品价格进行评价，然后采取行为，从这一购买情境中，可知该问题涉及消费者、产品、参考价格、零售商和情境等五个要素（见图1），这五个要素既是与参考价格相关的主体，也是综述该领域文献最直观和符合逻辑的线索。参考价格领域的绝大多数文献都可以归结为这五个要素中的某一个或某几个，而参考价格的形成是多年来的研究重点。这五个要素相辅相成，其中，商品定价和促销政策是参考价格的依托，商品是参考价格的标的物，而消费者是主动方和信息的接收方，情境是消费者的购物场所，这五个要素完整地构成了消费者购物的基础。本文将从这五个方面回顾已有文献，分析目前已有研究在不同方面做了哪些研究并且是如何开展研究的。

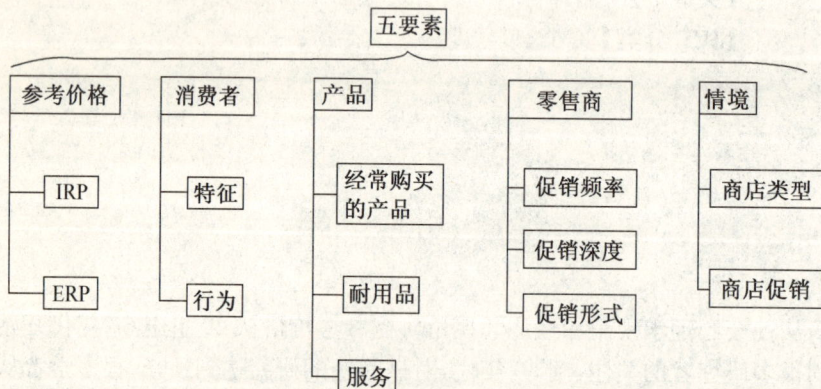

图1　参考价格研究的分析框架

本文第二部分到第六部分分别回顾了五个要素的研究成果，第七部分是在综述的基础上发现的新的研究趋势和未来的研究方向，希望对读者未来的研究工作有一定的指导意义，最后是对文章的总结。

二 参考价格

1. 参考价格的定义

参考价格的定义主要有以下三种。其中,最主流的是来自适应水平理论(Helson,1964),从期望价格角度来定义,即参考价格是基于消费者以往购买经验和现有购买环境下其他品牌的价格,建立的预测性的价格预期;第二种定义,即规范性参考价格(normative reference price),指卖方索要的合理或公平价(Klein & Oglethorpe,1987);第三种定义是基于渴望的参考价格(aspiration-based reference price),考虑社会群体中其他人对相同产品的支付价格(Mezias,Chen & Murphy,2002)。消费者通过比较商品现价与参考价格,判断现价是否有吸引力,若商品价格低于参考价格,则被视为获得;若商品价格高于参考价格,则被视为损失。根据前景理论(Kahneman & Tversky,1979),消费者对等量的获得和损失的反应程度不一样,对损失更敏感,即面对等量损失和获得,损失带来的伤痛比获得带来的快乐更多,如式(2)的不对称效用函数。然而,威纳认为消费者对获得和损失具有相同的反应程度(Winer,1986),即式(1)的对称效用函数。拉丁和布克林发现若加入促销的作用,对得失反应相同的对称效应就不显著了(Lattin & Bucklin,1989)。贝尔和拉丁发现,如果考虑价格敏感度的异质性,对得失反应相同的对称效应会减少,但仍然显著(Bell & Lattin,2000)。对这种矛盾结论的原因,至今并没有统一的研究结果。

$$U_{iHt} = \beta_{0,i} + \beta_p * Price_{iHt} + \beta_{prom} * Prom_{iHt} + \beta_{Loy} * Loyalty_{iHt} + \beta_{ref}(RP_{iHt}$$
$$Price_{iHt}) | \varepsilon_{iHt} \tag{1}$$

$$U_{iHt} = \beta_{0,i} + \beta_p * Price_{iHt} + \beta_{prom} * Prom_{iHt} + \beta_{Loy} * Loyalty_{iHt} + L_i\beta_L$$
$$(Price_{iHt} - RP_{iHt}) + G_i\beta_G(RP_{iHt} - Price_{iHt}) + \varepsilon_{iHt} \tag{2}$$

若 $Price_{iHt} > RP_{iHt}$, $L_i = 1$, 否则为 0;若 $Price_{iHt} < RP_{iHt}$, $G_i = 1$, 否则为 0。

在经济学建模中,效用函数是一个重要的评估标准,通过使效用最大来确定最优决策(Hernan A. Bruno,Hai Che & Shantanu Dutta,2012),或者通过比较几个效用函数的拟合程度来确定最优模型(Niedrich, R. W. & D. Weathers,et al,2009)。在参考价格研究领域,效用函数通常包括三部分:交易效用、参考效用和比较效用,见式(3)。其中,交易效用通常是价格、促销和忠诚度的函数;参考效用是指当实际价格等于参考价格时的交易效用;比较效用则是交易效用和参考效用的差值。只包含交易效用的效用函数通常作为基本模型,新模型与之比较,检验是否增加了对数据的解释能力。基本模型的交易效用函数如式(4)，其他模型通过与基本模型比较优劣，来证明新模型与现实更符合。

$$U(p,q;R) = \overbrace{\underbrace{V(p,q)}_{\text{交易效用}} + \beta\underbrace{[V(p,q) - V(R,q)]}_{\text{参考效用}}}^{\text{比较效用}} \qquad (3)$$

若 $V(p,q) < V(R,q)$，$\beta = \beta_L$；若 $V(p,q) > V(R,q)$，$\beta = \beta_L$。

$$U_{iHt} = \beta_{0,i} + \beta_p * Price_{iHt} + \beta_{prom} * Prom_{iHt} + \beta_{Loy} * Loyalty_{iHt} + \varepsilon_{iHt} \qquad (4)$$

参考价格的定义包含了两个子类，即内部参考价格(internal reference price，IRP)和外部参考价格(external reference price，ERP)。IRP 也叫基于记忆的参考价格(memory-based reference price)，是指消费者把以往购买价格作为参考价格，与现价进行比较，评估现价是否具有吸引力。式(5)(Kalyanaram & Little，1994；Lattin & Bucklin，1989)是比较常用的 IRP 计算方法。式中，下标 h 指消费者，j 指产品品牌，$Price_{jh(t-1)}$ 是上一次购买 j 品牌的产品时的价格，参数 $a(0<a<1)$ 表示上次购买价和上次 IRP 在本次 IRP 中所占的比重，此参数需要从消费者购买行为数据中估计，研究表明，该参数在 0.6 到 0.85 之间，也就是说，三次以前的购买价对 IRP 的影响可以忽略不计(Dickson & sawyer，1990)。式(6)(Kalyanaram & Little，1994；Lattin & Bucklin，1989)可计算出消费者的价格判断。IRP 抓住了参考价格的时效性，即离现在越远的参考价格对现在的价格判断的影响越小。ERP 也叫基于刺激的参考价格(stimulus-based reference price)，是指货架上其他品牌的同种商品的价格对消费者评价该品牌商品的价格的影响。基于比较货架上不同品牌的价格，消费者判断现价的吸引力，做出购买决策，如式(7)(Hardie，Johnson & Fader，1993)。式(7)中，$Price_{[cb(t-1)]ht}$ 是消费者 h 在购买时间 $t-1$ 选择的品牌在购买时间 t 的价格。消费者既会使用基于记忆的内部参考价格，也会使用基于刺激的外部参考价格，不同的消费者侧重不同。

$$IRP_{jht} = (1-a)IRP_{jh(t-1)} + aPrice_{jh(t-1)} \qquad (5)$$

$$Price\,Judgment_{men,jht} = Price_{jht} - IRP_{jht} \qquad (6)$$

$$Price\,Judgment_{stim,jht} = Price_{jht} - Price_{[cb(t-1)]ht} \qquad (7)$$

2. 内部参考价格的形成

关于 IRP 形成的研究基本分三部分，即信息输入、信息整合和信息输出。所谓信息输入是指消费者会选择哪些信息用以形成 IRP，通常这些信息是随时间积累起来的，包括以前购买价、以前的内部参考价格和促销信息等。以前的购买价格并不是同等程度的重要，离现在越近的购买价格的重要性越大，即以往的购买价格具有时效性，时间越远的价格信息对现在的影响越小。促销情况是指消费者在以往的购买经历中,该产品处于促销状态相对正常售价状态的比例,促销频率越大,消费者对该产品的内部参考价格越低。

消费者从购买经历中获得信息后,以一定的方式对这些信息进行整合。以往的研究对内部参考价格的构建和更新主要有两个视角:一是社会心理学视角,二是经济学视角。

社会心理学视角提出同化对比理论(assimilation-contrast theory)、范围理论(range theory)和范围频率理论(range-frequency theory)。同化对比理论(Sherif and Hovlang,1964)认为消费者对某产品有一个价格分布,如果新遇到的价格在此价格分布内,则同化到该价格分布并改变该价格的频数;如果不在价格范围内,则认为是不合理的,形成对比效应。卡尔瓦尼和严发现消费者会同化正常价格±4%以内的价格(Kalwani & Yim,1992)。汉等人指出同化价格的边界是模糊的(Han,Gupta & Lehmann,2001)。范围理论和范围频率理论认为消费者对某产品的内部参考价格是一个范围,而非一个具体的价格点(Parducci,1965)。研究表明,价格是否被同化取决于价格分布的端点(Janiszewski & Lichtenstein,1999)和价格的频率分布(Niedrich,Sharma & Wedell,2001)。

经济学家从消费者预测价格的角度研究 IRP 的形成。理性预期模型(Muth,1961)假设消费者使用与零售商相同的决策准则形成预期价格,所以零售商发布的产品价格是消费者期望支付的价格的无偏量。同化预期模型(Nerlove,1958)认为新的 IRP 是在原 IRP 的基础上进行调整,观察到的产品价格和 IRP 有差值,该差值与原 IRP 的加权平均就是新的 IRP,如式(8)。同化预期模型和同化对比理论很相似,β_{AE} 相当于同化系数,当它趋近于零,表示 IRP 和价格之间的差值不影响消费者,此时对比效应发生作用;较大的 β_{AE} 表示观察到的价格被同化。把式(8)稍作变换得到式(9),该形式在建模或行为学研究方面经常使用。

$$IRP_t = IRP_{t-1} + \beta_{AE}\left[Price_{(t-1)} - IRP_{(t-1)}\right] \tag{8}$$

$$IRP_t = (1 - \beta_{AE})IRP_{(t-1)} + \beta_{AE}P_{(t-1)} \tag{9}$$

整合后的信息以一定形式存在于消费者头脑里,即内部参考价格的表现形式,主要有三种:一是具体的价格数值(numeric form),例如一瓶可乐 3.5 元;二是价格等级(price rank),例如可乐比矿泉水贵;三是价格信念(price belief),例如康师傅方便面经常打折。Mazumdar 和 Monroe(1990)表示对于无意中获得的价格信息,消费者能更准确的记起价格等级,而非数值。经济学家提出消费者的购买过程分两步,即先确定购买某种产品的预算,再确定买该产品类目下的哪个产品,预算作为参考价格指导消费者的购买行为(Heath and Soll,1996)。从 IRP 的层次来看,分为产品类目层次的 IRP(category-level IRP)和品牌层次上的 IRP(brand-specific IRP)。产品类目下的参考价格可能是不同品牌的均价(Monroe,1973)或该产品类目下经常索要的价格。Briesch(1997)研究表明品牌层次上的 IRP 与数据最吻合,因此品牌层次上的 IRP 运用最广泛。

消费者做出购买决策时,使用 IRP 的程度取决于记忆,感知到的记忆正确性和外部可得到的信息(Feldman & Lynch,1988)。消费者的内部参考价格有偏差,受记忆的局限,如果消费者意外地想起了很久以前的信息,他们就会使用很久以前的信息进行价格判断(Menon & Raghubir,2003)。Morwitz, Greenleaf 和 Johnson(1998)指出,如果把价格分为产品价和运费,消费者会更关注产品价格而忽视运费,导致 IRP 有偏。同样,产品捆绑策略使消费者更关注核心产品的价格而忽视附加产品的价格,进而导致 IRP 发生偏差(Janiszewski & Cunha,2004)。

3. 外部参考价格

卖方使用外部参考价格来吸引消费者注意时会给一个较高的参考价,以对比彰显现价的优惠,从而激发消费者购买或购买更多。ERP 的形式有很多,如零售商提供各种形式的广告参考价(retailer-provided advertised RP),广告参考价 ARP 通过转化成 IRP,最终影响购买行为,如式(10)(Lichtenstein & Bearden,1989;Urbany, Bearden & Weilbaker,1988)。

$$IRP_t = \omega * ARP_{(t-1)} + (1-\omega) * IRP_{(t-1)} \tag{10}$$

广告参考价对 IRP 的影响是倒 U 型的,虽然广告参考价经常高于售价,但仍能增加消费者的 IRP。广告参考价的效应受到一些因素的影响,其真实性就是一个调节变量,当该参考价格看上去是真实的,消费者才会同化到 IRP(Urbany, Bearden & Weilbaker,1988)。广告参考价与现价的差距也会影响参考价格效应,当 ERP 比实际价格高一点点时,不能凸显现价的优惠程度,对消费者的影响较小;当 ERP 比实际价格高很多时,消费者则认为不合理,也不会购买(Kopalle & Lindsey-Mullikin,2003)。有研究表明,参考价的语义线索也会影响参考价格效应,打折比降价更能让消费者感觉实惠。与该产品以前的价格相比,不如与其他品牌比,这样对消费者的影响更大,即时间上的对比不如竞争性对比对消费者影响更大(Lichtenstein, Burton & Karson,1991)。有时间限制的促销,更能促进消费者购买(Howard, D. J. & R. A. Kerin,2006),因此零售商经常为产品促销规定一个期限。在网上竞拍情境下,马上购买价(Buy-Now Prices)具有参考价格效应,产品价值的评估难度和产品价值的大小都会影响该参考价格效应的大小(Popkowski Leszczyc, P. T. L. & C. Qiu,et al,2009),保守价(reserve price)作为参考价格则影响竞拍人的支付意愿。Rajendran 和 Tellis(1994)研究发现消费者把同种产品类目下的最低价作为 ERP。Hardie, Johnson 和 Fader(1993)研究中使用上次购买的商品在本次购买中的价格作为 ERP。

外部环境中的信息那么多，消费者会把哪些 ERP 同化为 IRP 呢？消费者的考虑集的大小会限制消费者选择一些 ERP，同化为 IRP。如果考虑集内的产品不经常打折，那么消费者的 IRP 会保持稳定（Mazumdar & Papatla，2000）。研究发现，经常购买的品牌的价格更易被同化，对打折敏感的消费者会把打折商品的价格同化。如果购买场景中没有 ERP，消费者会不知不觉地使用完全与产品价格无关的信息对现价进行评价（Nunes & Boatwright，2004）。

三　消　费　者

消费者既可以作为自变量影响参考价格，也可以作为因变量，研究参考价格对消费者购买行为的影响。因此，本文把消费者分为消费者特征和消费者行为两部分，回顾以往文献把消费者作为自变量和因变量时分别做了哪些研究。消费者具有异质性，不同的消费者对参考价格的反应也不同。

1. 消费者特征

影响参考价格效应的消费者特征很多，价格敏感度和品牌忠诚度是普遍关注的两种特征。研究表明不同的消费者依赖不同的信息做出价格判断，IRP 消费者主要依靠内部参考价格作为标准和锚点，ERP 消费者以外部参考价格作为标准，价格范围消费者（price range shoppers）则关注当前价格在价格范围内的位置，如式（11），其中 LP 和 HP 分别代表该商品类目下的最低价和最高价，LP 和 HP 与消费者和购买时间有关、与品牌无关，因为同一购物情境下，一个商品类目下的最高价和最低价是唯一的。价格范围值（PR_{hjt}）越低说明该品牌产品的价格越有吸引力。Sangkil Moon 和 Glenn Voss（2009）对三类消费者进行比较，发现 IRP 消费者具有最高的品牌忠诚度，对自己钟爱的品牌价格中度敏感；ERP 消费者具有中度的品牌忠诚度，对促销的反应最弱，他们不善于寻找最低价；价格范围消费者（price range shoppers）则具有最低的品牌忠诚度，对促销的反应最强，会购买促销产品，并且购买数量最多。

$$PR_{hjt} = (P_{hjt} - LP_{ht})/(HP_{ht} - LP_{ht}) \tag{11}$$

品牌忠诚度高的顾客不参考其他品牌的价格，只会把钟爱品牌的以往价格作为参考价格，而品牌忠诚低的顾客倾向于使用促销价作为参考价格。因为品牌忠诚度较高的顾客只关注几个钟爱的品牌，所以比其他顾客更清晰地记住了这些品牌的以往价格。价格敏感的消费者会把打折商品的价格作为参考价格(Bolton,1989)。经常购买的消费对产品价格有更大的信心,不常购买的消费者则因为缺乏信心而具有相对更高的参考价格,如果消费者重复地看到同一个价格,会增加他对该价格的信心,进而影响其内部参考价格(Menon,M. T. a. G.,2007)。此外,消费者对获得和损失的反应也具有异质性,有些消费者对等量的获得比等量的损失更敏感,有些消费者则相反(Kopalle, P. K. Kannan & Lin Bao Boldt, et al,2012)。

2. 消费者行为

行为学家主要研究的因变量有对售价的感知价值、再找更低价的意愿和购买意愿(Grewal,Monroe & Krishnan,1998)。而经济学家关注消费者的品牌选择、购买数量和购买时间,其中绝大多数的研究对象是消费者的品牌选择。经济学家研究真实购买数据,由于参考价格无法观察到,故一般通过比较含有参考价格效应的模型和不含有参考价格效应的模型,哪个与数据拟合更好则采用哪个模型。

Krishnamurthi,Mazumdar 和 Raj(1992)研究发现内部参考价对购买数量的影响,受到品牌忠诚度和库存量的调节。以往的研究针对消费品,产品价格在整个购买过程中是固定不变的,而 B2B 市场则不同,买卖双方可以通过谈判和讨价还价确定成交价。研究表明,在 B2B 市场上,参考价格效应依然存在,并且影响着成交数量和成交价格,卖方根据上次交易价要价,买方根据上次交易价判断此次报价的吸引力;当实际价格比内部参考价格高时,购买数量减少;当实际价格比内部参考价格低时,购买数量增加,并且对前者的反应比后者强烈。在 B2B 市场,企业之间倾向建立长期友好的合作关系,为了吸引客户再次购买,卖方有时会提供价格折扣,研究表明价格折扣的效果会随着买卖双方的频繁交易而逐渐减小,因为买方会认为卖方为老客户提供价格折扣是理所当然的(HERNÁN A. BRUNO, H. C. & Shantanu Dutta,2012)。

Bell 和 Bucklin(1999)研究参考价格如何影响购买时间,发现消费者会比较现在购买和以后购买哪个更有吸引力,在购物时,由于实际价格高于内部参考价格而推迟购买的情况远远多于由于实际价格低于内部参考价格而加速购买的情况。

四	零售商定价和促销策略

有些研究把参考价格效应纳入模型来研究公司间竞争行为,提出了一些指导零售商和生产商定价的建议（Greenleaf, 1995; Kopalle, Rao & Assuncao,1996)。

商家做产品促销时,使用参考价格策略来增加产品吸引力。消费者对促销的认知受产品过去促销情况的影响,促销历史越多,消费者对未来促销的预期越大,该品牌的 IRP 越低(Lattin & Bucklin 1989;Kalwani,Chi Kin Yim & Heikki J. Rinne,et al,1990)。通常在模型中,把消费者以前遇到的促销频率作为消费者的促销预期。此外,促销策略也会影响消费者的 IRP,有的商店会不定时的促销一些商品,而沃尔玛则钟爱天天低价。经常促销和深度促销都会降低消费者的 IRP,且促销频率比促销深度对价格认知的影响更大,因此,消费者对天天低价商店的 IRP 更低。Kalwani 和 Yim(1992)发现,如果消费者观察到某产品过去经常促销或者促销程度很大,那么他愿意为该产品支付的价格会显著减少。但是,消费者对促销频率的认知是有偏差的,消费者会高估不经常促销产品的促销频率而低估经常促销产品的促销频率。随着促销频率和深度的增加,促销的边际效用递减。德尔维奇奥发现深度较高的打折型促销比直接减价型促销具有更高的促销后价格预期(Delvecchio,Krishnam and Smith,2007)。当零售商要深度促销时,采用打折形式更有利于消费者的未来价格预期和促销后选择。Praveen K. Kopalle,P. K. Kannan 和 Lin Bao Boldt 等(2012)研究消费者对参考价格效应的异质性对零售商定价政策的影响,建议零售商根据消费者对不同产品的异质性制定针对某类产品的最优价格政策。

五　商品类型

过去研究的商品类型主要有三种:经常购买的产品(frequently purchased packaged goods, FPPG),时间周期较长的耐用品(durables)和服务。不同类型的商品,影响 IRP 形成的因素不同。影响 FPPG 的因素有过去价格和促销情况。相比 FPPG,耐用品有很长的购买时间间隔,由于产品结构、使用技术和价格都显著改变,所以上次购买价格对 IRP 的影响较小,而本次购买时竞争产品的属性和价格对 IRP 的影响更大。根据 Winer(1985)的研究,耐用品的内部参考价格是价格趋势,目前和未来预期的经济状况,未来价格的预测信号和消费者特征的函数,耐用品的历史价格是用来识别价格趋势的。研究服务的参考价格的文献较少,与 FPPG 类似,服务也可分为经常性的服务和时间间隔较长的服务,前者的参考价格受以前价格、促销和商店的影响,后者则受外部信号(例如服务商的口碑)和有形信号(如服务时间、退款政策)的影响。还有一类服务是持续提供的服务,比如电话和宽带,该类服务的价格可能是与使用量无关的固定费用或基于使用量的可变费用,两种不同的定价策略会影响消费者对价格的认知和判断(Bolton & Lemon,1999)。如果该类服务的定价既包含固定费用又包含可变费用,消费者的 IRP 是如何形成的,这些问题都是未来值得研究的主题。

六　情　境

相同产品经常有不同的内部参考价格,这往往是由购买情境造成的。不同的商店类型提供不同水平的服务和店面装修,这些都会影响消费者对该商店产品的价格评价。例如工厂店、专卖店或者商品市场,消费者对不同档次的商店有不同的价格标准,并根据商店的参考价格确定去哪个商店。

消费者的购物类型各有不同,有的消费者是有计划的购物,在购物之前计划好预算和产品;有的消费者是随机性购物,购物前不确定买什么,购物时随机地选择商品;有的消费者购买量较大;有的消费者购买量较小。不同的购物类型可能会调节 IRP 对品牌选择的影响。Kahn 和 Schmittlein(1992)发现,店外促销对购买量较大的消费者的作用更大,而店内促销对购买量较少的消费者作用更大。Bellt 和 Lattin(1998)表明购买量大的消费者对产品的价格弹性较小,而对商店选择的弹性较大。

七　参考价格领域的新趋势

参考价格经过六七十年的发展,主要内容已经非常丰富,参考价格无论作为自变量或者因变量,前人都有过许多研究。作为自变量,参考价格的形成机制是领域内核心部分,奠定了参考价格研究的基础。作为因变量,内部参考价格和外部参考价格对消费者购买决策的影响亦很深远,并且外部参考价格长期被零售商用于实践,促进销售。此外,有关影响参考价格或者消费者行为的其他调节变量也有很多研究,包括消费者特征、商品类型、情境等。但是,这并不代表参考价格领域的发展已经走到尽头,在前人的思路上,学者依旧可以继续寻找一些特别的调节变量。以往针对服务类商品的研究较少,服务可以分为经常购买的服务和周期较长的服务,如宽带和电话,这类服务的定价方法导致研究分析较难,有的服务是根据使用量确定的可变定价,有的是不限使用的固定定价,对于这种定价对参考价格的影响值得深入研究。此外,研究者可以从不同要素中找到其他前人没有涉及的主题,比如消费者异质性方面,仍然可以继续挖掘。

相较而言,近几年出现了新的研究趋势,离开了原有研究思路,开辟了新的研究方向。从近几年的研究来看,研究者不再单纯局限于参考价格的传统情境,而是使用参考价格理论解释新现象,甚至挑战某一现象的已有解释。对于同一产品,作为卖方索要的价格总是超过作为买方愿意支付的价格,泰勒把这一现象称为禀赋效应,并用损失厌恶理论来解释该现象,认为等量的损失带来的效用降低大于等量的收益带来的效用增加(Thaler,1980)。然而最近有研究者用参考价格理论重新解释该现象,认为与其说消费者是厌恶损失不如说是厌恶不利交易,消费者在决策前使用参考价格来评估交易,而参考价格理论补充了人们对禀赋效应的认识(Ray Weaver & Shane Frederick,2012)。电子商务为研究者提供了新的窗口,网上交易产生了传统交易不曾有过的形式,所以用参考价格理论分析网上交易,是新的研究方向。Wolk,A. 和 M. Spann(2008)研究发现网上零售情境下,不同的参考价格对竞拍价格具有显著影响。在网上拍卖中,马上购买价(buy-now prices)具有参考价格效应(Popkowski Leszczyc,P. T. L. & C. Qiu, et al,2009)。在B2B市场,成交价格和数量是通过双方协商确定,买卖双方建立长期交易关系,在多次交易过程中,以往的交易价格作为参考价格,既影响卖方的报价,也影响买方对要价的评价和购买数量的确定(Hernan A. Bruno,Hai Che & Shantanu Dutta,2012)。

随着社会发展,新的定价机制应运而生,比如支付你想要的价格(pay-what-you-want),由买方确定支付价格,这是一种新的参与性定价机制。该定价机制在出售音乐专辑、订阅报纸甚至一些餐厅渐渐流行,在这种定价机制下,消费者并没有选择支付零,相反却增加了卖家的收益(Ju-Young Kim,Martin Natter & Martin Spann,2009)。卖方为了提高消费者愿意支付的价格,提供了包括最低价、最高价、建议价等外部参考价格,研究表明,最低价和最高价对消费者的价格选择起消极作用,而建议价起到积极作用(Jennifer Wiggins Johnson & Annie Peng Cui,2013)。

在参考价格方面的未来研究主要有两个方向:一是在原有研究思路上继续发展,由于前人的研究主要集中在这个部分,因此对继续这一部分的未来研究者来说,是一个挑战;二是在新的环境下使用参考价格理论解释新的现象,未来在这方面会有更多发展。

八　结　论

本文提供了一个分析框架,把参考价格方面大量的研究成果清晰地分类和总结。该框架围绕参考价格所在的情境,按照参与主体分成五个要素,分别是参考价格本身,消费者,商品,定价和促销策略以及其他情境因素。本文就每个要素,对相关研究成果进行总结和归纳。简单地说,对参考价格要素的研究分为内部参考价格和外部参考价格,二者由于存在形式不同,所以研究方法也不同。消费者要素既作为研究自变量也作为因变量,当作为自变量时,不同的消费者对同样的价格有不同的认知和行为,提取消费者特征是研究的主要方向;作为因变量,消费者对参考价格的认识和购买行为无疑是重要的研究主题。由于不同的商品具有不同属性,导致消费者对不同商品的价格认知不同,所以有关参考价格的研究都会限定研究所关注的商品类型。零售商的定价和促销策略,影响着消费者对参考价格的认知。不仅如此,利用参考价格理论合理的使用促销策略也是参考价格领域内非常重要的研究方向。情境因素是为了迎合商店的差异性,比如折扣店,专卖店等,从而在研究中也被关注。当然,情境因素不仅指商店,因为很多情境,例如网上拍卖,已经超越了原有商店的定义。所以,情境因素是一个宽泛的要素。

有关参考价格的文献较多地研究了参考价格的形成,消费者从外界获取产品信息,通过一定方式整合各种信息,然后以内部参考价格的形式存储在记忆里。消费者整合信息的方式由同化对比理论和范围频率理论较好的解释。影响参考价格形成的其他因素主要从消费者自身,产品特征,商店类型和参考价格的形式几个方面研究。随着研究成果的不断丰富,最新的研究倾向于用参考价格理论解释其他现象,不再拘泥于消费者购物的传统场景,比如 B2B市场上的重复购买,网上拍卖,比价网等。就研究方法而言,社会学家用实验方法,而经济学家使用二手数据,通过比较模型的优劣,寻找最佳解释方案。由于现有研究较多的研究经常购买的日常消费品,而服务研究较少,所以未来的研究可以关注服务,尤其是长期使用的服务,例如宽带和通信服务。随着新生活方式的不断出现,寻找新的外部参考价格形式,或者影响内部参考价格的其他调解变量,都是很有前景的研究方向。从零售商的角度研究参考价格的文献也相对较少,未来可以从卖方的视角寻找最佳的定价和促销战略。

参考文献

[1] Alba, Carl F. Mela, Terence A. Shimp, and Joel E. Urbany. The Effect of Discount Frequency and Depth on Consumer Price Judgments [J]. Journal of Consumer Research, 1999,216(2):99 - 114.

[2] Bell and Lattin. Looking for Loss Aversion in Scanner Panel Data: The Confounding Effect of Price-Response Heterogeneity [J]. Marketing Science, 2000, 19 (2): 185 - 200.

[3] Bell, David R. and James M. Lattin. Shopping Behavior and Consumer Preference for Retail Price Format: Why "Large Basket" Shoppers Prefer EDLP[J]. Marketing Science, 1998, 17(1):66 - 88.

[4] Bell, David R. and Randolph E. Bucklin. The Role of Internal Reference Price in the Category Purchase Decision [J]. Journal of Consumer Research, 1999, 26 (2):

128 - 143.

[5] Bolton, and Katherine N. Lemon. A Dynamic Model of Customers' Usage of Services: Usage as an Antecedent and Consequence of Satisfaction[J]. Journal of Marketing Research, 1999,36(2):171 - 186.

[6] Bolton, Ruth N. The Relationship Between Market Characteristics and Promotional Price Elasticities[J]. Marketing Science, 1989,8(2):153 - 169.

[7] Briesch, Richard A. , Lakshman Krishnamurthi, Tridib Mazumdar, and S. P. Raj. A Comparative Analysis of Reference Price Models[J]. Journal of Consumer Research, 1997,24(2):202 - 214.

[8] Dayaratna, K. and P. Kannan. A Mathematical Reformulation of the Reference Price [J]. Marketing Letters, 2012,23(3):839 - 849.

[9] Devon DelVecchio, H. Shanker Krishnan, and Daniel C. Smith. Cents or Percent? The Effects of Promotion Framing on Price Expectations and Choice[J]. Journal of Marketing, 2007,71(3):158 - 170.

[10] Dickson, Peter R. and Alan G. Sawyer. The Price Knowledge and Search of Supermarket Shoppers [J]. Journal of Marketing, 1990,54(3):42 - 53.

[11] Feldman, Jack M. and John J. Lynch. Self-Generated Validity and Other Effects of Measurement on Belief, Attitude, Intention, and Behavior [J]. Journal of Applied Psychology, 1988,73(3):421 - 435.

[12] Greenleaf, Eric A. The Impact of Reference Price Effects on the Profitability of Price Promotions [J]. Marketing Science, 1995,14(1):82 - 104.

[13] Grewal, Dhruv, Kent B. Monroe, and R. Krishnan. The Effects of Price-Comparison Advertising on Buyers' Perceptions of Acquisition Value, Transaction Value, and Behavioral Intentions [J]. Journal of Marketing, 1998,62(2):46 - 59.

[14] Han, Sangman, Sunil Gupta, and Donald R. Lehmann. Consumer Price Sensitivity and Price Thresholds [J]. Journal of Retailing, 2001,77(4):435 - 456.

[15] Hardie, Bruce G. S. , Eric J. Johnson, and Peter S. Fader. Modeling Loss Aversion and Reference Dependent Effects on Brand Choice[J]. Marketing Science, 1993,12(4):378 - 394.

[16] Heath, Chip and Jack B. Soll. Mental Budgeting and Consumer Decisions[J]. Journal of Consumer Research, 1996,23(1):40 - 52.

[17] Helson, Harry. Adaptation-Level Theory [M]. New York: Harper & Row, 1964.

[18] Hernan A. Bruno, Hai Che, and Shantanu Dutta. Role of Reference Price on Price and Quantity: Insights from Business-to-Business Markets[J]. Journal of Marketing Research, 2012,49(5):640 - 654.

[19] Howard, D. J. and R. A. Kerin. Broadening the Scope of Reference Price Advertising Research: A field Study of Consumer Shopping Involvement[J]. Journal of Marketing, 2006,70(4):185 - 204.

[20] Janiszewski and Donald R. Lichtenstein. A Range Theory Account of Price Perception[J]. Journal of Consumer Research, 1999,25(4):353 - 368.

[21] Janiszewski, Chris and Marcus Cunha Jr. The Influence of Price Discount Framing on

the Evaluation of a Product Bundle[J]. Journal of Consumer Research, 2004,30(4): 534 - 546.

[22] Jennifer Wiggins Johnson, Annie Peng Cui. To Influence or not to Influence: External Reference Price Strategies in Pay-What-You-Want Pricing[J]. Journal of Business Research, 2013,66(2):275 - 281.

[23] Ju-Young Kim, Martin Natter, Martin Spann. Pay What You Want: A New Participative Pricing Mechanism[J]. Journal of Marketing, 2009,73(1):44 - 58.

[24] Kahn, Barbara E. and David C. Schmittlein. The Relationship Between Purchases Made on Promotion and Shopping Trip Behavior[J]. Journal of Retailing, 1992,68 (3):294 - 315.

[25] Kahneman and Amos Tversky. Prospect Theory: An Analysis of Decision Under Risk[J]. Econometrica, 1979,47(2):263 - 292.

[26] Kalwani, Chi Kin Yim, Heikki J. Rinne and Yoshi Sugita. A Price Expectations Model of Customer Brand Choice[J]. Journal of Marketing Research, 1990,27(3): 251 - 262.

[27] Kalwani, Manohar U. and Chi Kin Yim. Consumer Price and Promotion Expectations: An Experimental Study[J]. Journal of Marketing Research, 1992,29 (1):90 - 100.

[28] Kalyanaram, Gurumurthy and John D. C. Little. An Empirical Analysis of Latitude of Price Acceptance in Consumer Package Goods[J]. Journal of Consumer Research, 1994,21(3):408 - 418.

[29] Klein, Noreen H, Janet E. Oglethorpe. Cognitive Reference Points in Consumer Decision Making[J]. Advances in Consumer Research, 1987,14:183 - 187.

[30] Kopall, Ambar G. Rao, and Joao Assun. Asymmetric Reference Price Effects and Dynamic Pricing Policies[J]. Marketing Science, 1996,15(1):60 - 85.

[31] Kopalle, P. K. Kannan, Lin Bao Boldt, Neeraj Arora. The Impact of Household Level Heterogeneity in Reference Price Effects on Optimal Retailer Pricing Policies [J]. Journal of Retailing, 2012,88(1):102 - 114.

[32] Kopalle, Praveen and Joan Lindsey-Mullikin. The Impact of External Reference Price on Consumer Price Expectations[J]. Journal of Retailing, 2003,79(4):225 - 236.

[33] Krishnamurthi, Lakshman, Tridib Mazumdar, and S. P. Raj. Asymmetric Response to Price in Consumer Brand Choice and Purchase Quantity Decisions[J]. Journal of Consumer Research, 1992,19(3):387 - 400.

[34] Lattin, James M. and Randolph E. Bucklin. Reference Effects on Price and Promotion on Brand Choice Behavior[J]. Journal of Marketing Research, 1989,26 (3):299 - 310.

[35] Lichtenstein, Donald R. and William O. Bearden. Contextual Influences on Perceptions of Merchant-Supplied Reference Prices [J]. Journal of Consumer Research, 1989,16(1):55 - 66.

[36] Lichtenstein, Scott Burton, and Erik J. Karson. The Effect of Semantic Cues on Consumer Perceptions of Reference Price Ads[J]. Journal of Consumer Research,

1991,18(3):380 – 391.

[37] Mazumdar and Purushottam Papatla. An Investigation of Reference Price Segments [J]. Journal of Marketing Research, 2000,37(2):246 – 258.

[38] Mazumdar, T. , S. P. Raj, et al Reference Price Research: Review and Propositions [J]. Journal of Marketing, 2005,69(4):84 – 102.

[39] Mazumdar, Tridib and Kent B. Monroe. The Effects of Buyers' Intentions to Learn Price Information on Price Encoding[J]. Journal of Retailing, 1990,66(1):15 – 32.

[40] Menon, M. T. a. G.. When Internal Reference Prices and Price Expectations Diverge: The Role of Confidence[J]. Journal of Marketing Research, 2007,44(3): 401 – 409.

[41] Menon, Geeta and Priya Raghubir. Ease-of-Retrieval as an Automatic Input in Judgments: A Mere-Accessibility Framework[J]. Journal of Consumer Research, 2003,30(2):230 – 243.

[42] Mezias, Stephen J. , Ya-Ru Chen, and Patrice R. Murphy. Aspiration-Level Adaptation in an American Financial Services Organization: A Field Study[J]. Management Science, 2002,48(10):1285 – 1300.

[43] Monroe, Kent B.. Buyers' Subjective Perceptions of Price[J]. Journal of Marketing Research, 1973,10(1):70 – 80.

[44] Morwitz, Vicki G. , Eric A. Greenleaf, and Eric J. Johnson. Divide and Prosper: Consumers' Reactions to Partitioned Prices[J]. Journal of Marketing Research, 1998,35(4):453 – 463.

[45] Muth, John F.. Rational Expectations and the Theory of Price Movements[J]. Econometrica, 1961,29(3):315 – 335.

[46] Nerlove, Marc. Adaptive Expectations and Cobweb Phenomena[J]. Quarterly Journal of Economics, 1958,73(2):227 – 248.

[47] Niedrich, R. W. , D. Weathers, et al Specifying Price Judgments with Range-Frequency Theory in Models of Brand Choice[J]. Journal of Marketing Research, 2009,46(5):693 – 702.

[48] Niedrich, Ronald W. , Subhash Sharma, and Douglas H. Wedell. Reference Price and Price Perceptions: A Comparison of Alternative Models[J]. Journal of Consumer Research, 2001,28(3):339 – 354.

[49] Nunes, Joseph C. and Peter Boatwright. Incidental Prices and Their Effect on Willingness to Pay[J]. Journal of Marketing Research, 2004,41(4):457 – 466.

[50] Parducci, Allen. Category Judgment: A Range-Frequency Model[J]. Psychological Review, 1965,72(6):407 – 418.

[51] Popkowski Leszczyc, P. T. L. , C. Qiu, et al Empirical Testing of the Reference-Price Effect of Buy-Now Prices in Internet Auctions[J]. Journal of Retailing, 2009, 85(2):211 – 221.

[52] Rajendran, K. N. and Gerard J. Tellis. Contextual and Temporal Components of Reference Price[J]. Journal of Marketing, 1994,58(1):22 – 34.

[53] Ray Weaver, Shane Frederick. A Reference Price Theory of the Endowment Effect

[J]. Journal of Marketing Research,2012,49(5):696-707.

[54] Sangkil Moon and Glenn Voss. How do Price Range Shoppers Differ from Reference Price Point Shoppers? [J]. Journal of Business Research, 2009,62(1):31-38.

[55] Sherif, M. and C. Hovland. Social Judgment [M]. New Haven, CT: Yale University Press. 1964.

[56] Urbany, Joel E., William O. Bearden, and Dan C. Weilbaker. The Effect of Plausible and Exaggerated Reference Price on Consumer Perceptions and Price Search [J]. Journal of Consumer Research, 1988,15(1):95-110.

[57] Winer, Russell S. A Price Vector Model of Demand for Consumer Durables: Preliminary Developments[J]. Marketing Science, 1985,4(1):74-90.

[58] Winter. A Reference Price Model of Brand Choice for Frequently Purchased Products [J]. Journal of Consumer Research, 1986,13(2):250-56.

[59] Wolk, A. and M. Spann. The Effects of Reference Prices on Bidding Behavior in Interactive Pricing Mechanisms[J]. Journal of Interactive Marketing, 2008,22(4):2-18.

论文执行编辑:杨雪

论文接收日期:2013 年 3 月 27 日

Review on Reference Price

Huiling Wang   Xiaolin Li   Zhi Li

Abstract: This paper offers a clear and logic framework to review prior researches on reference price. There are five factors involved with reference price—reference price, consumers, retailers, products, and other contextual factors. Among them, reference price is the main field. Prior researches mainly study the formation and the use of reference price. In this article, the author reviews the published literature on reference price, identifies a new tendency in this decade—that is explaining the new phenomena using reference price theory, and points out the future research direction. From the point of methodology, behavioral stream has explored the antecedents of reference price and the effects on purchase decision through experimentation, while modeling stream has constructed various reference price models.

Key words: reference price   purchase decision   price promotion

JEL classification: M21

南大商学评论
Nanjing Business Review

主编:
刘志彪

执行主编:
郑江淮
贾良定

执行编委:
经济学部分:
韩剑
蒋彧
李剑
刘德溯
皮建才
曲兆鹏
王宇
张晔
郑东雅

管理学部分:
何健
黄韫慧
蒋春燕
姜嬿
王兵
徐小林
杨雪
俞欣
张骁

编辑部秘书:
李赛男
nbr@nju.edu.cn
025-83621358
南京市汉口路 22 号
南京大学商学院
210093

约稿函

　　《南大商学评论》是由南京大学商学院主办的经济学、管理学类学术书刊,为 CSSCI 收录辑刊。本刊采用国际通行的匿名审稿制度,发表原创性和高质量的理论、实证、案例、综述、评论性的中文经济学和管理学论文。本刊每年刊行 4 期,每期 20 万字左右。

　　本刊以中文文章为主。海外学者可用英文来稿,由本刊负责翻译成中文,由作者审查定稿。文章在本刊发表后,作者可以继续在中国以外以英文发表。每篇文章原则上不超过 15 000 字。

　　我们诚挚邀请海内外经济学、管理学同仁不吝赐稿(nbr@nju.edu.cn)!稿件发表时本刊将支付一定的稿酬,并向每位作者赠刊 2 本。

　　衷心感谢您的支持!

主　　编:刘志彪

执行主编:郑江淮　贾良定

二〇一二年三月

《南大商学评论》征订单

（请用正楷字体填写）

订阅单位 （或个人）					
详细地址					
邮政编码		联系电话		传真	
联系人		电子信箱			
订阅份数		辑数起止	第　　　辑至第　　　辑		
收款人	南京大学商学院《南大商学评论》编辑部				
汇款方式	邮局＿＿＿＿＿ 银行＿＿＿＿＿		汇款金额	＿＿＿＿＿＿元	
开户行	江苏省工商银行南京市分行汉口路分理处		银行账号	4301011309001041656	

请将汇款凭证和此订阅单（复印也可）及时传真或邮寄至《南大商学评论》编辑部,以免延误寄刊。联系如下:

地　　　址:中国南京市汉口路 22 号南京大学商学院《南大商学评论》编辑部

邮政编码:210093

电　　话:＋86 25 83621358

传　　真:＋86 25 83686203

电子信箱:nbr@nju.edu.cn

联 系 人:李赛男

注:此征订单加汇款凭证可作为征订单位报销凭证。

图书在版编目(CIP)数据

南大商学评论. 第 24 辑 / 刘志彪主编. -- 南京 ：
南京大学出版社，2013.12
ISBN 978 - 7 - 305 - 09593 - 1

Ⅰ. ①南… Ⅱ. ①刘… Ⅲ. ①中国经济－文集 Ⅳ.
①F12 - 53

中国版本图书馆 CIP 数据核字(2014)第 017951 号

出版发行 南京大学出版社
社　　址　南京市汉口路 22 号　　邮　编　210093
网　　址　http：//www. NjupCo. com
出 版 人　左　健
书　　名　**南大商学评论(第 24 辑)**
主　　编　刘志彪
执行主编　郑江淮　贾良定
责任编辑　王抗战　　　　　　编辑热线　025 - 83596997
照　　排　南京南琳图文制作有限公司
印　　刷　常州市武进第三印刷有限公司
开　　本　787×1092　1/16　印张 12.75　字数 260 千
版　　次　2013 年 12 月第 1 版　2013 年 12 月第 1 次印刷
ISBN 978 - 7 - 305 - 09593 - 1
定　　价　32.00 元

发行热线　025 - 83594756
电子邮箱　Press@NjupCo. com
　　　　　Sales@NjupCo. com(市场部)